次世代教員養成のための
教育実習
　教師の初心をみがく理論と方法　

次世代教員養成研究会〔編〕

学文社

は じ め に

　2008（平成20）年3月改訂の現行『学習指導要領』ならびに『幼稚園教育要領』は、2006年12月改正の教育基本法をふまえ、また両者あいまって「生きる力」という理念を幼稚園から高等学校までのすべての学校段階で共有できるよう図るなど、従来の学校教育の枠組みに必ずしもとらわれずに、21世紀的に新たなわが国の学校教育の課題に対応するための制度・実践両面の枠組みを用意するものとなった。それらは臨教審以来20年にわたって試行錯誤をかさねた教育改革の大きい帰結であるとはいえ、ことの成否は、学校・行政・家庭・地域などの関係者すべてがそれらをどのように積極的に理解し活用するかにゆだねられている。

　「生きる力」は基本的にはすべての人に、常にその人の生きるかたちに必要な程度には備わっていると考えられる。それにもかかわらず近年その育成がくりかえし学校教育の重要課題とされている底流には、1980年代以降加速度をもって進行してきた生活環境の変化があり、それに対処して、それぞれの生涯の持続や再構築をかけて、学びなおし、先端知識・技術の獲得、自己開発などを行い、生の可能性を追求してきた成人社会人たちの、経験をとおした学習がある。

　そしてこの状況は、視線を地球全体に向けても大差なく、現在の歴史的局面に立ち会う世界のすべての人々が、世代のちがいを超え、社会的立場や国家・民族の枠を超えて、生きることのむずかしさを感じ、自分自身と子どもたち、愛すべき他者の生の持続のために、課題に対処する必要性を認めていることを、教育専門職を志すものは頭に入れておきたい。

　いまわれわれがおかれているのは、学校を公教育あるいは市民教育の装置として発生させ組織化させてきた近代から、次の文明史的な段階（ポストモダン・新近代）への脱皮という総体的な変革の状況である。「生きる力」を「生の可能性をひらく能力」と言い換えるなら、いま求められるのはこの状況に対処できる能力と人類の新たな生活環境に適合する能力の形成・発達（開発）であり、これが現在、それぞれのライフステージに即して大きい課題になっているということである。

　その課題性が最も重いのはなんといっても幼児児童生徒たちであって、学校教育には、まさにJ.デューイが1916年に"Education as a Necessity of Life."と記したように、この課題に関して、個々の児童生徒などの学習を、本人の個人的な生の確保と、他者との協働において成立する共同体的な生の持続・発展のために、わが国の国民の一員としてと同時に、地球市民の一員として生きることができる能力の形成に方向づけ、支援し指導する役割が期待される。

　かつて1978年に林竹二は、「学ぶこと」と「変わること」の関係を、「学んだことの証しは、ただ一つで、何かがかわることである」と断言した。これは授業における児童生徒の学習に関係して、学ぶこと／学習の本質的な意味を示した名言であるが、生活環境が総体的に変化する現在の状況において生の可能性をひらくため、またひらき続けるためには、子どもも成人も真に「学ぶこと」を経験して、その意味を実感し理解する必要がある。学ぶことを真に理解してこそ、生涯をとおしてみずから学んで変わることができる一方、変えなくてもよいことや変えてはならないことを判断する力も育てられ、変化に対して主体的に対処できることを考えたい。

　本書の書名を「次世代教員養成のための」としたのは、このような現状認識を前提として、教員養成を、今後ますます必要性が高まると予想される人間的諸力の形成に関し、子どもたちの学習・発達に実践的にかかわるとともに、子ども自身による自主的な学習のための環境整備にたずさわる

専門職の養成ととらえたことによっている。

本書は6名を発起人（巻末の執筆者一覧の＊印）とする「次世代教員養成研究会」が，青山学院大学で教員養成に従事する多くの先生方の協力を得て編集したものであるが，実は上記の今日的な教員養成の理念は，基本的には近年多くの大学の教員養成で共有されつつあり，それを血肉化した教員が加速度をあげて育成され，教育の現場で成果をあげてくれることが本当に期待されるのである。

いま本書を手にしているのは，教え・学ぶことや教員の仕事の大切さと楽しさ，子どもの純真さを発見して，教育に重要性を見いだし教職に魅力を感じて，大学・短大などに入学あるいは編入学した学生の皆さんで，その多くがまさに1990年代以降の高度化社会で成育した平成生まれの世代と推測される。皆さんは，すでに教職課程の基礎的な科目の履修を終えて，現在は大学で応用的実践的な科目を履修する一方，教育や福祉関係のボランティア活動への参加，介護等体験への従事，多様なメディアが提供する情報によって，最近の子どもたちの発達・生活環境に起きているさまざまな問題，組織としての学校と学校教育に対応が求められている諸課題について生々しい状況を知り，いよいよ教育実習を目前にして期待と緊張感を高めていることと思う。

教育実習は，自分が上記の課題に応えることのできる教員になれるか否か，必要な資質・能力を備えているかどうかを判断する試金石にもなる。そこで，いま実践の場に臨む準備段階にある皆さんにぜひ実行していただきたいのは，①自らの教職への意志を再確認することと，②教職課程履修の総合的課題として学校教育の現場での実習に臨むにあたり，次の3つのことを心にとどめて事前の準備を徹底して行うことである。

・子ども一人ひとりが自らの可能性をどのように求めているかを理解すること。
・その可能性の実現を支えるために，教員として自分がめざすべき教師像を描くこと。
・自らの教員としての指導性を生涯にわたって高め続けるための自己研修課題を確認し自己教育力を培うこと。

本書は教育実習の事前指導用教科書として，教育実習の意義，事前指導から事後指導・自己研修にいたる教育実習の全体の概要，実習校での経験を有意義なものにするための工夫や留意事項，教職課程履修の総括をなす「教職実践演習」，生涯にわたる教員としての自己研鑽などについて概説したものである。どうか，本書に記されていることを，一言一句，心にとどめて理解するとともに，事前指導担当の先生方からのご指導を的確に身につけて，教育実習の各過程を，最後まで基本を大切にして，着実に歩むことを望みたい。

最後に，本書は，皆さんが接する幼児児童生徒一人ひとりが，それぞれ一個の人格として成長過程を歩む存在であることを重視し，各学校段階での教育実習を分断せず連続的に理解できるよう工夫している。ぜひ全部を丁寧に読み通して，人間形成に各段階にかかわる教員の姿，求められる指導力のちがいを再確認していただきたい。本書を学ぶことを通じて，皆さんが実習に臨む決意を新たにし，さらに実習において，日常の教育活動における教員の実際の仕事や，幼児児童生徒たちに対する教員の愛情を肌と心で感じとり，未来に生きる子どもたちの人間形成にかかわる教員の生きがいを感得することができたならば，編著者一同としてこれほどうれしいことはない。

末尾ながら，本書の編集と刊行については，学文社から温かいご理解と堅実なご支援をたまわったことをここに記し，心からの謝意を表したい。

2014年3月

次世代教員養成研究会

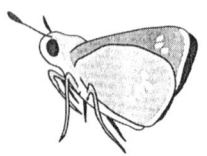

目　次

はじめに

第1章　教育実習とは　　8

1．教育実習の位置づけと意義　8
　1）教育実習の位置づけ　2）教育実習の意義
2．教育実習の課題と実習生としての自覚　9
　1）学級経営　2）学習指導　3）校務分掌

第2章　教育実習の流れ　　12

1．実習前　12
　1）大学の事前指導で何を学ぶか　2）実習校の種類と特色　3）実習前の打ち合わせ
2．実習中　14
　1）教育実習第1日目のポイント　2）観察実習・参加実習・授業実習―それぞれで学ぶこと―
　3）授業研究と研究協議会（反省会）
3．実習後　18
　1）実習校との関係ですること　2）大学（引率指導教員・教職課程事務局）との関係ですること
4．実習で留意すること　20
　1）実習生の勤務　2）挨拶の励行と言葉づかい　3）教育実習録（実習日誌）
　4）実習生控室の使い方とほかの実習生との関係　5）授業参観と授業実習
　6）体罰の禁止　7）守秘義務・個人情報の保護責任　8）政治的・宗教的中立の態度を守る
　9）信用失墜行為　10）地域理解　11）危機管理
5．教師として成長するために　24
　1）臨床の知を学ぶ　2）人間として成長する教師

第3章　よい授業をするために―教育実習の実際Ⅰ―　　26

1．よい幼稚園教育実習を行うために　26
　1）幼稚園教育実習のねらい・進め方　2）幼稚園理解　3）子ども理解
　4）幼稚園教員の専門性　5）幼稚園教育実習に関する配慮事項
2．よい授業を行うために―小・中・高の教科指導―　30
　1）「よい授業」について考える　2）「授業」見直しのポイント
　3）教育実習にあたって大切にしたいこと

第4章　豊かな指導実践のために―教育実習の実際Ⅱ―　　36

1．道徳の指導　36
　1）道徳と道徳教育　2）学校種別による特質と指導上の配慮事項
　3）道徳の時間の指導と全教育活動における道徳教育との関係　4）道徳の時間の指導原理
　5）「道徳の時間」の指導過程
2．特別活動　40
　1）特別活動の目標と内容　2）幼・小・中・高の特別活動の具体
3．特別支援教育の展開　48
　1）特別支援教育の理念と制度　2）特別支援学校での教育　3）小学校等での教育

4．学校経営・学級経営　52
　　1）学校経営の意義・機能　2）校務分掌　3）学級経営の意義・機能
　　4）学校種別による学級経営と配慮事項　5）学校経営，学年経営，学級経営の連携
5．学校保健・安全ならびに学校給食　58
　　1）幼稚園における保健・安全・食事指導　2）園生活のなかでの具体的な指導
　　3）学校における保健指導・安全教育・給食教育（小・中・高の場合）　4）防災教育
6．幼児児童生徒指導　64
　　1）発達段階からみた幼児児童生徒指導　2）幼児児童生徒指導の意義と学校種別のねらい
　　3）幼児児童生徒指導の理解を深める　4）問題行動について
　　5）不登校児童生徒の内面理解とその援助
7．教育相談　68
　　1）学校における教育相談の意義と役割　2）学校種別による特質と指導上の配慮事項
　　3）カウンセリングの技法に学ぶ子どもとの接し方　4）子ども理解の基本

第5章　教育実践の課題　74

1．教職実践演習　74
　　1）教職実践演習の趣旨　2）教職実践演習の到達目標　3）教職課程履修カルテの作成
　　4）教職課程履修カルテの活用
2．教育実践力　77
　　1）学習指導力　2）児童生徒指導力　3）コーディネート力　4）マネジメント力

第6章　学習指導案　80

1．学習指導案とは　80
　　1）学習指導案を書こう　2）指導案作成の留意点
2．幼稚園　82
　　1）部分実習指導案　2）一日実習指導案
3．小学校　86
　　1）国語科学習指導案　2）社会科学習指導案　3）算数科学習指導案　4）理科学習指導案
　　5）生活科学習指導案　6）音楽科学習指導案　7）図画工作科学習指導案
　　8）家庭科学習指導案　9）体育科学習指導案　10）総合的な学習の時間学習指導案
　　11）道徳学習指導案　12）学級活動指導案　13）外国語活動学習指導案
4．中学校　112
　　1）国語科学習指導案　2）社会科（地理的分野）学習指導案　3）数学科学習指導案
　　4）理科学習指導案　5）英語科学習指導案　6）道徳学習指導案　7）学級活動指導案
　　8）総合的な学習の時間学習指導案
5．高等学校　128
　　1）国語科（古典A）学習指導案　2）地理歴史科（世界史B）学習指導案　3）公民科（現代社会）学習指導案
　　4）数学科学習指導案　5）理科（物理）学習指導案　6）理科（化学）学習指導案
　　7）英語科学習指導案

巻末資料　142
おわりに　157

次世代教員養成のための
教育実習
教師の初心をみがく理論と方法

Teacher Training for the Future

第1章　教育実習とは

　教育実習は、将来教職に就くことを前提として成立し、その場所も実際の園・学校という教育現場において行われる実践的な課題であり、教員養成関係のほかの科目が大学内の座学であることとはかなり性格を異にしている。したがって、教育実習に臨む者は、事前にその意義・内容などを十分理解するとともに、実習を効果的かつ充実したものにするために、周到な準備をする必要がある。

　本章では、まず教員養成課程における教育実習の位置づけと意義、加えて課題について述べる。ここを熟読して、多少なりとも抱いているであろう不安を解消し、展望を開き、意欲に転換してもらいたい。

1．教育実習の位置づけと意義

■ SUBJECT ■

「教育実習とは何だろう」「自分が子どものときにも学級に来たあの実習生って、どんな勉強をしていたんだろう」。まず、この疑問を解明してみよう。

1）教育実習の位置づけ

　教育実習を目前にしている学生の皆さんは、短大・大学などに入学して以来、教員養成課程（教職課程）を履修するなかで、すでに「教育原理」ほかの基礎的な科目の履修を終え、学校教育に従事する教員の職務ないし役割とはどのようなものか、一定の理解はしているであろう。

　教育実習においては、教育実習生（教生）として、幼稚園・小学校・中学校あるいは高等学校などに勤務し、教員の職務の一部を実際に担当することになるが、この体験こそは、皆さん一人ひとりが、将来、教員として学校教育に従事し、期待される職務を果たしつつ自らの教育的実践への理想を実現する第一歩となるものである。教員になるとは、それぞれの発達段階にある幼児児童生徒に対する教育的働きかけを通して、子ども一人ひとりの望ましい人間形成が促されるように図る専門的実践者になるということであり、教員養成課程とは、そのような教員を育成するための課程として構成されているものである。

　つまり、皆さんが履修してきた諸々の教養を高める科目、「教育原理」をはじめ、教育方法、教育内容、各教科の指導に必要な専門的知識や各教科の指導法などのすべての科目が、それらが必修であったか選択であったかを問わず、究極的には上記の教育実践において統合され活かされるのである。教育実習が教員養成課程の最終段階として短大・大学などの最高学年で課せられるのは、それがこのような位置づけのものだからである。

　つぎに、実習の場は、母校であれ最寄りの学校であれ、あるいは教育委員会からの指定校であれ大学や学部の附属校であれ、日々、現実に教育的営みがなされている、園・学校という教育現場であるということを、教育実習の特質として十分理解しておかなければならない。教育実習は、実習校の校長はじめ指導担当の先生方が、後継者育成という高い見地と使命感から指導体制を整えて実習生を受け入れてくださることで初めてその機会が得られるわけであるが、このことで、実習校には、教員の仕事や園児児童生徒の教育に関して、実に想像以上の負担が生じるものである。

実習生も，実習期間中は，エネルギーと時間のすべてを教育実習に投入することになり，その間は大学などへの授業出席ができない。

2） 教育実習の意義

教育実習の意義は，教員養成課程の一環として，教員に準じて学校に勤務し，教員の職務の一部への従事・参画を通して，下記の事項を観察・理解することにある。

①教員の職務の観察
- 教員の職務の大要
- 園児児童生徒の客観的な実態把握の様子
- 組織としての園・学校の運営機構

②教員の職務の理解
- 教科等の指導・道徳ならびに特別活動の指導
- 生徒指導などに必要な，教員としての能力や資質の本質ならびにそれらの広さと深さ
- 自身の教職に対する意志ならびに適性－教員としての資質・能力を確認し，残る大学在学中および将来にわたる自己研鑽の課題を発見し設定すること－

すでに皆さんは，教育の本質ならびに教育の専門職としての教員の職務と使命，子どもの発達と学習の過程，学校教育に関する現行の諸制度，教育の方法と内容，教育の未来像などについて学んできたが，それらは原理や理論の理解を主とする講義であって，受動的に理解して済ませたものもあるであろう。しかし，教育実習においては，一時的であれ，現実の保育や教育の場において園児児童生徒の人間形成に直截，具体的にかかわることになることを深く認識しなければならない。

教育実習は，先にもふれたように，各人が教員養成課程に関係して学び研究してきたことを実践において統合する最初の機会であることだが，そこで重要なことは，すべての具体的な実践は総合的であるとともに，その一つ一つが個別的な課題を担っているということである。このことが，一つ一つの事象を通して観察・理解され，それにともなって，子ども一人ひとりの個別性をふまえた保育・指導の重要性が実感をもって確認される機会は，教育実習をおいてほかにない。

保育や授業の観察，指導教諭からの指導・助言，園児児童生徒とのさまざまな接触によって，このような保育・指導などに従事する専門職としての教師像を自己内に想い描くことができたなら，これ以上有意義な教育実習はないであろう。

幼稚園や小学校に入って以来，学校や教室で常に指導を受ける立場にあった皆さんが，教育実習では一転して教員の一人として「先生」と呼ばれ，教員の立場から，学校の組織，教員の仕事，子どもたちの多様な実態などを観察し理解することになる。子どもたちに初めて「先生」と呼ばれたときの鮮やかな感動は，教職に就くことへの強い希望やその可能性の予感に支えられて，教員養成課程を学んできたことの意味をわからせてくれるだろう。そのときには，そのように呼びかける子ども一人ひとりに温かいまなざしを返し，「先生」という一言の呼びかけに寄せる子どもたちの厚い信頼と期待に応えてほしい。

2．教育実習の課題と実習生としての自覚

■ SUBJECT ■

ここでは，教育実習において実習生が体験し試行する事項を述べるが，これらは，園・学校教育とその組織運営において相互に有機的関連をもつものであることを忘れてはならない。

1） 学級経営

園や学校教育の核であり学習活動の基本単位でもある学級の経営は，学級担任である教師の重要

な仕事である。実習生も，学級に配属されれば，学級活動・ホームルームなどは必ず担当することになるが，わずか数週間という短期間では，実際の経営活動参画にはむずかしいものがある。実習生にとっては，学級担任の学級経営の年間あるいは学期の方針を知り，学年や学校経営（教育目標）との有機的な関連や，その下で展開される実際の園児児童生徒の動き，成果などを総合的かつ徹底的に観察・記録することが主になろう。

2）学習指導

教育実習において，学校の教育活動を構成する教科・道徳・特別活動・英語活動（小学校）などの各教科・領域の指導が最も重視されるのは当然のことであるから，学習指導は，実習生にとって最も関心の高いところであろう。とくに，「授業」として展開する指導を巡っては，大きな不安と期待とが交錯するところでもある。

ところで，そもそも皆さんが「先生になりたい」という夢をもった最初は，「授業をしてみたい」ということからだったのではないだろうか。その授業とは，きっと子どもたちが，調べたり発表したり，話し合ったりうなずいたりして，「わかった！」と叫び，瞳を輝かせたものだったろう。これを「よい授業」という。教師は，すべからく「よい授業」をめざすべきであるが，とりわけ実習生は「よい授業」をめざすことが大切である。子どもも教師も生きている「よい授業」に対して「うまい授業」というのがあるが，これは教師だけが生きている授業のことである。

教育活動を構想するとき，必ず前提になるのが，園児児童生徒の実態の把握である。同じように，学習活動を構想するときにいつでも前提になるのが，幼児児童生徒の学力の実態の把握である。この実態とは，テストの得点や偏差値などによるランクづけのことではなく，大学での「教育実習Ⅰ」をはじめ「教科教育法」などで学習し深めたように，その単元の学習までに獲得している，あるいは未獲得・未定着の，その教科・領域への関心・意欲・態度，知識・技能など総合的なもの，また本単元の目標に対する抵抗のことである。これらが的確に把握されるためには，学習指導要領，前単元までの一人ひとりおよび学級の総合的な評価とそこで残された課題，本単元の目標，次の単元への系統などがよくよく理解されていなければならない。

学習指導案の立案は（第6章に多く例示する），園児児童生徒の実態が十分に把握され，かつ教材研究によって「単元の目標」が十分に理解されれば，さしてむずかしいものではなくなってくる。

なお，道徳の指導は，特設のほか，「学校の教育活動全体を通じて」行うことになっており，学習指導要領の各教科編が示すように，各教科の指導計画立案と実施，評価のなかに，道徳の指導の視点のあることが望ましい。教育実習中，実際にその機会が与えられるので，教材研究時など，事前から適切な機会を工夫し，指導計画に組み入れるよう心がけているとよい。

3）校務分掌

校務分掌とは，一つの園・学校の教育活動を円滑かつ確実に遂行し教育目標を実現するために全教職員に割り振られる役割分担のことである。

組織としての学校の運営にとって，校務の分掌は不可欠のものである。実習生は，実際には指導教諭の補助として多少かかわる程度であろうが，「学校教育法」をはじめとする諸法令が実習校でどのように具現しているか，教育目標実現のためにそれぞれの任務がどのように組織化され機能しているか，その評価はどのようにして行われ，成果と課題が明らかになっているかなど，しっかりと観察・記録し，自分が学校に勤務したときには

どんな分掌についてみたいか，展望できる好機である（このことについての詳細は，学校経営との関係で，第4章第4節を参照されたい）。

期間の限られた教育実習を，上記のような意味において意義あるものにすることは容易なことではない。しかも，次章で述べるように，教育実習に向けては，短大・大学などでの実習前の指導および実習開始直前に各実習校で行われる打ち合わせなどのオリエンテーション以外には，それに直接関係する指導はなされないのが一般的であるから，実習を有意義なものにできるか否かは，ひとえに，実習を予定している皆さん自身が，主体的，積極的に準備し努力できるか否かにかかっているのである。

他方，たとえば教育実習を6月にすれば，10カ月後には教職に就いていることを見込むべきであって，このことも教育実習の課題を考えるうえで重要である。すなわち，それが正規の教員であれ，講師や臨時的任用教員であれ，一旦教員として教壇に立てば，基本的にはその人は自立した責任ある指導者として，ほかの経験豊かな教員たちと同等に勤務することになるということである。そこで自信をもって責任を果たしていくためには，教育実習において確信のもてる成果をあげるとともに，実習後の残った学生生活のなかで，実習中に得た課題の解決に向けて自己研鑽し，これを就任後の初任者研修に続けるのである。

課題としては，①自己の，幼児児童生徒らについての観察力や指導力，②教員としての実践力や人格的影響力・自己評価力などに関係すること，あるいは，③それらの基礎となる専門知識・教養・指導技術，④認識・思索などの深さ・人間性に関係することなどさまざま考えられるが，それらのなかから，できるだけ具体的なものを自己の課題として設定していけばよいのである。

教育実習には，ぜひ，自身であらかじめ設定した目的や課題をもって臨んでほしい。それらを解決し実現しようとする意欲と緊張感が，実習経験が蓄積されていく過程によい効果を与え，また実習終了後に自分で分析・評価する際に，分析の視点を真に意義あるものにするはずだからである。

皆さんが将来教職に就くとき，毎年，毎日，指導する幼児児童生徒は常に新しい存在である。その際，教師としての皆さんの指導が日々新たな子どもたちに即して新鮮であるためには，皆さん自身に，日々教員としての資質を開発し，指導性を向上させる姿勢（自己開発）が求められる。

最後に，教育実習の基本的性格に関連して，指導教諭との関係について記しておきたい。実習生が前節で述べた教育実習の意義を実現するためには，実習期間を一貫して指導・助言者がいなくてはならない。加えて，教育実習が現実に教育活動がなされている現場を借り，しかもそこでの教育的実践（試行）については最終的には責任を負うことがない立場から各学校の教育計画実施の一部を担当するものであることを考えれば，指導教諭の存在と役割がいかに重要かは理解されよう。

●実習の窓●

睡眠時間の確保と管理▶▶▶ 1日は24時間だが，人間の体内時計の1日は25時間であるという。これを地球の24時間に合わせるには，早起きをして朝の光を十分に浴びるしかない。ふつう，その日のうちに2時間以上眠らないとその日の疲れは取れないので，毎夜10時には就寝したい。また，レムとノンレムの睡眠はおよそ90～100分のサイクルがあるといわれているので，その個人差・個性差を発見して自己管理すれば，毎朝5時前にはすっきりと目覚めることができる。

第2章　教育実習の流れ

　教育実習は，大学における「実習前指導」，実習校（幼稚園，小学校，中学校，高等学校など）における教育実習，および大学における「事後指導」を内容とする科目の総称である。通常4年次に配置されている。

　教育実習は，将来教職に就くことを前提としている。そして，教育現場の実情や実態に即して大学での学びを応用し，指導教員の指導の下，省察しながら実践的に指導できる力を身につけることが中核をなす。しかし，それらの力は，実習期間だけで身につくものではない。

　教育実習の流れのどの過程においても，常に高い志をもって取り組むことが重要となってくる。

1．実習前

■ Subject ■

　教師を志し，研鑽を積むなかで，実際の教育現場における教育実習は，密度濃く学ぶことができる半面，責任を伴う場面を多く有する。教育実習に向けて，どのような準備や心構えが必要であろうか。

1）大学の事前指導で何を学ぶか

　次年度の教育実習を想定した科目が，通常3年次に配置されている。教育実習の意義と目的，教育実習録，学習指導案の記載方法など教育実習の全般的内容に対応した，講義と演習からなっている。これらは，教育実習に必要欠くべからざるものなので，常に自分が実習生としてどのように行動すればよいかをシミュレーションしながら，高い意識をもって臨むべきである。

　実習を想定した科目である以上，出席を厳守するのは当然であり，無断欠席，遅刻，早退は厳禁である（特別な場合は授業担当者に届け出る）。

　事前指導の内容には，次の項目が含まれよう。

（1）教育実習とは何か

①教育実習の流れ（実習前・実習中・実習後）

②教職課程と教育実習（教職課程科目と教育実習との関連性）

③教育実習の意義と目的（教育実習は何のためにあるのか）

（2）教育実習の準備と心得

①教育実習生としての自覚と心構え（服装・挨拶・態度など）

②勤務についての心得（服務規定の厳守）

③授業についての心得

④実習校での人間関係について

（3）教育実習の展開

①観察（授業参観など）

②教育実習録の記入の仕方

（4）学習指導計画

①学習指導要領に合わせた単元設定

②単元の指導目標・評価規準の設定

③教材研究・学習指導案の事例研究

④学習指導案作成の実際

（5）学習指導の実践的指導力

①授業展開の実際（計画・確認）

②指導技術（話し方，板書，発問，時間配分）

③模擬授業の実践（実践・省察・改善）

（6）生活指導関連の諸問題

①生活指導の基本的あり方

②生徒（児童）理解の視点と方法

③授業中・授業外における生活指導

④「道徳」「特別活動」との関連

2） 実習校の種類と特色

実習校には，教育委員会が仲介して実習校を決定し，大学を通じて申請手続きをする**指定校**（普通は公立の幼稚園，小学校，中学校，高等学校）と，学生が個人的に交渉して確保する**個人校**（大抵は出身校で，国立・公立・私立学校）の2種類がある。

どちらで実習するかは，**教職課程の履修指導に従って，早めに決めるべき**である。私立の学校には，創立者の建学の精神が継承されているところが多いので，国公立の学校とちがう教育理念・方針があるのが特色である。いずれにしても，実習校の教育方針に沿って実習することが望まれる。

（1） 指定校実習希望者

必ずしも自分の出身校で実習を行えるとは限らないので指定校と称している。**指定校実習の場合，実習校が決定したあとは，個人的な都合によって実習を辞退することは対外的に許されない**ので，ゆるぎない決意をもって臨むべきである。実習校が発表されたら，速やかに正しい手続きを行うこと。

（2） 個人校実習希望者

個人校実習の場合，教育実習を行う前年度の4月ごろから，実習校の都合をうかがって訪問可能な日時を調整したうえで，早めに実習希望校を訪問して，学校長の内諾を得る。内諾が得られたら，速やかに大学に報告し，事務手続きを確実に行うこと。

3） 実習前の打ち合わせ

（1） 大学での担当教員との打ち合わせ

指定校実習者，個人校実習者ともに，教育実習前に，大学で「実習前指導」が行われる。実施時期は前期実習か後期実習かによってもちがうが，具体的な日時は掲示により伝達される（大学によってちがいがあるので確認すること）。引率指導（訪問指導とも称する）の教員は，指定校や要請がある一部の個人校に出向くので，連絡方法を確認して，研究授業の候補日などをきちんと報告・連絡・相談すること。教員のスケジュール上，研究授業の日に訪問できるとは限らないが，極力調整する。

（2） 実習校との打ち合わせでの留意事項

忙しい学校現場が実習生を受け入れてくださるのは，後進を育てるためである。実習生は，失礼のないように，思慮深く，「未熟なのでよろしくご指導ください」という謙虚な態度で臨まなくてはならない。

実習校の校長，副校長（教頭），主幹教諭をはじめ，クラスを提供して直接指導にあたってくださる指導教員の先生方の指示には，明るく素直な気持ち・態度で従わなければならない。担当学年・クラス・単元など，実習校が良かれと思って割り当てられた場合，与えられた条件のなかで，最大限の努力を傾けてほしい。

●実習の窓●

小学校一日体験実習を終えて▶▶▶ 今回小学校で子どもたちの学習，学びなどの様子，また先生方のご指導の様子を見せていただいて，とても有意義な時間を過ごすことができたと感じています。廊下ですれちがったときに気持ちよく挨拶をしてくれたり，初対面の私たちに対して休み時間に一緒に遊ぼうと声をかけてくれたりして，子どもたちの温かさに数多くふれることができました。また〇〇小学校の児童は，ちがう文化や価値観をもつ人に対しても仲良く接することができるということを感じました。

小学校の教師は，子どもたちとの距離が近く，子どもたちが日々成長していく姿を見て感じられる，本当に素敵な仕事だと思います。〇〇小学校の児童は，学校が好きという児童が多いということでした。私は子どもたちが学校を好きで，学校に来るのを楽しみにしているということが教師にとって一番の成功であり，幸せであると考えています。ですから，もし私が小学校の教師になれたら，子どもたちがそう言ってくれる学校がつくれるよう，がんばりたいと思います。

2．実習中

■ SUBJECT ■

実習の内容，配慮事項にはどんなことがあるのだろうか。わかりきっているような日常茶飯事でも，一つ一つ確認しておきたいものである。

1）教育実習第1日目のポイント

まずは，前日の完璧な準備が肝要である。通勤時の服装にはじまり，在校時の服装（着替え）・上履き用の靴，出勤簿用の印章・名札・提出の指示依頼を受けている書類やお金など，前日から物品・心身の調整にも余念なく，寝過ごすようなことも決してないように十分睡眠をとって，当日を迎える。第1日目の朝は，実習生にとって，緊張や不安，意欲や嬉しさが交錯する複雑な心境であろう。必ず，きちんと朝食をとろう。

出校は十分時間の余裕をもって，園児児童生徒の通園・通学の様子や通学区域の状況などを観察するぐらいの精神的ゆとりをもちたい（この観察は，実習中継続することが望ましい）。

指定の時刻より早めに学校に着き，玄関で背筋を伸ばし，誰がいなくても大きな声で元気よく朝の挨拶をすれば，緊張と不安は消え，期待と喜びがわいてくる。また，姿は見えなくても，聞こえた相手は必ず好感をもって迎えてくれる。

第1日目もしくは数日間は，園長・校長の講話をはじめ，副校長（教頭）・教務主任・主幹教諭・児童生徒指導主任・教科主任などから指導を受けることになる。その内容は，園・学校の沿革や規模，教育目標，経営方針，校務分掌，教育課程の編成，教育活動，園・学校行事，研修，園児児童生徒の知徳体にわたる実態，施設・設備，危機管理，保護者と地域住民の特徴や地域の特色など，実に多岐にわたるであろう。これらのなかには，今すぐには必要としない内容や関係の薄い情報もあろうが，園・学校が単独で存在するものではないことを考えれば，むしろわずか数時間の講話や説明では足りないというものである。

指導を受ける際は，資料などもいただけるだろうが，必ず記録用のノートを開き，重要な点はきちんと記録し，理解できない点は曖昧なままにせずその場で積極的に質問し，理解したことを実習活動に意欲的に生かすことが大切である。

2）観察実習・参加実習・授業実習―それぞれで学ぶこと―

このように教育実習が始まり，その内容は，実習期間の経過につれて〈観察実習→参加実習→授業実習〉へと移っていくのが一般的である。

（1）観察実習

観察実習は，実際に学級経営や教科指導などにかかわっていない時点で，教育活動のさまざまな面を意欲的に観察・記録することである。

観察の対象は多岐にわたるが，おおむね次のような事項・内容が考えられる。

①園・学校と自然的・社会的環境との関係

先に，実習初日の項で「園児児童生徒の通園・通学の様子や通学区域の状況等を観察」云々としたところがこれに関係する。自然的環境とは，子どもたちを囲み育んでいる森林・河川・田畑・海浜・島嶼・気候などであり，これは，そのまま社会的環境としての産業や生活そのものにかかわってくる。また，その社会的環境としては，農山漁村・商業地・工業地，住宅密集地・人口過疎地，ほかに交通・運輸などがあげられるが，これらは子どもたちの通園・通学区域や通学路に直接関係してくるものである。ここに観察の目を向け注意を払うことで，子どもたちの生活の場が把握され，通学の安全や危険個所の発見なども可能になる。

②園・学校が掲げる教育目標，学校運営の計画

教育目標には，地域住民や保護者の願いや意識，子どもたちの実態が色濃く反映している。私立の園・学校の場合には，建学の精神がはっきりと映し出されている。

　全教職員が一丸となってこの目標の実現に取り組んでいるのであるから，実習にあたって実習生は，目標そのものとその背景，ゆえんを知っていなければならない。また，目標実現にあたっては，そのための下位の目標や具体的な方策，手順などが設けられているのが普通であるから，それらについても積極的に理解していくことが望まれる。学年や学級の目標，すなわち子どもたちが日々めざし努力している姿は，教育目標から下りてきているものである。

③教員の教育活動全般，勤務の実際

　教職員は，教育目標を理解し，教育活動全般を通してその実現に邁進している。さらにいえば，たとえば各教科等の指導は，その各教科等の力そのものを身につけ伸ばすだけでなく，身につけ伸ばすことを通して，教育目標の具現を図っているのである。養護教諭しかり，栄養職員しかりである。観察にあたっては，後述する校務分掌の機能と合わせて，個々の教職員がどのようにそれぞれの任務を自覚し，たずさわり，協力し合っているかまで，つぶさに観（み），察するようにしたい。

④学級の教育目標と実際の学級運営の関係・学級担任の人柄と学級経営の実際

　先に，教師になりたい最初の動機は「授業をしてみたい」であろうと述べたが，その第二は，「学級担任をしてみたい」ではなかっただろうか。「よい授業はよい学級経営から」とはしばしばいわれることだが，それほどに学級経営は重要で，子どもたちにとっても，学級こそが「自分の居場所」なのである。

　教育実習は学期途中であることから，その学級経営や学級づくりに大きくかかわることは少ないであろうが，来るべき将来のために，配属された学級の経営について，その方針と実際の姿とをつぶさに観察することが大切である。そのときの視点は，おおむね次のようであろう。

・学級文化の柱・教室環境の整備の仕方
・学級の雰囲気と園児児童生徒の活動ぶり
・評価　など

⑤個人および集団としての幼児児童生徒の姿

　子どもたちの身体的特徴，性格，個性，能力，心身の健康状態，相互の人間関係などは，個々の成長・発達のためにも集団としての学級経営のためにも重要視すべきものであるが，同時に，「個人情報」として保護されるものが多いことにも配慮することが大切である。

　統計上では，全国すべての教室に，（つまりは受け持つ実習学級に）学習障害をはじめ発達障害，身体障害など，特別に支援を要する園児児童生徒が複数在籍している。また，いわゆる不登校や保健室登校の児童生徒がいる可能性もある。このような場合には，とくに担任や関係の教職員の工夫や組織的対応をつぶさに観察し，記録し，わからないことや疑問に思ったことなどを解くべく，積極的に指導を仰ぐようにしたい。

⑥そのほかのさまざまな教育活動・園児児童生徒の学校外での諸活動

　いうまでもなく，園・学校は社会的な存在であり，社会に守られ社会に期待されて存在している。また，園児児童生徒には，地域の施設や設備，団体，制度などを積極的に利用・活用して，生き生きと活動しているものもある。

　教育実習中にこれら学校外の活動に対して深くかかわることはないだろうが，教師はこのようなことにも温かい目と心とを向けて支え，激励する

ことが望ましい。できるだけ担任や子どもたち，ときには保護者ともかかわって，見聞を広めたいものである。実習生と学習指導とのかかわりは，原則的には一人の教員が特定の学級を対象に全教科を担当する態勢の幼稚園・小学校（学級担任制）と，各教員が複数の学級（複数の学年に及ぶことも多い）を対象に，特定の教科を担当する態勢の中学校・高等学校（教科担任制）とでは大きなちがいがある。幼稚園・小学校での指導については，指導教諭の指導方針に沿いつつ実際に従事するほか，他学年での指導についても，できるだけ参観するとよい。中学校や高等学校では，特定の教科の指導を担当することにはなるが，参考のために，担当教科はもちろんのこと，ほかの教科の授業も積極的に参観し，指導の目標・指導過程・生徒の学習活動の様子・学習指導の方法技術・評価の方法と実際などについて理解を深めるように努めることが望ましい。とくに，各教科等を通して指導することになっている道徳や生徒指導，言語活動の実際などについては，お願いしてぜひとも参観したいものである。

（2） 参加実習

参加実習は，学級担任，教科指導の教諭の指導のもとに実際のさまざまな教育活動に参加したり手伝ったりして教師の仕事の内容を体験的に学ぶものである。たとえば，教室環境の整備，朝と帰りの短時間の学級活動（普通は朝の会・帰りの会などと称する），給食指導・清掃指導などに参加して園児児童生徒のなかに入っていき，教師の仕事を肌で感じるなどである。またクラブ活動や学校行事（遠足，体育祭，儀式など）にも参加し，積極的にかかわるようにするとよい。

（3） 授業実習

授業実習とは，授業（教科指導）を実習生が自ら教壇に立って，実際に展開することである。授業に臨むにあたっては，綿密に教材を研究し，慎重に学習指導案を作成し，資料・教具などを準備して，事前に指導教諭の指導助言を得なければならない。実際に教壇に立ち，園児児童生徒に学習への関心をもたせながら内容を正しく理解させ，知識や経験を身につけさせるような授業を展開することは，実習生にとって容易なことではない。一つ一つの授業は，園児児童生徒にとってはかけがえのない大切な学習の蓄積の機会であるから，決して安易な気持ちで臨むことがあってはならない。授業終了後は，必ず指導教諭にお礼を述べ，講評を仰ぐようにしたい。自らも，常に理論的・具体的に授業の反省をし，次の授業の教材研究・学習指導案の作成および指導過程のなかで有効に生かすように工夫することが肝要である。

3） **授業研究と研究協議会（反省会）**

①授業研究の進め方

授業研究とは，実習生の授業実習を校長をはじめ先生方に参観していただき，指導講評を仰ぎ，教科指導の反省と向上に役立てるものである。また，授業研究は，指導教諭以外の教科や学年の先生，ほかの教育実習生など多くの参観者が参観し研修する場でもある。実習生は，それまでに研究し準備したことを十分にいかすことができるように，全力を尽くして授業に臨むようにしたい。

授業研究は，普通，実習期間の後半に行われるが，その日時や内容が決定したら，速やかに大学の引率指導教員に連絡することが望まれる。学習指導案は，前日までに指導教諭に指導・点検をしていただいて完成させてから印刷し，当日の朝，始業前にまず校長にお渡しし，そののちに全教諭とほかの実習生に配付する（実習校によって対応にちがいがあるので指導教諭の指示に従う）。

その際，授業研究の実施学年・学級（授業展

開の場所)・時限・単元名などを述べ（できれば，学習指導案に表紙を付けて印刷するとなお親切である），参観ならびに指導助言をいただくことをお願いするとよい。授業開始前，入口に必要な教材や資料を準備することには，実習生がお互いに協力しあうのがよい。授業終了後は，指導教諭や参観してくださった先生方にお礼を述べ，ご指導をお願いすることが肝要である。

②研究協議会にはどのように臨んだらよいか

研究協議会には，授業終了後，授業について研究協議することを中心にして行われる反省会と，実習の最終日近くに実習全体の総括を中心にして，実習生全員と校長をはじめ実習に関係した先生方によって行われる反省会とがある。どちらの場合も，会場は実習生が協力して準備し，先生方に負担をかけないようにする。

研究協議会では，まず授業についての自己評価が求められる。実習生は，最初に，参観していただいたことにお礼を述べ，その後，まず①「本時のねらい」を達成したか―つまり子どもの学習が成立したか―の観点から自己評価し，次に，②その成立・不成立の理由・原因を謙虚な言葉で簡潔に述べる。そのなかで指導中に困ったこと，問題を感じたことなどを率直に述べ，指導助言をお願いするようにしたい。したがって実習生は，反省会に先立って上記①②の反省点や問題点を簡潔にまとめておく必要がある。

授業に対する先生方の指導助言は謙虚に受け止め，要点を記録し，次の授業に生かすようにすることが肝要である。しかし，指導のなかで不明な点や納得のいかない点，あるいは誤解されていることがあれば，謝辞を含めて自分の理解を確かめ，あるいは質問したり自らの考えを明確に述べたりするのがよい。ただし，実習生は指導を受ける立場にあることを自覚し，自分の見解に固執しすぎたり，実習校の教育方針や指導教諭を軽々しく批判するような自己過信した尊大な態度は許されるべきものではない。反省会の終了後は，先生方のご指導にお礼を述べ，会場の後片付けも実習生が速やかに行いたい。

なお，「授業研究」を「研究授業」と混同しがちであるが，教育実習生が行うのは，授業そのもののあり方や進め方，指導法や指導技術をきわめようとするものであるから「授業研究」である。

ちなみに「研究授業」とは，ある教育課題を解決するために「仮説」を立て，これを検証しようとする授業をいう。

実習最終日。実習中になすべきことをすべて果たし，最終日に先生方や園児児童生徒にお別れの挨拶を述べ，校門を退出したときに，形式的には一応終了する。帰宅したら，実習後に行うべきこと（次項3で述べる）について実施計画を立て，疲労の回復，体力の回復を図ること。

最終日のポイント
・「教育実習録」の提出
・子どもの作品や成績物の返却
・貸借物品の返却，給食費等経費の支払い
・子どもたちへの挨拶
・教職員への挨拶（給食室・用務員まで全職員）
・置き忘れの確認（更衣室・ロッカー・靴箱の中・印章など）

●実習の窓●

笑顔をもって授業に臨む▶▶▶　「学習指導案」は一つの仮説であるから，その授業を終わってみるまでは適否の検証はできない。しかし，その仮説に果敢に挑むかぎり，指導者の表情に現れるのはこのような《笑顔》である。

18　第2章　教育実習の流れ

3．実習後

■ SUBJECT ■

実習期間の終了がそのまま実習の終了と考えたら誤りである。期間終了後にも，事務的処理，実習校との事後連絡，大学における反省会（事後指導）など重要な事柄が控えている。また，「履修カルテ」の記入，「教職実践演習」に向けた総括的な反省と評価も早めにしたい。

1）実習校との関係ですること

①教育実習録（実習日誌）

実習録は，最終日までに記入を完了し，指導教諭に提出し，点検・講評をお願いする。実習校が点検ののち大学へ直送する場合は，必ず大学への提出期限を伝え，実習生のほうで切手を貼った返送用の封筒を添えてお願いするのが常識である。

実習生が後日いただきに行く場合は，その日時をしっかりと確認し，所定の日時に必ずうかがうことが大切である。

②お礼状

実習校の教職員はさまざまな面で心配りをし，後輩を育成するという使命感をもって教育実習生を迎え入れ，2～4週間にわたって通常の教育活動をしながら実習生の指導にあたってくださるのであるから，心から感謝しなければならない。したがって実習生は，実習終了後に校長をはじめ，指導教諭や学級担任，お世話になった先生方のそれぞれに感謝の心をもってお礼状を差し上げるのが常識であろう。その場合，はがきではなく封書で，誤字などのない丁寧な手書きの楷書または行書で出すのが礼儀にかなっている。

お礼状は，遅くとも実習終了後2～3日中に出すのがよい。これ以上遅れてしまうと，「お礼」に加えて「お詫び」の一言を添えなければならなくなる。

さらに，その後，教員採用試験の結果や卒業して就職したことなども先生方にご報告するようにしたいものである。先生方は，教育の場を通して結ばれた人間関係を心から大切にされ，指導した実習生の成長を喜んでくれるはずだからである。

2）大学（引率指導教員・教職課程事務局）との関係ですること

①実習終了の報告

実習生は，実習が滞りなく終了したならば，直ちにその旨を大学の引率指導教員（あるいは事前指導の指導教員など）と教職課程事務局に連絡・報告する心づかいが望まれる。電話やメールで連絡してもよいが，それはあくまでも「取り急ぎ」「とりあえず」のことであって，できれば大学で直接指導教員に面会し，実習中の様子や反省会などについても具体的に報告することが望ましい。大学の関係者は，実習生が大学で学んだことをいかして実践・研究し，成果をあげて無事に実習を終えることを心から期待している。教育実習という社会経験を経て，人間的にもひとまわり大きく成長した姿を実質的に示してほしいものである。教職課程事務局も同じ想いであるから，できるだけ直接出向き，口頭で報告したいものである。

②教育実習録（実習日誌）の提出

実習終了後，実習校の校長・指導教諭に点検・講評をいただいた『教育実習録』は，大学によって異なるが，一般的には2週間以内に教職課程事務局に，所定の手続きによって提出しなければならない。実習校から直送されるようにお願いしてあったのなら，期限後に教職課程事務局に赴いて着信を確認し，実習校の指導担当教諭にお礼の電話をするような配慮もほし

い。

③事後指導（反省会）への出席

実習終了後，大学において，改めて教育実習の事後指導（反省会）が行われる。その実施形態は大学によって異なるが，いずれにしても，教育実習の「総まとめ」であるから，必ず出席しなければならない。ここでは，教育実習で体験した授業実践や生活指導実践，教職生活などについて出席者が個々に報告し，感想や意見を述べあい情報交換をすることによって，各自が適正な自己評価と反省を行い，教育実習の意味をさらに深め豊かにしたい。以後，この自己評価と反省をふまえて，各自は大学において学校教育・教職・教師のあり方などについて，関連する講義や演習，あるいは自らの研究をとおして理論と実践の統一・止揚に努めることが肝要である。

教育実習の継続研究の課題は，このように教職を志す学生が，教育の現場を肌で感じ教師の実際の仕事にたずさわってみて，教職に対する自らの適性と決意とを改めて見極めることであろう。また，それと同時に教育実習をとおして感じた学問的・人間的未熟さを改めて謙虚に反省し，「無知の知」の自覚を再出発点として自己研修の新たな課題と方向性を発見することこそ，教育実習を体験し継続研究をする究極的課題となるのである。

④「履修カルテ」当該個所の記入と提出

「教育実習録」は実習終了後に期限付きで提出しなければならないものなので，その処理も比較的円滑に進むものであるが，「履修カルテ」は在学履修中の長期にわたって自己管理するものであり，とかく記入や活用がなおざりになりやすい。しかしこれは，教職課程の履修状況を正確に把握・確認し，実習終了後に必修の「教職実践演習」に向けるためのもので，演習担当者にとっても，その実施前に熟読し一人ひとりの学生の課題に沿った演習になるように展望するうえで重要なものである。したがって，教育実習を巡る個所だけでなく，全ページにわたって記入漏れのないことを確認して，その後は大学の指示に従って提出しなければならない。

⑤「教職実践演習」に向けて

「教職実践演習」は，2008（平成20）年の教育職員免許法施行規則の一部改正によって設置された。これは，教職課程履修者の教員としての資質・指導力について一定の水準を確保するために，教育実習終了後の在学最終年度後期に開講し，「履修カルテ」や「教育実習録」，教育実習の評価を確認しつつ，授業実践等を演習形式で実施して，それを最終的に査定するものである。要するに，同科目は，教職課程履修の総点検と評価を，教職希望者自身と同科目担当教員とで客観的かつ正当に行うものであって，実習校における教育実習の評価には，これまで以上に客観性が求められると同時に，履修者自身が適正な自己評価をする主体性が問われることになる。

この演習が充実した効果をあげるためには，履修学生一人ひとりの課題意識と教職への熱意，履修学生相互の問題意識と共通理解・共同態勢が必要であろう。実習中に発揮された新鮮な感覚や，獲得して新しい課題にもなっているであろう最新の「教育情報」などには，担当する教員の感覚や知識を凌ぐものがあるだろうことも予想される。そのような場合には，演習には皆さんの声や要望もおおいに取り入れ，皆さんがイニシアチブを執ったりリーダーシップを発揮したりして実施してほしい。

4. 実習で留意すること

■ SUBJECT ■

実習を巡っては，配慮事項，留意事項などが細々とある。すでに述べていることと重複するところもあるが，以下に列挙してみる。

1）実習生の勤務

実習校の教育計画の一部を担当していることを自覚し，全教職員の指導のもと，終始全力をあげて責任を果たさなければならない。教育実習生としての自覚とそれにふさわしい服装に配慮することも大切である。たとえジャージなどで出勤するような教職員がいたとしても，実習生が真似てはならない。

①実習生は，実習校の服務規程を遵守し，すべて校長をはじめ指導教諭の監督指導のもとに実習を行うこと。教職員には，職務専念義務が課せられ，副業が禁止されている。実習生も，実習中の就職活動やアルバイト，ボランティア活動をしてはならない。

②実習生の勤務時間は，実習校の教職員に準ずる。毎朝，所定の時刻の少なくとも10～20分前には出勤し，「出勤札」があれば反転させて「出勤」にする。職員室で明るく元気よく挨拶し実習生出勤簿に真っすぐに押印し（この時点で出勤が成立する。したがって，何日分かをまとめて押すようなことはしない），所定の勤務につく。出勤印は実習途中で替えてはならない（改姓は別）。簡易印は不可。決められた名札があれば着用する。

③退勤に際しては，毎日指導教諭に実習録（日誌）を提出し，翌日の予定および連絡事項を確認し，退勤の許可を得る。無断で退勤するようなことがあってはならない。退勤時，まだ仕事中の教職員には「お先に失礼します」という挨拶を忘れない。定刻後に残って仕事をする場合は，指導教諭の承認を得，退勤時には副校長（教頭）にその旨必ず報告して，「出勤札」を反転させて「退勤」にする。

④実習期間中，欠勤・遅刻・早退などはあってはならないが，急病や不慮の事故などやむを得ない事情のために欠勤しなければならないときは，速やかに電話など適切な方法で指導教諭を通して校長に届け出て，許可を得る。事後は必ず欠勤届およびその証明書など，実習校のきまりに従って文書を校長に提出しなければならない。遅刻・早退・一時外出などの場合も同様の手続き・処置をとる。なお，できるだけ欠勤などのないよう，ふだんから体調の維持・健康管理には十分気をつける。

2）挨拶の励行と言葉づかい

挨拶は日常生活のなかでの人間関係の潤滑油として重要な役割を果たしているが，教育の場においては，とくに園児児童生徒に礼儀をわきまえた基本的生活習慣を身につけさせ，社会生活を円滑にすることを学ばせるためにも，教師自らが礼儀を形に表した挨拶をしなければならない。

実習初日は，校長室か応接室に案内される。案内してくださった方には，必ず「ありがとうございました」とはっきり述べる。部屋では，誰彼なく明るく元気な挨拶を交わすことに心がけたい。あとは「行住坐臥(ぎょうじゅうざが)」の言葉どおり，社会人には常に求められるものとして判断し実践したいものである。教職員の朝礼では全教職員に紹介され，さらには朝の集会などで，全園・校の園児児童生徒に紹介されるであろうから，それぞれにふさわしい簡単な自己紹介のことばを用意しておくとよい。自己紹介は，一度聞いたら忘れない内容で，しかもはきはきとして簡潔明瞭であることを旨とする。日常，朝の「おはようございます」に始まり，指導を受けたときの「ありがとうございま

す」，退勤時，まだ仕事中の教職員には「お先に失礼します」などの挨拶は，教師としての自覚をもった実習生には忘れてはならないことである。また，実習校の教職員が先に退勤するような場合には，起立して「ありがとうございました」と言うのが望ましい。目下が目上をねぎらうのは尊大に聞こえるので，「お疲れさまでした」は控えるのが好ましい。

教職員に対しては，敬語に留意し，礼儀をわきまえた言葉づかいに配慮することは社会人としていうまでもない。馴れ馴れしい口ぶり，学生仲間同士のような言葉づかいはしないものである。

園児児童生徒に対しても，気軽に，しかも心のこもった挨拶をすることは，信頼関係を結ぶきっかけをつくる大切な要素である。また，言葉は，園児児童生徒によく聞こえるように，正確・明瞭かつ適切な声量と速さで話すように努め，模範となるような言葉づかいを心がけるべきである。

呼名・指名の際の「くん・さん」については，異論の多いところなので，ひとまずは学校の方針に従うようにしたい。

3）教育実習録（実習日誌）

実習録の形態や記入の仕方は大学によって異なるが，その扱い方は，基本的には毎日所定の記入欄に適切に記入し，指導教諭に提出して講評をいただき，それを謙虚に受けとめ，翌日の実習生活にいかすようにすることが肝要である。記入する内容は，その日の教育活動について具体的な事実をふまえて記述し，研究的かつ建設的に反省を加え，実習活動を工夫改善しようとする意識をもって書く。受けた指導について疑問を感じた場合は，その旨を率直にかつ明瞭に述べ指導助言をお願いするとよい。実習録の記入に際しては，学校や指導教諭の教育方針についての軽々しい批判，単なる感情的な感想などは慎む。そのほか，筆記具は万年筆かボールペンとし，鉛筆では書かないこと，誤字・脱字・送り仮名などには十分注意し，とくに略字は書かないようにすること。論文体と話しことばを混用せず，文体を統一し，カタカナ語・俗語・絵文字・顔文字・漫画などのような表現は使わず，格調高い文章を書くよう心がける。実習録を記入するときは国語辞典を手元におき，曖昧な場合は必ず確認する用意周到さがほしい。実習録を有効に活用すれば，一日一日の実習が改善され，いっそう充実するであろう。

4）実習生控室の使い方とほかの実習生との関係

実習生控室は，実習生が教材研究をしたり教具を整えたり，授業に臨む準備をするために用意された，職員室に準ずる場である。他大学などからの実習生と研究しあったりお互いに協力し助けあって，実習期間中の毎日をともに過ごす場でもある。したがって，控室はお互いに気持ちよく使うよう実習生同士が協力して整理整頓に心がける。喫煙は，大半の学校で校地内では禁じている。喫煙はできないと思って実習に臨むべきである。携帯電話は，原則として学校内ではスイッチを切り，教室には決して持ちこまないようにしないと，児童生徒に対して生活指導上の問題にもなる。また，貴重品は常に身につけておき，自己管理をすることも団体活動のなかで必要である。毎朝夕，簡単に清掃するくらいの余裕がほしい。最後に退出するときは，消灯・戸締りを忘れない。

湯呑み茶碗は，初日には持参せず，指示があったのち持っていく。毎日自分で出し入れし，とくに後始末をきちんとしなければならない。

5）授業参観と授業実習

授業参観は，計画性をもって担当の学年，教科以外の授業も積極的にお願いする。必ず事前に担当教諭の承諾を得，授業開始前に教室に入って待

機する。授業中の出入りや実習生同士の私語などは授業妨害となるので厳禁である。授業中は，指導目標の確認，指導方法・技術の駆使，児童生徒の学習活動の状況など，教員の視点から観察し，メモをとる。

学習中の児童生徒に話しかけたり，教科書やノートを覗き込んだりすることは，学習を妨げることになるので控える。また，参観中に児童生徒が話しかけてくることがある。そのようなときには，たとえ学習を巡る質問や相談であっても軽々に応じたりしないで，先生に聞くように促すのが，指導中の先生に対しての礼儀である。参観後，担当者にお礼を述べることを忘れない。授業実習は，できるだけ早く指導教諭に指導を受けて必ず学習指導案（以下，指導案）を作成する。指導案の形式と構成は，それぞれの学校や指導教諭によって異なると考えてよい。したがって，作成にあたっては，指導教諭の指導を十分いただいてその指示に従うことが必要である。大学で学んだ指導案や，教科書や参考書，インターネットなどに収録された指導案例の形式にいたずらに固執することなく，柔軟な対処の仕方が求められよう。

始業前は，必要な教材・教具の準備を再確認し，始業の合図と同時に授業を開始できるように教室に入っていなければならない。

学習の展開は，指導案にもとづいて進めることが基本であるが，児童生徒が興味・関心をもって学習活動に積極的に参加するよう臨機応変に対処することに心がけたい。授業中は，口調・声量・発問・指名・板書・机間巡視などの指導技術に留意し，教具・視聴覚機器などを有効に駆使する工夫努力も必要である。今日，教育の「デジタル化」が急ピッチで進んでいる。教室にいわゆる「電子黒板」や「デジタル教科書（教材）」が導入されていることもあろう。そのときには，避けて済ませるのではなく，その意義や使用・活用法を積極的に学び，財産として身につけるようにしたい。

授業は始業の合図とともに始め，終業の合図とともに終わらせるようにしたい。

6）体罰の禁止

学校教育法第11条に，「校長及び教員は，教育上必要があると認めるときは，監督庁の定めるところにより，学生，生徒及び児童に懲戒を加えることができる。ただし，体罰を加えることはできない」と規定されているように，いかなる事情があっても，幼児児童生徒に体罰を加えてはならない。体罰は，幼児児童生徒の人間性の否定であり，教師の立場からは指導放棄とさえいえるものである。

体罰は，一般的には「肉体的苦痛を伴う暴力的なもの」とされるが，広く言葉による心理的苦痛や，「好き嫌い」をなくそうという「配慮」からくる給食の無理強い，○○が終わるまでは給食を与えない，トイレに行かせないなどの我慢を強いることも体罰であるとされる。

ちなみに，学校教育において体罰が禁止されたのは，1879（明治12）年の「教育令」からであることを心にとめておこう。

7）守秘義務・個人情報の保護責任

公務の従事者には，必ず守秘義務がある。学校教育の場にもさまざまな守秘事項がある。

教育実習中，実習生は，幼児児童生徒を理解するための資料として，家庭環境調査書や指導要録などを指導教諭の許可を得て閲覧する機会もあろうが，その際に知り得た個人やその家庭の秘密に関しては，実習中はもちろん実習終了後も絶対に口外してはならない。また学校の機密などについても守秘義務があることはいうまでもない。

近年，情報機器の発達にともなって大量の情報を容易に持ち運びできることから，個人情報の取

り扱いが安易・軽率になり，校外への持ち出しなどによる紛失・盗難などの問題が少なくない。とくに実習生は，個人所有のパソコンを学校に持ち込んで使用することもあろうが，それを禁じたり情報の扱いについて厳しい制限を設けたりしていることもある。そのような場合には，必ず学校の方針や指示に従い，すべての情報の取り扱いについて最高度の慎重を期さなくてはならない。

8）政治的・宗教的中立の態度を守る

実習期間中，実習生は，特定の政治的立場に立って特定政党の宣伝をしたり誹謗したりしてはならない。実習中に地方自治体の選挙があったり，そのことが児童生徒の間で話題になったりしているときにも，個人の立場や意見は示さないようにする。NIE活動が実習校で採り入れられている場合など，とくに慎重を期さねばならない。

また，公立学校においては，特定の宗教的立場から見解を述べたり指導したりしてはならないことも銘記しておくべきである。なお，似たようなことで，特定企業や団体の利益・不利益を招くような言動も，厳に慎まねばならないことを付け加えておく。

9）信用失墜行為

これが一つでも発生すると，長い間かけて築き上げて大切に，あるいは誇りにしてきた児童生徒・学校・保護者・地域の期待と信頼は，一瞬にして瓦解してしまう。実習生にこれがあったときには，法や規則にもとづいて厳重な処分があるほか，実習そのものが無効になったり，教員採用試験を受けられなくなったりすることもある。信用失墜行為は，公務員であろうがなかろうが，人間としても許されないことで，厳に自己管理に徹していなければならない。

しばしば報道されることがあるもので敢えて例示すると，道交法の逸脱行為（飲酒運転）や青少年の健全育成の理念を逸脱する破廉恥行為，先にあげた体罰や守秘義務違反などがこれにあたる。

10）地域理解

これもすでに述べたところであるが，実習校のある地域・地区の自然環境，産業・経済的環境など，とくに，歴史，伝統的な有形・無形文化遺産，住民による文化活動など，単に知ることのみにとどまるのではなく，児童生徒がどのようにかかわっているかに注意を払って理解を深めたい。

11）危機管理

別項で詳しくふれるが，常に，非常時を想定した避難路の確保をはじめとした危機管理，防災・減災に努めることも大切である。校舎内用上履きは，防災上，サンダルやスリッパではなく，「靴」がベストであることを心得ておこう。

管理下において園児児童生徒が事故あるいは病気となった場合は，速やかに指導教員などに連絡し，適切に処置する（「報告」「連絡」「相談」と「記録」）。内容によっては，大学（教職課程事務局・担当教員）へも報告する必要が生じよう。

●実習の窓●

学校にかかわる人たちとの出会い▶▶▶　実習校には，小学校でも専科教員がいることがある。産前・産後，療養の休暇中の教職員がいることもあれば，これらの代替として派遣されている教職員もいる。少人数指導のための常勤・非常勤講師や図書館指導員，英語活動のALT，PTAや保護者会，種々のボランティア，学校評議員，校医など，多くの人たちの存在や出入り活動にも関心をもち，観察・記録の対象に含めていることが大切である。

5．教師として成長するために

■ SUBJECT ■

　知や技能を血肉化するためには，人は自分自身の思考と感性の枠組みを変容・成長させなければならない。教育実習ではたくさんの子どもや出来事と向かい合い，知や技能が知肉化しなければならない。そして，実習生は人間としても変容・成長しなければならない。

1）臨床の知を学ぶ

　教育実習の主目的は，大学で学んだ知識や技能の血肉化，教育作用の本質の正しくて深い理解，教職の使命の自覚などである。

　ここで思い出されるのは，中村雄二郎の「臨床の知」である（『臨床の知とは何か』岩波書店，1992年）。中村は，「近代科学の知」と「臨床の知」を区別する。前者は客観的・普遍的・論理的に正しい知である。

　これに対して，中村は「臨床の知」の重要性を説く。さまざまな現場において求められるのは，実験室のコントロールされた空間で通用する科学的に正しい法則ではない。むしろ，現場では固有の状況のなかで固有の能力や特徴をもった教師と子どもが，与えられた条件のなかでそれぞれの生活を営む。

（1）科学の知

客観的：誰が見ても正しいこと
普遍的：常に同じ結果が起きること
論理的：原因と結果の対応の説明がつくこと

（2）臨床の知

宇宙性：それぞれの現場には個別の状況がある。
象徴性：物事には多面的・多層的な意味がある。
遂行性：人は働きかけた人や事物との間で相互に影響しあっており，実験室のように一方的に働きかけることはできない。

　実習生は，教育実習の場で「臨床の知」を体験的に学習し血肉化する。

　教育実習を終えた学生諸君の声を用いて「臨床の知」とは何か考えてみよう。「宇宙性」については，教育の場が普遍的ではない個別の場である，と学んでいる。「象徴性」については，起きていることの意味を多様にとらえる目が必要だと学んでいる。遂行性については，「教える対象だと思っていた子どもに教えられ助けられた」との感想があった。

（3）宇宙性

○大学の授業では習わなかったような出来事が起こったり，さまざまな出来事を経験しました。…子ども一人ひとりの個性を理解し，その場その場で臨機応変に対応する力がどんなに大切なことかということを学びました。
○子どもたちは幼い年齢のため，天気やその日の調子で予想外の行動をみせたりします。その際の臨機応変な対応や，子どもたちの興味をひく言葉かけや手遊びをする先生方は日ごろ子どもの様子をしっかり観察しているからこそだと思いました。

（4）象徴性

○すべての行動に意味があるということを先生方から教わりました。「これにはこれ」「あれにはあれ」といったように答えがありません。だからこそ，一つひとつの出来事に多様な意味があり，そのことを第一に考え行動していかなければならないのだと学びました。

（5）遂行性

○最終日前日，児童が「明日は○○先生の授業はないの？」「やってほしい」と口々に言いだしたことに，私は驚いた。いつの間にこんなに距離が縮んでいたのかと嬉しく思った。授業は児童と教師の信頼関係から成り立っているとばかり思っていたが，逆に授業を通して関係を深めていることも知

った。授業の力は大きいと実感した。
○私が子どもたちから教えてもらうことが多かった。私は，4年生の先生として，半人前にも満たない指導でした。それでも，子どもたちは一生懸命勉強し，授業が楽しいと話してくれました。教師という仕事は，子どもと一緒に多くのことを経験し，ともに学んでいく。そして，そのなかで私自身を成長させ，毎日を輝かせることができる仕事だと実感しました。また，毎日子どもと一緒に時間を過ごすことができるということは，大変なこともあるけれども，それ以上に幸せな気持ちになれる素敵なことだと感じました。

2）人間として成長する教師

教育実習は「人間としての教師の成長」をもたらす。「教師の成長」と同時に「人間としての成長」がおきるのである。

人は，新しいこと，すばらしいこと，想像を絶することに出会ったとき，それを受け入れるために自分自身を成長させる。歌謡曲の歌詞のように聞こえるが，人は驚きの数だけ，喜びの数だけ，悲しみの数だけ，それらを受け入れる必要が生じて自分自身の"枠組み"が成長する。

大学と教科書で「科学の知」に慣れ親しんできた実習生は，実習で「臨床の知」の強烈な洗礼を受ける。

児童生徒はものごとを感性とイメージでとらえることに長けている。それゆえ，学校の「臨床の知」は知と感情・感性とが一体化した知である。しかも，児童生徒は生き生きとした魂（それは態度・意欲・関心でもある）が輝いている。それゆえ，学校の「臨床の知」は実習生の魂に鮮明に迫ってくる。この「臨床の知」の強烈な洗礼と向かい合い，受け入れるためには実習生は自分の思考と感性の枠組みを成長させ自分自身の魂を鮮やかに輝かせなければならない。最近のクールな学生であっても，教育実習最終日には泣くことが少なくない。実習生は，泣けるだけの成長体験をしているのである。

●実習の窓●

教師の責任の重大さとやりがい▶▶▶ 　教育実習では，実際に学校現場に身をおき，先生方の授業の展開や生徒とのかかわり方を間近で見ることができた。また，生徒の実態に即して，机上で学んだ知識を，適宜，どのように活用していくべきであるかについて考えることができた。
　生徒一人ひとりが内容を理解し，達成感を得られる授業づくりや，生徒同士が相互に信頼しあうことのできる学級づくりを行っていくためには，教師が生徒の実態を的確に把握し，それに対応した授業の構成や学級活動を，実践に効果的に取り入れていくことが求められる。
　先生方にご指導をいただきながら，教科の指導や学級経営を通して，自ら実践する機会を得ることができ，試行錯誤を繰り返しながら取り組む過程で，生徒の成長に深くかかわる教師の責任の重大さを実感した。しかし，同時にそのやりがいに魅力を感じ，教師という職業がもつ崇高な使命について深く考え，専門性を生涯学び続けるとともに，人間性も磨き続けていくことを常に心がけていくことが必要であると感じ，自己の生き方を改めて見つめ直すきっかけとなった。教師としての基本的な資質や能力を，実際に教育実践を通して養うことができ，また教職を志す自身のあり方に確信をもつことができたという点で，教育実習は有意義な経験となった。

教師はストーリーテラー▶▶▶ 　実習中，世界史Bの教科指導に関して学んだことは，教材研究において歴史の研究や授業の構成を練るだけでなく，果てしなく深い世界史の概要を生徒に理解させるために，自分のなかで歴史をきっちり構造化するという作業が足りなかったのだと気づきました。歴史を教える教師はストーリーテラーでなければならないと感じました。「いかに当時の様子をイメージしやすいように語れるか」「何を伝えたいのか」を考えながら，ときに論理的に，ときに感情をこめて話すよう努力した結果，これらを常に意識し頭のなかで話をまとめるクセがつきました。これが自分自身の成長だと感じました。

第3章 よい授業をするために
― 教育実習の実際 I ―

　本章では,「よい保育,よい授業を行う」ために,どのような点に留意すればよいかを,幼稚園と小・中・高等学校の2つに分け,教育実習のさまざまな局面に即して考えてみる。よい保育・授業に型どおりのマニュアルがあるわけではなく,教師の予定どおりに進んだ保育や授業が,子どもにとっては必ずしもよかったわけではないことを,教師は心得ておかなければならない。発達の主体,学習の主体は,あくまでも子どもだからである。

　以下,本章では幼稚園における保育と小・中・高等学校における教科指導を扱い,次章で道徳,特別活動のほか,学校経営・学級経営,教育相談などを扱う。これらは,学校教育において,相互関係を保ちつつ一体となって機能するものである。

1. よい幼稚園教育実習を行うために

■ SUBJECT ■

「人生の始りこそ力強く」(OECD)といわれるように,質の高い幼稚園教育が望まれる。では,それに応えられる専門性の高い幼稚園教員になるためには,どのような幼稚園教育実習を行えばよいのだろうか。

1) 幼稚園教育実習のねらい・進め方

　幼稚園教育実習を行うためには,まず,実習のねらいと進め方について,しっかり把握しておく必要がある。

（1）幼稚園教育実習のねらい

　ねらいについては,実習や日誌を記述する際にも,以下の3点をおさえて省察・学びを重ねていくことが重要である。

①幼稚園について知る

　子どもや幼稚園教員と生活をともにすることで,幼稚園の役割や特徴を知る。

②子どもを知る

　子どもとともに遊びを中心とした生活を送ることで,発達の姿や興味・関心のあり方を知る。

③幼稚園教員の役割を知る

　幼稚園教員の仕事を観察・体験することで,環境の構成や援助のあり方など,幼稚園教員の役割を知る。

（2）幼稚園教育実習の進め方

①実習園のオリエンテーション

　実習前に,実習園にうかがい,実習内容について指導を受けながら園との相互理解を図り,実習に向けての具体的な準備(実習日誌・指導案・教材・服装・持ち物)を整える。

②観察実習

　幼稚園教員の指導方法・内容や子どもの実態を観察し,以下のことを理解する。

・1日の園生活の流れを把握し,理解する。

・子どもが生活する姿を観察し,学びの内容を理解する。

・幼稚園教員の援助の実際を理解する。

③参加実習

　配属されたクラス担当教員の指導や指示に従って補助的に保育を受け持ち,保育活動に参加しつつ,以下のことを理解する。

・直接子どもに働きかけることにより,観察実習で把握した子どもの姿をより具体的に

理解する。
・保育活動を補助的に受け持つことにより，幼稚園教員の職務内容や役割，ほかの職員との連携の実際を理解する。
・登園や降園の状況を観察したり，送迎に参加したりすることにより，園と家庭との連携の大切さやその具体的方法について理解する。

④指導（部分・一日）実習
観察，参加実習を終えて，実習生自身が幼稚園教員としての責任を担って総合的に保育活動を行い，以下のことを理解する。
・子どもの発達を理解し，保育活動に必要な指導案を作成する。
・保育のねらいに応じた環境構成を行う。
・保育の指導技術を身につける。
・自身の保育活動に関する反省評価を行う。

2）幼稚園理解

幼稚園理解については，1・2年次の授業を通して学んだ内容を整理し，3年次の幼児教育実習科目の授業に臨むことが求められる。実習に行くということは，幼稚園という実践の場を身体レベルで理解し，その場にふさわしい動きや言葉づかいをすることが求められる。そのためには，幼稚園教育要領や幼稚園教育要領解説に目を通し，専門用語をしっかり理解しておくことが必要である。ここでは，最低限の内容を記しておくが，4年次の実習までに，実際の幼稚園に見学に行ったり，ボランティアに参加したりすることで，あらかじめ幼稚園についての理解を深めておくことが重要である。

（1）幼稚園教育の基本
①子どもがはじめて出会う学校
　幼稚園は，子どもがはじめて出会う学校であり，学校教育法には以下のように記載されている。

> 【学校教育法】
> ・第1章　総則
> 　この法律で，学校とは，幼稚園，小学校，中学校，高等学校，中等教育学校，特別支援学校，大学及び高等専門学校とする。

②環境を通して行う教育
　幼稚園教育要領の第1章 総説には「幼児期における教育は，生涯にわたる人格形成の基礎を培う重要なものであり，幼稚園教育は，学校教育法22条に規定する目的を達成するため，幼児期の特性を踏まえ，環境を通して行うものであることを基本とする」としている。

> 【学校教育法】
> ・第3章　幼稚園　第22条
> 　幼稚園は，義務教育及びその後の教育の基礎を培うものとして，幼児を保育し，幼児の健やかな成長のために，適当な環境を与えて，その心身の発達を助長することを目的とする。

（2）幼稚園教育において重視する事項
幼稚園教育要領 第1章 総説には，「幼稚園教育の基本に関連して重視する事項」として，以下を記している。

> ①幼児期にふさわしい生活の展開
> ②遊びを通しての総合的な指導
> ③一人ひとりの発達の特性に応じた指導

3）子ども理解

（1）子どもが見ている世界をともに見る
子どもを理解するには，子どもが見ている世界をともに見ることである。わが国の江戸時代の浮世絵には，子どもが見ている世界をともに見る共同注視の図柄が多く残されており，日本の子育ての原点をそこに見ることができる。親子で生活を楽しんだように，まずは，子どもが見ている世界をともに見て，子どもの興味の内容や楽しさを実

感していくことである。

(2) なったつもりで理解する

　子どもが見ている世界をともに見るということは，子どもになったつもりで見るという視点も必要である。昨日，ダンゴムシを見つけたAちゃんが，裏庭で石をひっくり返しながらじっと見ているとすれば，昨日のAちゃんの姿と重ねながら，Aちゃんになったつもりで，石の裏や石をどけた土のところを見てみることである。その先に，ダンゴムシがいたとしたら，Aちゃんはきっと喜ぶにちがいない……。しかし，時として，Aちゃんになったつもりの自分の感じ方と，Aちゃんの姿とにズレが生じることもある。その際には，Aちゃんの姿をもう一度，じっくり観察することである。見つけたダンゴムシによって，喜び方にちがいがあるとすれば，「Aちゃんは，小さな赤ちゃんダンゴムシを探しているのだ」と，理解を深めることができる。丁寧に継続して観察し，なったつもりで理解を深めていくことである。

(3)「子ども理解」と「援助」

　保育の営みは子どもを理解しつつ，よくなる方向へ援助することである。鯨岡峻は，このことを保育の両義性として示しているが（『両義性の発達心理学』ミネルヴァ書房，1998年），「子ども理解」と「援助」は，どちらか一方に重点をおくのではなく，常に両者に目を向け，そのバランスを保つよう心がけることが重要である。

4) 幼稚園教員の専門性

　文部科学省は，幼稚園教員の資質向上に関する調査協力者会議報告書「幼稚園教員の資質向上について―自ら学ぶ幼稚園教員のために―」（平成14年6月）において，「幼稚園教員の資質向上の意義」「幼稚園を取り巻く環境の変化」「幼稚園教員に求められる専門性」について報告をしている。ここでは，その内容を概括する。

(1) 幼稚園教員の資質向上の意義

　報告書では，「幼稚園教員は，幼児教育における中核的な役割を担っているので，幼稚園教員に優れた人材を得，また，その資質向上を図ることは極めて重要である」とし，幼稚園教員および幼稚園教員をめざす者は，求められる資質を自ら向上させていくことが重要であるとしている。なお，幼稚園教員に求められる「不易（真）」の資質は，「幼児を理解し，総合的な指導をする」資質であるとし，「流行（新）」の資質は環境が変化するなかで幅広い生活体験や社会体験を背景とした「柔軟性やたくましさを基礎とする」資質であるとしている。

　これらのことから，幼稚園教員は，単にマニュアル的に「こういう場合はこのように指導する」ということを覚えて，そのとおりに指導するというものではない。相手や環境の変化をしっかり見つつ，状況把握をしていくことが求められる。そのためにも，幅広い生活体験や社会体験を重ねておくと同時に，状況に合わせて対応できる専門的知識を身につけておくことが必要である。

(2) 求められる専門性

　求められる専門性については，具体的に以下をあげている。

---
①幼児を内面から理解し，総合的に指導する力
②具体的に保育を構想する力
③実践力
④得意分野の育成
⑤教員集団の一員としての協働性
⑥特別な教育的配慮を要する幼児に対応する力
⑦小学校や保育所との連携を推進する力
⑧保護者及び地域社会との関係を構築する力
⑨園長など管理職が発揮するリーダーシップ
⑩人権に対する理解

---

5) 幼稚園教育実習に関する配慮事項

(1) 実習生としての心得について

　①実習生として謙虚な態度をもって指導を受

け，意欲的に実習に参加すること。
②心身ともに健康な状態で実習に参加できるよう努力すること。
③遅刻・無断欠勤，提出物の遅延は，幼稚園との信頼関係を壊しかねないため厳禁である。

（2）教材について

実習に行くに際し，その時期にふさわしい教材についてあらかじめ理解し，準備しておくことが求められる。手遊びや歌のレパートリーを増やし，それらの楽譜をファイルに綴じておいたり，絵本や紙芝居のリストをつくり，年齢別・時期別に整理しておいたりすることも必要である。

幼児教育実習科目の授業では，手づくり教材を実際につくり，部分実習を想定して模擬保育を行う。授業を終えたあとに，自分の模擬保育を省察し，本実習に向けての手づくり教材を見直し，よりよい教材として手を加えておくことが求められる。さらに，実習に行った際には，実習園の子どもたちの実態を把握し，その実態に合わせた教材につくり変える必要もある。

（3）指導案・教育実習録（実習日誌）について
①指導案については，部分実習指導案，一日実習指導案を実習期間中に作成することが求められる。したがって，子どもたちの実態をふまえて指導案を作成することができるように準備しておくことである。幼児教育実習科目の授業でも実際に指導案を作成するが，教科書や資料などを参考に，指導案の作成についてしっかり理解し，自分でも何度か指導案を作成しておくことが重要である。
②教育実習録（実習日誌）については，実習期間中，観察した保育の展開を教育実習録に記述することが求められる。幼稚園教育実習のねらいである「幼稚園について知る」「子どもを知る」「幼稚園教員の役割を知る」に視点を当てながら観察した保育の展開を記述し，そこから学びをまとめていく。保育終了後に記述し，毎日滞らせず提出していく必要があるため，その記述内容についても事前にしっかり把握しておくことが重要である。

（4）具体的配慮事項

幼稚園教育実習は，幼児期の子どもが生活する場で，幼児と生活をともにするということである。子どもは実習生のふるまいをモデルとして見ていくことになる。そのことを意識し，以下の点に配慮する必要がある。

①服装・身だしなみへの配慮

実習園に通う際には，地域の保護者と出会うこともある。また，園で保育にかかわる際には，子どもたちと一緒に遊んだり，環境構成にかかわったりする。したがって，実習中は，保育者であるという意識をもって，その場にふさわしい服装・身だしなみを整えていく必要がある。

・保育中，ブローチ，イヤリング，ネックレス，指輪などのアクセサリー類はつけないこと。とくに，ブローチははずれたときに，子どもにケガをさせることもあるから気をつけなければならない。

・爪はきちんと切り，安全面や清潔面に配慮する。髪の長い実習生は，束ねるなり編むなりしてすっきりさせ，同時に，視界を広くしておく。

②言葉づかい・ふるまいへの配慮

子どもたちは，園で出会う実習生の言動に関心を示す。したがって，モデルとなるよう，言葉づかいやふるまいを考え配慮していくことが求められる。

③所持品・弁当への配慮

所持品に関しては，子どもの視点にたって吟味する必要がある。また，弁当に関しては，栄養面や色彩面を考慮し，食育を意識した内容の工夫が求められる。

2．よい授業を行うために
－小・中・高の教科指導－

■ SUBJECT ■

「よい授業」とはなんだろうか。よい授業づくりのための方法とそのポイントを考えてみよう。また，それらを教育実習のなかで生かすために大切なことをおさえておきたい。

1）「よい授業」について考える

「よい授業」とは何か。

まずもって，教師の教育者としての信念がしっかりしていることが前提である。「どのような子どもに育てたいのか」「どのような授業を理想としているのか」ということが，一人ひとりの教師に確立していないと，子どもとの対応に苦慮することになる。

たとえば，「子どもには創造性豊かな子になってほしい」と考えることもその1つである。そのためには，「授業は知識の伝達の場でなく発見の場である」ように努力，工夫をする。

さらに，学校という場は，独りで学ぶ場ではなく，みんなで学ぶ楽しさを感じるところとして意識されることが重要である。子どもが「学校へ行って学ぶことが楽しい」と感じられるものでありたい。「友だちと会って話ができるので学校へ行きたい」「新しいことを知ることができるので学校へ行きたい」「もっとたくさんのことが知りたい」といった気持ちが生まれるようでありたい。

授業には，次に示すような「共生・共創」の精神が必要である。このようなことを基盤にした学ぶ場から，「よい授業」が構成されるものである（図参照）。

では，よい授業づくりには，どんな方法があるのだろうか。それを考えるために，「授業見直しのポイント」を考えてみたい。

●共生：異なる存在を互いに認めるよい状況

それぞれが育った環境もちがえば，考え方ももちろんちがう。まずは，そのことを教師も子どもも受け入れる受容的な状況が教室のなかにできることが望まれる。

●共創：異なる人間が互いに協力して，1つのことをなしとげる働き

みんなで何かをするには，さまざまな葛藤が起こるであろうし，それをしっかりと受け止めて，ともに解決の道をさがしていく努力が必要となり，そこに創造性が生まれる。これが毎日行われるのが授業の場である。

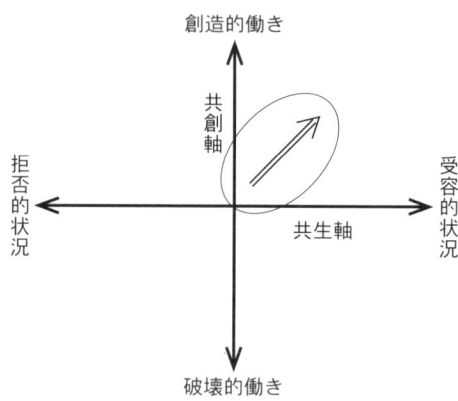

2）「授業」見直しのポイント

「自分の授業を振り返る」ことは，意外にむずかしいことである。たとえばプロの棋士が，勝負が終わったあとに駒を打った順をすべて覚えていて，第一手から並べ直せるのは驚くべきことだと思う。また，プロ野球の選手がホームランを打ったあとに，マスコミのインタビューに答える場面で，「あの球は内角の低めでカーブだった」などと振り返っている姿にもびっくりする。

素人の棋士であれば駒をひっくり返せばもとに戻せないだろうし，草野球の選手であれば打ったホームランの球種などは思い出せないのではないか。冷静に，そして分析的に観察対応する力が備わっていないとこうはならない。

そう考えると，授業も同じではないか。私たちはプロの教師なのだから，1時間の授業が終わっ

たときに振り返れば、「あのときあの子がこう言った」とか、「あの発問をしたとき、ある子はこう呟いた」「この子はノートにこんなことを書いていた」などとしっかり記憶に残っていなければならないのではないか。ビデオに録画してあるから振り返れるというのでなく、子どもの反応に感動し、自らの記憶にその残像が残っていなければよい授業者とはいえない。

では、いったいどのような授業の振り返りの視点があるか。それを考えてみたい。以下に、(1)興味ある導入（問題）であったか、(2)子どもの多様な思考が生かされたか、(3)価値ある見方・考え方・表し方が認められたか、(4)教材の基礎・基本はふまえられていたかの4つをあげて、これらの視点について説明を加える。

（1）興味ある導入（問題）であったか

問題は、誰でもがわかるようであったか。長たらしい文章での提示などは、もうそこで子どもは興味を失う。少々条件不足であろうとも、明確な問題提示がなされれば、子どもはぐっと問題に引き寄せられる。当然、質問も登場する。条件が曖昧であればなおさらだ。そこで、子どもとはっきりとした約束をして、問題の条件不足を補っていけばよい。算数で「いくつあるかな」と言うだけの簡潔な提示などは、子どもの興味をひく。

そして、子どもに自らやってみたいと思わせたか。やればできそうだと感じさせるのだが、いざやってみると少々手ごわくて一筋縄ではいかない。こんな問題や活動は、子どもの好奇心をくすぐる。つまり、「むずかしい」ことも大事な導入条件になる。また反対に、誰でも答えられる問いから聞くのも授業研究づくりのコツでもある。心しておきたい。

（2）子どもの多様な思考が生かされたか

教師は、教室の子どもの細かい行動や言葉に注意を払いたいものである。子どもの言葉やしぐさのなかに本当におもしろい内容が潜んでいることがある。子どもはたくさんの言葉のもちあわせがないので、極力、単語だけやしぐさが先行してしまう。しかし、その意味していることはなかなかおもしろいことが往々にしてある。

たとえば、算数の授業で四角形の内角の和を求めるときに、「三角形のときに頂点をつないでいったら、直線状を半回転した。だから四角形のときもやってみたらどうなるか確かめたい」と言った子がいた。やってみたら、ちょうど一回転した。即座に「五角形はどうか」と呟く。540°の角は一体この方法でうまくいくのか。これも実際にやってみる。すると、一回転をはみ出す。子どもはあきらめようとする。「あきらめずにやってごらん」と励ます。すると、なんと一回転半でちょうどストップだ。何とおもしろいことだろう。そして、この続きは自ら考える。何も言わなくても六角形の内角を並べてみたくなるではないか。やってみると見事2回転。子どもの呟きを拾って付き合う授業だ。

（3）価値ある見方・考え方・表し方を認められたか

授業のなかでは、これは使えるといった内容や考え方が登場する。子どもにとって新しいことの創造だ。これを明確にしておくことが大事で、最後にまとめを書き写させるよりも随時指摘してやることが授業の真髄である。

再び使える見方、今度も使ってみようとする考え方、式や図での表し方などに特徴的なものがあればおおいに注意を喚起しておく。よい授業者は、これを瞬時に見分けられ、聞き分けられ、褒められることをいつも行っている。「見逃さず、聞き逃さず、言い逃さず」ということがポイントである。

（4）教材の基礎・基本はふまえられたか

これも算数を例にとるが、図形の授業はよく公

開授業や，保護者参観日に行われる。子どもが活動的にやっている姿が見えやすいからだ。

しかし，図形の学習は，「比較（比べる）」「抽象（抜き出す）」「概括（言葉で言う）」といった概念形成過程をふむ。したがって，授業は，言葉の説明が主眼となる。このことを承知せずに行うと，子どもも先生もしどろもどろになって何をしようとしているかがわからなくなってしまう。

つまり，その内容の基礎・基本がなんなのかをしっかりふまえて教材研究にあたることが肝要なのである。授業実践にこれが明確であったかどうかも振り返りの1つの視点になる。

これからの授業づくりに望まれることは，今までの授業を見直し，目の前にいる子どもの状況をしっかり把握したうえで，創造力豊かな子どもを育てていくということを中核に改善を繰り返し行うことなのである。

3）教育実習にあたって大切にしたいこと

（1）子どもの実態把握と理解

よい授業は，学習の主体である子どもの実態を的確に把握し理解することから始まる。限られた時間のなかで，20〜40人の子どもを対象にして行う授業が有意義で効果的あるためには，個々の子どもの能力性質とともに，年度当初から形成されてきた学級の個性や学級内の子ども同士の関係についても理解しておかなければならない。

とくに指定校実習など出身校以外で教育実習をする場合には，実習校をとりまく社会的・文化的・風土的環境条件まで視野を広げると，子どもを理解するうえで有益である。

教育実習生としてこれらを適切に行うために，次のことを実行しよう。

> **実習を適切に行うためのポイント**
> ①教育実習が始まって2, 3日の間に，少なくとも担任学級については，座席表や顔写真を利用して子ども全員の名前と顔を一致させる。それには授業参観をはじめ，休み時間の接触，給食・清掃・部活動をともにし，あらゆる機会を利用して観察したり積極的に話しかけたりして，一人ひとりを深く，客観的に理解するように努めること。
> ②子どもの学力・性向などについて指導教諭から提供される情報は尊重すべきではあるが，それによる先入観をもって子どもを観察することは，理解を誤ったものにする可能性がある。自分の眼と感性を働かせて，自力で把握する努力をすること。また，このような情報はほかに漏らしてはならないことはいうまでもない。
> ③学校をめぐる地域的・文化的諸条件については，「学校要覧」や先生方からの講話などを参考にするとともに，できれば実習開始までに，自分の足で学区・近隣を踏査し，子どもの生活環境を把握しておくとよい。
> ④子どもを理解するには，教師自身が自らについて的確に自己理解していることが肝要である。したがって，平素の自己分析が求められる。

（2）授業参観

授業参観は，漠然と教員の動きを見ているのでは意味がない。それは，教員と子どもが，相互のどのような緊張関係のなかで1つの授業を構成していくかを理解するために行うのである。教員の立場と子どもの立場の両方に立って，両者が，授業の目標に向かって，それぞれどのような具体的な活動（説明-聞く，発問-応答，評価，板書，読む，ノートに書く，考察，討議，机間指導など）を積み重ねていくのかを克明に観察して，初めて目的が達成される。

授業は，学校段階，学年，教科，教材，指導段階，到達目標，教員の子ども観や指導観，指導方法，子どもの実態，そのほかさまざまな条件のちがいによって，いろいろに展開するが，1つひとつの授業はそのような諸条件を反映する固有の構

造性を備えている。参観した授業について分析する場合には、これらの観点に立つと適切な理解ができよう。

授業参観に際しては、以下のような諸点にも留意したい。

> **授業参観のポイント**
> ①教員が1つひとつの指導および子どもの学習活動にどのように時間配分しつつ、授業を進めているか、また、効率よく時間を使うことと適度に間をとることをどのように工夫しているか。
> ②子どもに対する個別の指導と全体に対する指導とをどのように組み合わせ、またどのような周到な配慮をしているか。
> ③説明、発問、応答をする場合の教員の言葉づかいと態度。とくに子どもの発達段階に応じた言葉や表現の選択、その温かさと厳しさ。
> ④教員の指示、発問に対して、子どもが個別にあるいは集団的に見せるさまざまな反応。一人ひとりのノートの異なる使い方や書き方。教師の板書を子どもがどのように筆写していくか、そのタイミングと仕上がり。
> ⑤子どもの学力・作業進度・性格の差異に応じた指導の工夫。

なお、授業参観は教室の後ろからだけではなく、指導教諭の了解を得たうえで、子どもの表情の見える前や横から行うことも有効である。

（3）教材研究

子どもの学習活動に用いられる教材について、教師が担任・担当する子どもへの指導的観点から行う分析・整理・理解・資料調査・実験などの作業を全体として「教材研究」といい、学習や下調べとは本質的に異なる内容と役割をもつ。それは教材研究が担当する子どもの理解度や興味関心を前提として、指導的立場の意識をもって行うものだからである。

教材研究のあり方は、学校段階・教科の別によって大きなちがいがあるので、これは各教科の教材研究、教育方法で習得しなければなならない。

> **教材研究をするうえでの留意点**
> ①教材研究は、子どもの学習活動を中心に構成されるべきものである。したがって、まず子どもの学力・能力・興味・関心などの実態をふまえなくてはならない。
> ②教材研究は、まず教材を学問的系統に則って理解し、次に学習する子どもの立場に立って、どのような点に関心をもち、あるいはむずかしさを感じるのかを考慮しつつ、最終的には指導する立場から教材を分析・理解し再構成することが必要である。
> ③教材研究と学習指導案の作成は教科に関する指導において最も基本的な作業である。したがって、実習校での事前打ち合わせにおいて教材が決まったら、直ちに着手し、指導教諭から指導・助言を仰ぎながら、研究を深めるとよい。
> ④とくに、理科や体育、図工、家庭科などの実験・実技を伴う教科においては、教材研究の段階で、あらかじめ実験などを行い、危険なく十分に指導できるようにしなければならない。

（4）学習指導案の作成

子どもの学習は系統的に蓄積されるべきであり、1時間ごとの授業も教科ごと、あるいは全体的な各学校の年間指導計画のなかに位置づけられている。したがって、1時間ごとの授業はそのような系統性をふまえるために、計画的に実施されることが不可欠である。

学習指導案は、実施するための計画書として作成されるが、とくに実習生の場合は、授業実践を効果的に行うため、および授業を客観的に反省する資料として緻密に作成すべきである。

> **学習指導案作成においての留意点**
> ①指導案は、指導者が自ら実施する学習指導について、いかなる教材を用い、いかなる目標に向けて、どのような子ども観に立ち、どのような指導計画のもとに展開するかを明らかにするものである。したがって、作成を怠ったり安易なことを考えたり

してはならない。
②授業実践の経験のない実習生にとっては，授業時に支えとなるものは十分な教材研究と緻密に練り上げられた指導案である。この意味からも指導案の作成に早くから習熟し，実習には指導案作成に不安のない状態で臨むことが必要である。
③指導案のまとめ方については，まず指導目標（学習目標）を定めたうえで，それを達成するための指導過程を，時間の経過に従って，導入→展開→まとめ（整理）の段階ごとに考える。
④次に段階ごとに，実際の授業の展開を想定しつつ，教師の指導内容，子どもの学習活動を可能なかぎり具体的に組み立てる。あわせて，指導に際してとくに留意する事柄を「指導上の留意点」の欄に，丁寧に注記する。
⑤指導案には，略案と細案（詳案）があるが，細案の場合には，発問内容・教材提示の過程・板書事項などについても詳細に記載する。とくに研究授業のように，一定の成果を公開して授業者と参観者の相互の研修に役立てる授業においては，指名する子どもの名前や授業過程で失念してはならない事項まで記載した自分用の細案と配布用の略案を作成することが原則である。
⑥指導案の形式は，指導目標・教材・指導内容・学習活動などの形態によってさまざまである。本書では，典型的な形式の指導案を第6章に収録してあるが，実習では指導教諭の指導方針にそって作成することが原則である。
⑦授業終了後には，必ず指導教諭の指示を仰ぎながら，実際の授業過程と指導案を比較検討し，次の指導案作成に生かすこと。
⑧指導過程で子どもになんらかの課題（解答，要約，実験，実演，制作ほか）を与える場合には，その求める解答，まとめなどの内容や方法について方針を立てておくこと。なお，指導を的確に実施するためには，事前に自らその課題を実際に行ったうえで授業研究に臨むべきことはいうまでもない。

（5）教材・教具の準備

指導目標を達成するためには，効果的な教材・教具を周到に用意しなければならない。準備すべき教材と教具は学校段階・教科・指導内容などによってさまざまであるが，これまでにかなりのものが開発されているので，それを考慮に入れる一方，子どもへのより大きい効果を考え，独自の工夫をすることも大切である。

> **教材・教具の使用上の留意点**
> ①教材や教具の検討は教材研究および学習指導案の作成と一体となって行われる。指導教諭の助言を受けながら，これらを子どもの学習効果を高めるために立体的に行えば，どのような教材や教具をどのように用いるかは自ずからわかるはずである。
> ②実際の授業において使用方法・操作などに戸惑うことのないよう，とくに実験・実習を伴う教材・教具・機器などを円滑かつ効果的に使用できるように万全の準備と態勢を整えておくとよい。
> ③掛け図・図表・カード（たとえば，英語におけるフラッシュ・カードやピクチャー・カード）などを使用する場合には，それらが子どもから見て効果的に提示されるよう，指導教諭から助言を得たり実習生同士で工夫するとよい。
> ④準備室などから借り出した教具，機器類は，使用後には必ずもとの場所に戻し，常に整理整頓を心がけること。

（6）発問・指名の工夫

発問の目的は，子ども自身の学習活動を積極的に促し，子どもの思考活動を組織するための問いかけといえる。発問に答えようとすることによって，認識が深まるような発問を工夫することが大切である。指名の仕方は，教科，指導内容によってさまざまに工夫すべきである。実施については，指導教諭の助言を受けつつ自らも工夫すること。

> **発問と指名の原則**
> ①発問は，まず学級全体に投げかけ，間をお

くことによって学級全体の子どもに思考させ，しかるのちに個人を指名すること。
②発問は，目的が子どもに十分に理解され，思考が円滑になされるよう，わかりやすく明確でなくてはならない。
③的確な発問を教材研究や指導案作成の段階で用意し，曖昧な表現で発問を繰り返したり，安易に表現を変えたりしてはならない。
④発問には，教材によって，同一教材の指導においては共通に用いる主発問と，学級の子どもの実態に応じて使い分ける補助発問とがある。このことについても，1時間ごとの授業を経験するなかで工夫するとよい。
⑤場合によっては，学力・個性に応じた発問内容を用意し，子ども全員が平等に指名されるように配慮する。

（7）板書の工夫

　板書は，指導・学習内容を視覚に訴えて確認させることのできる重要な手段である。板書を効果的に使うことは，子どもの学習を促すうえできわめて有効であるから，板書の経験が乏しい実習生は，とくに板書の技術を身につけるよう努力しなければならない。

　なお，最近では，学習指導案のなかに板書計画を書き込むものが多くなった。場合によっては，事前に別の学級で予備的な授業研究を行った際の板書を写真にとって載せている学習指導案も見る。

板書のあり方
①板書には，計画性がなければならない。板書計画は，教材研究にもとづき，学習指導過程を構想するなかで，具体的に板書内容（例文・図式など）を考える。板書する位置，形式，タイミングなどを想定しつつ立案するべきである。
②板書する事項や形式は，学習指導案（細案）にあらかじめ記載しておくことはいうまでもない。なおその際，板書する文字については，漢字であれ平仮名であれ，楷書体，筆順，送り仮名，誤字・略字等の字体

を確認するほか，学年段階に応じているかどうかも確認すること。
③実際の授業に臨むに先立って一度は板書の練習をし，子どもの視点から文字の大きさ，わかりやすさなどを確認すること。その際は実習生同士で検討しあうとよい。
④板書は，正しく丁寧でわかりやすいことを主眼とする。しかし，より美しい板書，とりわけ文字は，子どもの理解を助けるとともに無言の影響を及ぼす。日々努力を怠らないようにしたい。
⑤子どもの理解・記憶を助けるための強調の一環として色チョーク・色マグネットなどを効果的に使用することも忘れてはならない。ただし，複数の色チョークを使用する場合には，使い分けの意味が子どもに理解できるようにすること。

（8）机間指導

　指導過程の一環として，子どもの机間を歩き，学習理解の状況や課題への取り組みの状況を把握する一方，子ども一人ひとりの学習活動を個人的に援助することを机間指導という。教壇上からの観察では把握できない個々の子どもの状況（板書の書写，課題に対応するドリル学習，実験，作業など）を机間指導の方法で把握することは，その後の全体指導の展開にも有効である。実習生にとって，机間指導は学習指導上の重要な技術として習得すべきものであり，参観の際，指導教諭の机間指導の方法をよく観察し参考にするとよい。

机間指導の留意点
①実態を把握するために行うのであるから，何を点検することが必要なのかを事前に考えるとともに，把握した子どもの学習状況などは的確に記憶するか記録すること。
②限られた1単位時間のなかでの子ども個人の理解度の把握は，学級全体の学習活動を効果的に展開させるための確認作業でもある。したがって机間指導の中で個人指導にあまり多くの時間をかけすぎることは避けるべきである。個人指導を必要とする子どもには，別に時間をとって行うのがよい。

第4章　豊かな指導実践のために
― 教育実習の実際Ⅱ ―

　学習指導要領では，これまでも，これからも「生きる力」を育むという理念は変わらないとしている。生きる力とは，全人的資質や能力のことである。その意味でも，学校におけるすべての教育活動で育てていくことが重要となる。

　教育実習生には，前章の教科指導に続き，本章に示す教科外の領域の指導に積極的にかかわっていくことが大切となる。かかわりは，実習校の学校教育目標や，各領域の教育活動のねらいをおさえ，さらに，幼児児童生徒の実態を学ぶことが大切となる。各活動でのかかわりの充実は幼児児童生徒理解が基本となるからである。

1．道徳の指導

■ SUBJECT ■

　「徳は才の主にして，才は徳の奴なり」という言葉がある。徳を養うことを忘れるなという戒めの言葉でもある。道徳の指導は，教師が児童生徒に道徳的価値を押しつけるものではない。では，道徳の指導で大切なことはなんだろうか。

1）道徳と道徳教育

（1）道　徳

　道徳とは，「人が善悪をわきまえて，正しい行為をなすために，守り従わなければならない規範の総体。外面的・物理的の強制を伴う法律とは異なる。自発的に正しい行為へと促す，内面的原理として働く」ととらえる。

　人間は，さまざまに夢を描き，希望をもち，また，悩み，苦しみ，生き方を自ら問いかける。人間は本来，人間としてよりよく生きたいという願いをもっている。この願いの実現をめざして生きようとするところに道徳は成り立つ。

（2）道徳教育

　道徳教育とは，人間が本来もっている「人間としてよりよく生きたい」という願いや，よりよい生き方を求め実践する人間の育成をめざし，その基盤となる**道徳性を養う**教育活動である。

　道徳性とは，「人間としてよりよい生き方を目指してなされる道徳的行為を可能とする人格的特性」であり，人格の基盤をなすものである。

　道徳性は，人や自然とのかかわりを深めることを通して育てていくことが求められる。そのかかわりを，次の4つの視点でとらえていく。

　　1の視点…主として自分自身に関すること
　　2の視点…主としてほかの人とのかかわりに関すること
　　3の視点…主として自然や崇高なものとのかかわりに関すること（生命を含む）
　　4の視点…主として集団や社会とのかかわりに関すること

　学校では道徳教育を通して，次の点が求められている。

・よりよく生きる力を引き出していく。
・体験などの広がりに合わせて豊かなかかわりを発展させていく。
・道徳的価値の主体的な自覚を深めていく。

　道徳教育を進めるにあたっては，教師は児童生徒とともに考え，悩み，感動を共有していく姿勢で指導にあたることが大切である。

（3）道徳教育の必要性

学習指導要領「道徳教育改訂の趣旨」と、「児童生徒を取り巻く社会の変化」から述べる。

①道徳教育改訂の趣旨から
・教育基本法　教育基本法で、教育の目的は「人格の完成をめざす」とある。道徳教育は人格形成の基本をなすものである。
・生きる力　学習指導要領の教育課程編成の指針で、生きる力を育むとしている。生きる力は「豊かな人間性」を要素としている。これは、心の教育そのものであり、道徳教育なのである。
・これからの学校　学校は人格形成の場であり、「存在感」と「自己実現」の喜びを味わうことが求められている。しかし、現在、児童生徒の自制心や規範意識の希薄化、生活習慣の確立が不十分であることなど心と体の状況に課題がある。
・学校段階における重点の明確化　道徳教育は、幼・小・中・高のすべての学校段階ごとに重点を明確にし、効果的指導を行う。最低限の規範意識、自他の生命の尊重、自尊感情、思いやりなどの道徳性を養う。

それを主体的に判断し行動できる人間を育てることが課題となっている。

②児童生徒をとりまく社会の変化から

児童生徒の道徳性の発達は、とりまく社会の影響を大きく受ける。現代の社会では、児童生徒の道徳性の発達を阻害している現象も多く指摘される。学校における道徳教育は、それらの対応をいかに行うか、大きな課題となる。

・社会全体のモラルの低下　もっぱら個人の利害損得の優先、責任感の欠如、物質的な価値の優先、真摯な努力の軽視などの風潮が見られる。
・家庭や地域の教育力の低下　基本的なしつけ、善悪の判断、思いやりや譲り合いの精神などは、本来家庭や地域で育まれてきた。しかし、親による過保護の傾向、子どもへの過度の期待などが、生活習慣の確立、自制心や規範意識の醸成を阻む要因となっている。
・社会体験、自然体験の不足　物が豊富にあり、工業製品などが生活のあらゆる面に浸透し、個人主義的風潮が強まるなかで、人とのかかわり自然とのふれあいが著しく不足している。
・社会の変化に伴うさまざまな課題　少子高齢化、国際化、情報化、高度産業化が価値観形成に大きく影響している。

以上、課題も含めて必要性について述べたが、**今まで培われてきた道徳性のすばらしい面が数多くある。それらを、継続そしてさらに高めていく指導を、道徳教育で取り上げていくことも大切な**ことである。

2）学校種別による特質と指導上の配慮事項

道徳教育は、幼・小・中・高のすべての学校段階において、一貫して取り組むべきものである。とりわけ、基本的生活習慣や人間として最低限の道徳性を養うことが求められる。

そこで、幼・小・中・高各段階の位置づけを述べる。

（1）教育基本法による位置づけ（各校種共通）
①教育の目的で「人格の完成をめざす」とある。道徳教育は人格形成の基本をなすものである。
②教育の目標で「幅広い知識と教養を身に付け、真理を求める態度を養い、豊かな情操と道徳心を培うとともに…」とある。

その他の目標の項で、正義と責任、男女の平等、敬愛と協力、公共の精神、生命を尊び、自然を大切に、伝統と文化、国と郷土を愛する、国際平和などついて記述している。

（2）学習指導要領での位置づけ
①幼稚園教育要領に「道徳性の芽生えを培う」

とある。

- 基本的生活習慣の形成。
- 他人の存在に気づく。
- 相手を尊重する。
- 豊かな心情を育てる。

　人に対する信頼感や思いやりの気持ちは，葛藤やつまずきも体験し，それらを乗り越えることにより次第に芽生えてくることに配慮する。

② 小学校学習指導要領で，目標を「道徳的価値の自覚及び生き方についての考えを深め，道徳的実践力を育成する」としている。
- 指導は，学校の全教育活動を通して行われる。
- 「道徳の時間」を各学年，年間35単位時間（1年生は34時間）行う。
- 指導内容は，低学年，中学年，高学年ごとに分けられている。4つの視点に整理されている。

③ 中学校学習指導要領で，目標を「道徳的価値及びそれに基づいた人間としての生き方についての考えを深め，道徳的実践力を育成する」としている。
- 指導は，学校の全教育活動を通して行われる。
- 「道徳の時間」を各学年，年間35時間行う。
- 指導内容は，学年によって区分されてはいない。小学校と同じく，4つの視点に整理されている。

④ 高等学校学習指導要領で，総則に「道徳」に関する記述がある。さらに，第1章に道徳教育の目標を設定している。
- 人間としてのあり方や生き方に関する教育を「公民」や「特別活動」のホームルーム活動を中心に，学校の教育活動全体を通じて行う。

「道徳の時間」が設けられているのは，小学校・中学校である。

3）道徳の時間の指導と全教育活動における道徳教育との関係

学習指導要領では，次のようにおさえている。

【総則】
　学校における道徳教育は，「道徳の時間」を「要」として「学校教育活動全体」で行う。

【第3章】
　道徳の時間においては，道徳教育の目標である道徳性を養うために，各教科，総合的な学習の時間及び特別活動における道徳教育と密接な関連を図りながら，計画的，発展的な指導によってこれを補充，深化，統合し，道徳的価値の自覚及び自己の生き方をについて考えを深め，道徳的実践力を育成するものとする。

　上記のように，道徳教育は，「道徳の時間」に授業を行うだけではなく，「学校の教育活動全体」でも行う。

　道徳的実践力とは，「将来出会うであろう様々な状況において，道徳的価値を実現するための適切な行為を主体的に選択し，実践することができるような内面的資質」を意味している。主として次の点を包括する。

- 道徳的な心情…善を喜び，悪を憎む感情のことである。
- 道徳的判断力…それぞれ場面において善悪を判断する能力である。
- 道徳的実践意欲と態度…心情や判断力によって価値あるとされた行動をとろうとする傾向性を意味する。

4）道徳の時間の指導原理

　教師主導の一問一答で進められる授業では，児童生徒が多様な価値観に出会うという点でむずかしさがある。

　道徳的価値は，現実の生き方のなかではさまざまな姿をもって表されている。そのためにも，あ

る一定の価値観の伴った友だちの考え方や感じ方を受け止め，自分の考えを伝えるという児童生徒同士の「語り合い」によって，多様な価値観に出会うことが必要である。

授業も，一人ひとりの児童生徒が第三者の姿勢で臨むのではなく，**自分自身の問題として展開する**ことが大切となる。

そのうえで，さらに大切なことは，児童生徒一人ひとりが**本時の学習で得た道徳的価値をしっかり把握する**ことである。そして，**より高い価値に照らして，今の自分を振り返り，深く見つめる**という主体的に道徳的価値の自覚にいたることが重要である。

5）「道徳の時間」の指導過程

児童生徒相互の「語り合い」を通して，価値把握をし，一人ひとりが「今の自分を振り返る」授業の展開をめざしていく。

（1）導入の段階

- 自分の問題として，本時学習する課題を意識する段階である。この段階では，本時学習することを自分の問題として意識しているかどうかがきわめて大切である。教師は，実態を細かくとらえ，投げかける。事象面だけでなく，行為の原因・背景を出させることが大切である。

（2）学習課題を提示する段階

- 「児童生徒が本時で何を考えるのか」学習の見通しをもつ段階である。教師が，ねらいから見た児童生徒の道徳的な問題を明らかにして，投げかける。一人ひとりの問題意識につなげることが大切である。

（3）資料を読む段階

- 資料を読む前に，およそのあらすじと，読み取るための視点を与える。
- 国語科とはちがい，読解を避けるための工夫が必要となる。道徳では，児童生徒自身一人ひとりの考えが出てくる行間を，読み取ることが大切である。
- 「価値の実現に反する箇所」「価値を実現している箇所」それぞれについて考えていくことがポイントとなる。

（4）道徳的価値を把握する段階

- 「なるほど，こういう考えが大切なんだ」と気づかせる発問が望まれる。たとえば「今日この話から学んだことは，どんなことだろう」。
- 「価値把握」したことを，板書によってまとめ確認して，次の段階に生かすことが大切となる。この段階で「価値把握」をすることは，次の「自分を振り返る段階」につながるきわめて大切な段階である。

（5）自分を深く見つめる段階（振り返り）

- 前段階の「価値把握」で得た，より高い価値に照らして今の自分を振り返り，深く見つめる一番重要な段階である。
- 一人ひとりの，さまざまな考えや感じ方に出会わせることがきわめて大切である。
- 学級の児童生徒の人数分の振り返りがある（学習課題に対しての答えとなる）。
- 導入では浅い見つめ，この振り返りの段階では深い見つめとなることが大切である。

（6）終　末

- 実践意欲を高める段階である。
- 友だちの作文や担任の説話などを通して実践意欲を高める。また，校長や保護者・地域の方の話を聞かせることもあってよい。
- 「これからは，こうしよう」という押しつけで終わらないこと。「余韻」を残して終わることが大切である。

道徳の時間での授業を進めるにあたっては，教師と児童生徒の信頼関係や児童生徒の相互の好ましい人間関係が確立し，安心して学習できる雰囲気が大前提となる。

2．特別活動

■ SUBJECT ■

特別活動では，配属の学級のみならず，全校の児童生徒を対象として指導にかかわる。その際，全教職員の共通理解が前提となる。実習中，どのように特別活動にかかわったらよいのであろうか。

1）特別活動の目標と内容

（1）特別活動の目標

特別活動は，後述する4つの内容で構成されている。各内容は，次に示す学習指導要領の特別活動の総括目標を受け，活動の特質に応じて独自の目標を有する。

〈小学校〉
望ましい集団活動を通して，心身の調和のとれた発達と個性の伸長を図り，集団の一員としてよりよい生活や人間関係を築こうとする自主的，実践的な態度を育てるとともに，自己の生き方についての考えを深め，自己を生かす能力を養う。
〈中学校〉
望ましい集団活動を通して，心身の調和のとれた発達と個性の伸長を図り，集団の一員としてよりよい生活や人間関係を築こうとする自主的，実践的な態度を育てるとともに，人間としての生き方についての自覚を深め，自己を生かす能力を養う。
〈高等学校〉
望ましい集団活動を通して，心身の調和のとれた発達と個性の伸長を図り，集団や社会の一員としてよりよい生活や人間関係を築こうとする自主的，実践的な態度を育てるとともに，人間としての在り方についての自覚を深め，自己を生かす能力を養う。

児童生徒の発達に応じて多少表現は異なるが，小・中・高ともに同じ趣旨で性格が述べられている。実習中の特別活動の指導の指針となる。

特別活動は，固有の基本的性格として「望ましい集団活動を通して」行われる「自主的，実践的な」活動である。そして，自主的，実践的な集団活動を通して「心身の調和のとれた発達と個性の伸長を図り」児童生徒個々の成長を図る活動である。児童生徒は集団活動を通して，「集団の一員としてよりよい生活や人間関係を築こうとする」態度を身につけていく。

現代において，児童生徒間に望ましい人間関係を築くのは喫緊の課題である。教科などにおける目標のなかで「人間関係」という文言を用いているのは，特別活動のみである。

実習生は，自主的，実践的な集団活動を通して児童生徒が互いにかかわりを深めどのように人間関係を築いているかを見守らなければならない。

特別活動は集団活動を通すため，集団の見映え，出来映えに目がいきがちになる。集団の質を高めることは，個の成長を図るための方法ともいえる。特別活動の目標には，指導原理を通して個の成長を図る視点が明確に示されている。

小学校の目標の最後には，「自己の生き方についての考えを深め，自己を生かす能力を養う」こと，中学校と高等学校の目標の最後には，「人間としての生き方についての自覚を深め，自己を生かす能力を養う」「人間としての在り方についての自覚を深め，自己を生かす能力を養う」という記述が見られる。小学校から高等学校まで，児童生徒の発達をふまえ，一人ひとりが自己の個性や能力，適正などを十分に把握し，よりよい自己形成に向かうことが目標に掲げられていることを意識する必要がある。

（2）特別活動の内容

特別活動の内容は，次のようである。

〈小学校〉
●学級活動　●児童会活動　●クラブ活動
●学校行事
〈中学校〉
●学級活動　●生徒会活動　●学校行事

〈高等学校〉
● ホームルーム活動　●生徒会活動　●学校行事

以前は，中・高におけるクラブ活動は学習指導要領のなかに位置づけられていたが，改訂で廃止された。クラブ活動の趣旨を受け，学校任意の部活動として活動されているので，実習中は自己の特技を生かし積極的にかかわることを期待したい。

2) 幼・小・中・高の特別活動の具体

(1) 幼稚園

「幼稚園教育要領」には，「特別活動」は位置づけられていない。しかしながら，「生涯にわたる人格形成の基礎を培う」という幼稚園教育は，特別活動との関連が深い。たとえば，内容としておさえられている「健康」「人間関係」「環境」，あるいは相手とのかかわりのうえで重要な役割を果たす「言葉」「表現」などは，特別活動が扱う内容と重複しているといっても過言ではない。

園児たちは，幼稚園における生活全体を通して，個々に，または仲間集団とのさまざまな体験を積みながら学んでいく。したがって，「特別活動」という言葉はあえて使わなくても，その基礎となる指導が展開されていると考えてよい。実習にあたっては，幼児との信頼関係を十分に築き，幼児の自発性や自主性を保証することが大切である。

(2) 小学校の特別活動

小学校の特別活動は，学級活動，児童会活動，クラブ活動，学校行事によって構成されている。

①学級活動

学級活動は，学級を単位として展開され，学級の日常生活や学級経営との関連が深く，特別活動全体の要となる。実習中は，学級に配属され学級活動の指導の実際を学ぶ。学級の担任の教師が何をねらい，どのような配慮や工夫をしながら授業を展開されているかを学ぶことが求められる。

ア　学級活動の目標

> 学級活動を通して，望ましい人間関係を形成し，集団の一員として学級や学校におけるよりよい生活づくりに参画し，諸問題を解決しようとする自主的，実践的な態度や健全な生活態度を育てる。

上記の学習指導要領にあるとおり，児童にとって学校生活の基盤は学級にある。その学級が児童一人ひとりにとって心地よい場となるには，また，個々が健全な生活態度を身につけるには，学級活動の充実を欠かすことはできない。学級活動で培われた力はほかの活動に生きてくる。

イ　学級活動の内容

学級活動の内容は，低・中・高学年ごとに示されるとともに，「共通事項」として以下のとおり構成されている。

［共通事項］

> (1) 学級や学校の生活づくり
> 　●学級や学校における生活上の諸問題の解決
> 　●学級内の組織づくりや仕事の分担処理
> 　●学校における多様な集団の生活の向上
> (2) 日常の生活や学習への適応及び健康安全
> 　●希望や目標を持って生きる態度の育成　●基本的な生活習慣の形成　●望ましい人間関係の形成　●清掃などの当番活動等の役割と働くことの意義の理解　●学校図書館の利用　●心身ともに健康で安全な生活態度の形成　●食育の観点を踏まえた学校給食と望ましい食習慣の形成

内容(1)の「学級や学校の生活づくり」の活動は，児童から自発的に生まれた活動を自治的に進めさせる。計画などの話し合いでは，司会や記録の役割は児童が分担し発達段階に応じて指導される。

学級内の係の分担や集会の活動も児童の創意工

夫が求められる。係の活動や集会活動において，児童の自発性がいかに生かされているかを見つけてほしい。実習中に，実習生を迎える会やお別れ会などを児童が計画し，集会活動を目のあたりにする機会に恵まれることが予想される。

内容(2)の「日常の生活や学習への適応及び健康安全」に関する指導は，教師が意図的，計画的に用意する内容といえる。前者の内容(1)が集団の意志を決定するものであるのに対して，この内容(2)は，個々に自己のあり方を意志決定していく。教師が用意する教材であるため，問題の意識化，原因の追究と把握，解決の仕方や対処の仕方など教師の授業工夫を必要とする。この場合にも，児童が主体的に話し合いに参加する配慮を要する。

ウ　学級活動の指導上の留意点

教員に採用され，学級を受け持つと，早々に週1時間の学級活動を指導することとなる。

実習中に以下の指導上の留意点の意味を，実習担当教官の授業実践のなかに実感してほしい。

- 教師が児童の発想や創意を尊重し，児童の実践的な態度を焦らずに育てられていること。
- 学級の実態や児童の発達段階を考慮し，指導内容に応じ指導方法を工夫されていること。
- 児童自らが現在および将来の生き方を考えることができるよう意識されて指導されていること。

②児童会活動

児童会活動は，学校の全児童をもって組織され，主に高学年児童によって運営される。このため，高学年の学級に配属されると，児童の活躍の場面を目のあたりにする。また，委員会・代表委員会の活動などは全学年の教師が指導にあたるので，機会があれば積極的に指導にかかわるとよい。

ア　児童会活動の目標

児童会活動を通して，望ましい人間関係を形成し，集団の一員としてよりよい学校生活づくりに参画し，協力して諸問題を解決しようとする自主的，実践的な態度を育てる。

児童にとって，学校生活のほとんどの活動の場は学級にとどまるが，高学年の児童は児童会活動の運営にかかわることで，視野を学級から全校へと向けることができる。異年齢集団による自発的，自治的な場を多くもつことにより，高学年のリーダーシップが育つことが上記の学習指導要領でも期待されている。

イ　児童会活動の内容

児童会活動の内容は，「学校の全児童をもって組織する児童会において，学校生活の充実と向上を図る活動を行うこと」である。具体的には，「児童会の計画や運営」「異年齢集団による交流」「学校行事への協力」の3つがある。

計画や運営については，代表委員会が，主として高学年の代表者が参加して，学校生活について話し合いその充実を図る活動である。組織や構成は学校の実態に応じて異なるが，ぜひ出席して参観させてもらうとよい。委員会活動は，主として高学年の児童がいくつかの委員会に別れて学校生活向上のために活動する。集会，新聞，放送，図書，環境美化，飼育栽培，健康，福祉など学校の実態に応じた委員会がある。児童会集会活動は，朝の時間などを利用して全校あるいは学年で定期的に開かれる。集会前，集会時，終了後に担当の教師がどのような指導をされているかを学ぶとよい。

ウ　児童会活動の指導上の留意点

学級を離れた活動であるので，全職員が次のような意識をもって指導に臨む必要がある。

- 児童の自発的，自治的な活動が展開されることが重要で，教師の考えを押しつけたり

教師の思いどおりの活動をさせたりしてはならない。
- 児童会活動は全校の異年齢集団活動である。運営は主に高学年児童があたるとしても，低学年の学級とも連絡を密にして，全校の児童の意見が児童会に反映されるようにする必要がある。

③クラブ活動

クラブ活動は，主として第4学年以上の，共通の興味・関心を抱く児童が集う異年齢集団による活動である。実習中に幾度かクラブ活動が設定されると思われるので積極的にかかわってほしい。

ア　クラブ活動の目標

> クラブ活動を通して，望ましい人間関係を形成し，個性の伸長を図り，集団の一員としてよりよい学校生活づくりに参画し，協力して諸問題を解決しようとする自主的，実践的な態度を育てる。

児童にとって，学校生活の多くの活動は自主的な活動とはいえ，与えられた教材が多い。しかしクラブ活動では，児童が追求したい活動を行うことが可能である。児童がのびのびと活動するなかで異年齢の人間関係を育み個性を伸長する姿を見守りたい。

イ　クラブ活動の内容

クラブ活動の具体的な内容は，「クラブの計画や運営」「クラブを楽しむ活動」「クラブの成果の発表」の3つがある。教師の広く豊かな視野からの適切な指導助言の下に，児童の発意・発想を生かした活動が展開されていく。クラブ活動の内容や役割は，クラブに所属する児童全員の話し合いによって決められる。その際，前年度同じクラブに所属していた児童の意見などが生きてくる。実習中は，すでに計画もなされ，児童の活動している姿が見られる。興味・関心をより深く追求していく喜び，計画が実現した喜び，学級や学年が異なる仲間と協力して活動できる喜びなどを見いだしてほしい。

ウ　クラブ活動の指導上の留意点

児童会活動と同様に学級を離れた活動のため，全職員が次の意識をもって指導に臨む必要がある。

- クラブ活動は第4学年以上の児童による異年齢集団活動のため，当然，経験や技能などが異なる。児童の発達的特徴，活動要求や関心，自発的，自治的な活動の経験など適切にとらえ，それに応じた指導をする必要がある。
- 成果に関心が偏ることが懸念される。成果をあげたり，もっと上手になったりするための活動ではない。人間関係の形成に主眼をおき，上級生の下級生への思いやり，下級生の上級生への気持ちを育む活動であるかを見取らなければならない。

④学校行事

学校行事の機会は実習中にあまりないだけに，実施される際には貴重な経験として意欲的に学ぶ姿勢がほしい。

ア　学校行事の目標

> 学校行事を通して，望ましい人間関係を形成し，集団への所属感や連帯感を深め，公共の精神を養い，協力してよりよい学校生活を築こうとする自主的，実践的な態度を育てる。

学校行事は体験的な活動であり，学校生活に秩序と変化を与える点でほかの教育活動では容易に得られない教育的価値を実現する活動である。とくに，学校行事におけるさまざまな感動体験の場は，児童の自己の生き方の考えを深めるよい機会になる。

イ　学校行事の内容

学校行事の内容は，「全校又は学年を単位として，学校生活に秩序と変化を与え，学校生活の充実と発展に資する体験的な活動を行うこと」であ

る。学校行事の行事名と具体的活動を述べる。

> ●儀式的行事…学校生活に有意義な変化や折り目をつけ，厳粛で清新な気分を味わい，新しい生活の展開への動機づけとなる。入学・卒業式，始業式，終業・終了式，開校記念式，離着任式，朝会など。
> ●文化的行事…平素の学習活動の成果を発表し，その向上の意欲一層高め，文化や芸術に親しむ。学芸会，学習発表会，作品展示会，音楽会，音楽鑑賞会，演劇鑑賞会，地域伝統文化の鑑賞会など。
> ●健康安全・体育的行事…心身の健全な発達や健康の保持増進への関心を高め安全な行動や規律ある集団行動の体得，運動に親しむ態度の育成，責任感や連帯感の涵養，体力の向上に資する。健康診断，避難訓練や交通安全，運動会や球技大会など。
> ●遠足・集団宿泊的行事…自然のなかでの集団宿泊活動などの平素と異なる生活環境にあって，見聞を広め，自然や文化などに親しむとともに，人間関係などの集団生活のあり方や公衆道徳などについて望ましい体験を積む。遠足，修学旅行，野外活動，集団宿泊活動など。
> ●勤労生産・奉仕的行事…勤労の尊さや生産の喜びを体得するとともに，ボランティア活動などの社会奉仕の精神を養う体験が得られる。飼育栽培活動，校内美化活動，地域社会・公共施設の清掃活動，福祉施設との交流活動など。

ウ　学校行事の指導上の留意点

　学校行事においては，児童の発達段階を考慮することが大切である。学校行事は同時，同条件，一斉に活動することが多い。学年の異なる児童がともに活動するので，画一的にならないことが望まれる。各学年の児童の欲求や関心を把握し指導に臨む必要がある。そのため，実習においては，配属された学年児童が学年段階に応じた活動にかかわっているかを意識して指導にあたる必要がある。

（3）中学校の特別活動

　中学校の特別活動は，学級活動，生徒会活動，学校行事によって構成されている。

①学級活動

　学級活動は，学級を単位として展開され，学級の日常生活や学級経営との関連が深く，特別活動全体の要となる。ここで培われた力が，生徒会活動や学校行事など全校規模の活動に生かされていく。

　実習中は，学級に配属され学級活動の指導の実際を学ぶ。学級の担任の教師の配慮や工夫を学ぶことが求められる。

ア　学級活動の目標

> 　学級活動を通して，望ましい人間関係を形成し，集団の一員として学級や学校におけるよりよい生活づくりに参画し，諸問題を解決しようとする自主的，実践的な態度や健全な生活態度を育てる。

　生徒にとって，学校生活の基盤は学級にある。同じ構成員で授業を受けることが多いことから，学級が生徒一人ひとりにとって心地よい，学級の一員としてのびのびと心豊かに過ごせる場となるには重要である。また，心身ともに成長が著しいこの時期に，個々が健全な生活態度を身につけるにも，学級活動の充実が大きな意味をもっている。

イ　学級活動の内容

　学級活動の内容は，「学級を単位として，学級や学校生活の充実と向上，生徒が当面する諸課題への対応に資する活動を行うこと」である。

> (1) 学級や学校の生活づくり
> ●学級や学校における生活上の諸問題の解決
> ●学級内の組織づくりや仕事の分担処理
> ●学校における多様な集団の生活の向上
> (2) 適応と成長および健康安全
> ●思春期の不安や悩みとその解決　●自己及び　他者の個性の理解と尊重，社会の一員としての自覚と責任　●男女相互の理解と協力　●望ましい人間関係の確立　●ボランティア活動の意義の理解と参加　●心身

ともに健康で安全な生活態度の習慣の育成 ●性的な発達への適応 ●学校給食と望ましい食習慣の形成
(3) 学業と進路
●学び働くことの意義の理解 ●自主的な学習態度の形成と学校図書館の利用 ●進路適性の吟味と進路情報の活用 ●望ましい勤労観・職業観の形成 ●主体的な進路の選択と将来設計

ウ　学級活動の指導上の留意点

●個々の生徒についての理解を深め，生徒との信頼関係を基礎に指導を行うとともに，生徒指導との関連を図るようにする。
●指導内容の特質に応じて，教師の適切指導の下に，学級活動の命といえる生徒の自発的，自治的な活動が展開されるように配慮する。
●小集団の活動（グループづくり）が班ノートの活用などによって，また係活動，仕事の分担処理が積極的に展開されるよう配慮する。

②生徒会活動

生徒会活動は，学級にとどまることなく，全校にかかわる活動である。実習中は，生徒の学級を離れた学校規模に及ぶ活動を目のあたりにするであろう。活動の趣旨をよく理解し，生徒の学級ではみられない活躍を見取ってほしい。

ア　生徒会活動の目標

生徒会活動を通して，望ましい人間関係を形成し，集団や社会の一員としてよりよい学校生活づくりに参画し，協力して諸問題を解決しようとする自主的，実践的な態度を育てる。

イ　生徒会活動の内容

生徒会活動の内容は，「学校の全生徒をもって組織する生徒会において，学校生活の充実と向上を図る活動を行うこと」である。具体的には「生徒会の計画や運営」「異年齢集団による交流」「生徒の諸活動についての連絡調整」「学校行事への協力」「ボランティア活動などの社会参加」などの内容があげられる。生徒会活動は，「学校の全生徒をもって組織する生徒会において」と示されるとおり，全校の生徒が協力しあって目標の達成を図り成果を生み出していく活動である。

生徒会の組織は各学校の実情に応じてつくられるが，一般的には，「生徒総会」「中央委員会（生徒評議会）」「生徒会役員会（執行部）」「各種の委員会」などから成り立っている場合が多い。

実習においては，いずれかの委員会の担当を受け持ち指導にあたる場面も生じてこよう。

ウ　生徒会活動の指導上の留意点

●諸活動の特質に応じて，できるだけ生徒自らが計画を立て，生徒による自主的，実践的な活動が助長されるように援助することが大切となる。
●よりよい生活を築くために集団としての意見をまとめるなどの話合い活動や自分たちできまりをつくって守る活動，人間関係を形成する力を養う活動などの指導に工夫が要る。

③学校行事

実習中に学校行事の指導を経験する機会は少ない。指導のあり方を現場の教師に積極的に質問するなどの姿勢をもつことを期待したい。

ア　学校行事の目標

学校行事を通して，望ましい人間関係を形成し，集団への所属感や連帯感を深め，公共の精神を養い，協力して諸問題を解決しようとする自主的，実践的な態度を育てる。

イ　学校行事の内容

学校行事の内容は，「全校又は学年を単位として，学校生活に秩序と変化を与え，学校生活の充実と発展に資する体験的な活動を行うこと」である。具体的には「儀式的行事」「文化的行事」「健康安全・体育的行事」「旅行・集団宿泊的行事」「勤労生産・奉仕的行事」がある。

離着任式，全校朝会，就業体験などは実習中に参加の機会も予想されるので，しっかりとした意識をもって会に臨むことが大切となる。

　ウ　学校行事の指導上の留意点

　諸活動の特質に応じて，できるだけ生徒自らが計画を立て，生徒による自主的，実践的な活動が助長されるように援助することが大切となる。

　また，よりよい生活を築くために集団としての意見をまとめるなどの話し合い活動や自分たちできまりをつくって守る活動，人間関係を形成する力を養う活動など指導の工夫が必要となる。

（4）高等学校の特別活動

　高等学校の特別活動は，ホームルーム活動，生徒会活動，学校行事によって構成されている。

①ホームルーム活動

　ホームルーム活動は，ホームルームを単位として展開され，ホームルームの日常生活や学級経営との関連が深く，特別活動全体の要となる。

　実習中は，担任の教師のホームルーム活動への配慮や工夫を学ぶことが求められる。

　ア　ホームルーム活動の目標

> ホームルーム活動を通して，望ましい人間関係を形成し，集団の一員としてホームルームや学校におけるよりよい生活づくりに参画し，諸問題を解決しようとする自主的，実践的な態度や健全な生活態度を育てる。

　生徒にとって，学校生活の基盤はホームルームにある。そこが生徒一人ひとりにとって心地よい，集団の一員として心豊かに過ごせる場となるには，また個々が健全な生活態度を身につけるには，ホームルーム活動の充実を欠かすことはできない。

　イ　ホームルーム活動の内容

　ホームルーム活動の内容は，「学校における生徒の基礎的な生活集団として編成したホームルームを単位として，ホームルームや学校の生活の充実と向上，生徒が当面する諸課題に資する活動を行うこと」である。具体的には，次の3つがある。

> (1) ホームルームや学校の生活づくり
> ●ホームルームや学校における生活上の諸問題の解決　●ホームルーム内の組織づくりと自主的な活動　●学校における多様な集団の生活の向上
> (2) 適応と成長及び健康安全
> ●青年期の悩みや課題とその解決　●自己及び他者の個性の理解と尊重　●社会生活における役割の自覚と自己責任　●男女相互の理解と協力　●コミュニケーション能力の育成と人間関係の確立　●ボランティア活動の意義の理解と参画　●国際理解と国際交流　●心身の健康と健全な生活態度や規律ある習慣の確立　●生命の尊重と安全な生活態度や規律ある習慣の確立
> (3) 学業と進路
> ●学ぶことと働くことの意義の理解　●主体的な学習態度の確立と学校図書館の利用　●教科・科目の適切な選択　●進路適性の理解と進路情報の活用　●望ましい勤労観・職業観の確立　●主体的な進路の選択決定と将来設計

　ウ　ホームルーム活動の指導上の留意点

> ●個々の生徒についての理解を深め，生徒との信頼関係を基礎に指導を行うとともに，生徒指導との関連を図るようにする。
> ●指導内容の特質に応じ，教師の適切な指導の下にホームルーム活動の基本となる生徒の自発的，自治的な活動が展開されるようにする。
> ●能力や学力差にとらわれず互いの人格を尊重しながら，家庭のような和やかさと理解に満ちた集団となるための指導をする。

②生徒会活動

　生徒会活動は，学級にとどまることなく，全校にかかわる異年齢集団活動である。実習中は，生徒の学級を離れた学校規模に及ぶ活動に

かかわるので活動の趣旨を理解して指導に臨む必要がある。

ア　生徒会活動の目標

> 生徒会活動を通して，望ましい人間関係を形成し，集団や社会の一員としてよりよい学校生活づくりに参画し，協力して諸問題を解決しようとする自主的，実践的な態度を育てる。

イ　生徒会活動の内容

生徒会活動の内容は，「学校の全生徒をもって組織する生徒会において，学校生活の充実と向上を図る活動を行うこと」である。具体的には「生徒会の計画や運営」「異年齢集団による交流」「生徒の諸活動についての連絡調整」「学校行事への協力」「ボランティア活動などの社会参加」などの内容があげられる。

生徒会活動は，「学校の全生徒をもって組織する生徒会において」とあるとおり，全校の生徒が協力しあって目標の達成を図り成果を生み出していく活動である。実習中には，いずれかの委員会を受け持ち指導にあたる場面も生じてこよう。

ウ　生徒会活動の指導上の留意点

> ●諸活動の特質に応じて，できるだけ生徒自らが計画を立て，自主的，実践的な活動が助長されるように援助することが大切となる。
> ●よりよい生活を築くために集団としての意見をまとめるなどの話し合い活動や自分たちできまりをつくって守る活動，人間関係を形成する力を養う活動などの指導に工夫が要る。

③学校行事

実習中に学校行事の指導を経験する機会は少ない。指導のあり方を現場の教師に積極的に質問するなどの姿勢をもつことを期待したい。

ア　学校行事の目標

> 学校行事を通して，望ましい人間関係を形成し，集団への所属感や連帯感を深め，公共の精神を養い，協力してよりよい学校生活や社会生活を築こうとする自主的，実践的な態度を育てる。

学校行事は，学校が計画し実施するものであるとともに，生徒が積極的に参加し協力することによって充実する教育活動である。

イ　学校行事の内容

学校行事の内容は，「全校若しくは学年又はそれらに準ずる集団を単位として，学校生活に秩序と変化を与え，学校生活の充実と発展に資する体験的な活動を行うこと」である。具体的には「儀式的行事」「文化的行事」「健康安全・体育的行事」「旅行・集団宿泊的行事」「勤労生産・奉仕的行事」がある。離着任式，全校朝会，就学体験などは実習中における体験も予想されるので，意義を十分に理解し行事に臨むことが大切となる。

ウ　学校行事の指導上の留意点

> ●学校の創意工夫を生かし，学校の実態や生徒の発達段階を考慮し生徒の自主性を重んじる。
> ●豊かな心を育むうえで，直接体験，本物体験，奉仕的体験や勤労体験などを多く取り入れる。
> ●体験活動を通して気づいたことなどを振り返り，まとめたり，発表しあったりする活動を充実させる。

3．特別支援教育の展開

■ SUBJECT ■

　平成19年度より，従来の特殊教育が特別支援教育へと転換された。特別支援学校（従来の盲学校・聾学校・養護学校）のみならず，幼・小・中・高・中等教育学校（以下，小学校等と記す）においても，より一層障害のある子どもへの教育を進展させることとなった。
　このことにより，特別支援学校の教員のみならず，小学校等の教員も特別支援教育についての理解をより深めて，障害のある子どもについて専門性のある教育が求められている。教育実習生として，どのように特別支援教育にかかわったらよいのであろうか。
　教育実習校の小学校等やその地域の特別支援学校について，教育実習生として知っておくべき学校の実態を，網囲みにより示したので取り組んでほしい。

1）特別支援教育の理念と制度

（1）特別支援教育の理念

　特別支援教育の理念は，特殊教育の理念（障害の種類と程度に応じた教育）を，障害のある子ども一人ひとりの「教育的なニーズ」に対応した教育として発展させたものである。障害のある子どもが自立し，社会参加をするために必要な力を，学校教育を通して身につけることをめざしている。
　また，特別支援教育が対象とする障害は，視覚障害など従来からの障害に加え，学習障害，注意欠陥多動性障害，自閉症などの発達障害も含めるようになった。そして，特別支援学校と小学校等に在籍する障害のあるすべての子ども一人ひとりの教育的なニーズに応じた教育を，より一層推進することとなった（次項2）と3）で詳述する）。

（2）特別支援教育の制度

　特殊教育から特別支援教育への制度上の主な変更点は次の6点である。

○特別支援学校の創設
　従来の盲・聾・養護学校（以下，盲学校等と記す）は障害種別に分かれていたが，盲学校等を特別支援学校として統合することとした。これにより，盲学校等に在籍している子どもたちの障害の重度・重複，多様化に対してより適切に対応できることとなった。
○特別支援学校の地域におけるセンター化
　地域における特別支援教育にかかわるセンターとして，近隣の小学校等に対して指導上の相談・支援，情報提供などに応じることが，特別支援学校の新たな役割となった。
○小学校等における学校組織としての支援
　校内委員会を設置して，指導や支援の方法を検討するなど，学校組織全体で，障害のある子どもの支援を行うことが強調されることとなった。また，特別支援教育コーディネーターの役割を担う教員を配置し，学校内における指導に関する調整，保護者との相談，特別支援学校や医療，福祉機関など外部との連絡・調整などを担うこととなった。
○通常の学級での指導の充実
　学習障害などの発達障害を含め，障害のある子どもたちの指導体制の充実を図ることとなった。
○特別支援学級と通級による指導の充実
　特殊学級を特別支援学級に変更し自閉症の学級をそのカテゴリーとして加えるとともに，通級による指導（以下，通級指導教室と記す）に学習障害，注意欠陥多動性障害，自閉症の学級を設けた。そして，通常の学級での指導との連携をより一層図ることとなった。
○交流・共同学習の推進
　特別支援学校のみならず，小学校等で，学校内や特別支援学校間との交流・共同学習をより一層進めることとなった。

2）特別支援学校での教育

（1）障害種別を超えた学校

　従来の盲学校等は，原則として障害種別に応じて適切な教育の内容・方法，教材・教具などを備えた教育の場であったが，特別支援教育では，障害種別を超えた教育の場として特別支援学校を創設した。これは，近年盲学校等に在籍する子ども

の障害の状態が重度・重複，多様化していることから，障害種別を超えた教育の場を創設することとなったものである。これに伴い，特別支援学校は複数の障害種別に対応できるようになり，障害のある子どもができるだけ居住地域に近い学校に在籍し教育を受けることがより容易となった。

なお，このように障害種別に分かれた複数の学校を1つの学校に統合することは，障害のある子どもたちへの教育の専門性を薄めることを意味するものではない。むしろ，地域における「特別支援教育のセンター」という新たな機能が，特別支援学校に付与されたことにより，障害のある子どもの教育に関する専門性を高めることが必要となったのである。

〈学校の実態を知る〉
〇特別支援学校の対象とする障害
　どのような障害のある子どもたちを教育する特別支援学校なのかについて，障害種別（視覚障害，聴覚障害，知的障害，肢体不自由，病弱など）や障害の程度などを知る。
〇特別支援学校の教育内容・方法等の特徴
　特別支援学校における障害のある子どもたちの教育上の専門性の特徴について，教育内容・方法，教材・教具，施設設備，教員の専門性や配置人数などを知る。

（2）地域における特別支援教育のセンター

在籍している子どもたちへの教育の充実に加えて，特別支援学校が設置されている地域において，特別支援教育にかかわるセンターとしての機能が付加された。これは，地域の幼・小・中・高，保育所や障害児・者の福祉施設などに対して，特別支援学校で培ってきた教育の専門性を提供することである。たとえば，視覚に障害のある子どもが在籍する幼稚園から助言・支援を求められた場合に，特別支援学校の教員が特別支援教育コーディネーターとして，幼稚園へ出向くこととなる。そして，実際の指導の場面で，幼稚園の教員がどのように絵本を提示するのが適切なのか，あるいは教室での指導に適した照明の工夫などの指導上の配慮点について助言したり，文字を拡大する読書装置などの教材・教具を貸し出したりするなどを通して，専門性を提供することとなった。

このように特別支援学校は，在籍している子どもたちへの教育に加えて，地域の学校や障害児・者の福祉施設などに通う障害のある子どもたちに対しても，教育の専門性を提供する特別支援教育のセンターとしての機能を展開させることとなった。なお，この新たに付加された機能は，小学校等における障害のある子どもたちの教育を充実させることと対となっていることから，地域における特別支援学校と小学校等との連携はより一層重要なこととなっている。

〈学校の実態を知る〉
〇特別支援学校のある地域の小学校等
　特別支援学校のある地域には，実際にどのような小学校等，保育所や障害児・者の福祉施設などがあるのか，また小学校等などへの専門的な支援について知る。
〇特別支援学校と医療，福祉および労働機関との連携
　特別支援学校に在籍している子どもたちの教育について，医療，福祉ならびに労働機関とどのような連携をとっているのかを知る。

3）小学校等での教育

（1）学校組織としての取り組み

特別支援教育では，小学校等においては，学校組織全体で，在籍する障害のある子どもたちの教育について取り組むことが，より強調されることとなった。これは，後述するように，とくに通常の学級における学習障害，注意欠陥多動性障害，自閉症などの子どもへの教育を推進するために不可欠なことである。従来ともすると，特殊学級（現行の特別支援学級）や，通級指導教室におい

て，学級担任だけが障害のある子どもの指導にあたり，学校組織全体としての支援や責任という観点が希薄であった。学校組織全体での取り組みが強調されたのは，これまでの学校組織としての取り組みが十分でなかったという，このような経緯にもとづいている。

〈学校の実態を知る〉
○小学校等での特別支援教育の教育目標など
　特別支援教育に関連して，どのような教育目標がかかげられ，それが，通常の学級，特別支援学級や通級指導教室においてどのように具現化されているのかを知る。
○校内委員会の設置
　小学校等に設置されている特別支援教育に関する校内委員会が，学校でどのように機能しているのかを知る。

（2）通常の学級における学習障害などの子どもへの指導の充実

　特別支援教育では，通常の学級に在籍する学習障害，注意欠陥多動性障害，自閉症など（以下，学習障害等と記す）の子どもたちを含めて，通常の学級に在籍する障害のある子どもたちについて，彼らの教育的ニーズに応じた指導が明確に位置づけられた。次の4点がポイントである。

○通常の学級と通級指導教室の連携等
　通常の学級における集団での指導と，通級指導教室における個別あるいは小集団での指導とを関連を付けると共に，それぞれの学級の担任同士が連携を深めること。
○特別支援学校教員などによる助言や相談等
　近隣の特別支援学校教員や教育委員会から派遣された巡回相談等による教員への助言や相談，情報提供などを，指導に生かすこと。
○特別支援教育支援員の導入
　授業での介助や学習支援に，ボランティアなどの特別支援教育支援員の導入を図ること。
○特別支援教育コーディネーターによる調整など
　教員の学校内での役割の一つ（校務分掌）として，特別支援教育コーディネーターを配置し調整などを担うこと。

　特別支援教育コーディネーターは，上述した通常の学級と通級指導教室との連携，巡回相談や情報提供などの調整，校内委員会の運営，保護者との相談など，さまざまな取り組みを担う役割である。

〈学校の実態を知る〉
○小学校等の学校内での連携
　通常の学級と通級指導教室間の連携，特別支援教育コーディネーターについて知る。
○小学校等と特別支援学校等との連携など
　特別支援学校や教育委員会の巡回相談，特別支援教育支援員について知る。

（3）特別支援学級と通級指導教室における指導の充実

　特別支援学級と通級指導教室は，小学校と中学校に設けることができる。特別支援学級では，在籍する子どもに対して特別な教育的ニーズに応じた指導（障害に応じた専門的な指導）がなされ，弱視，難聴，知的障害，肢体不自由，病弱・身体虚弱，言語障害，自閉症・情緒障害の学級を設けることが可能である。また，通級指導教室は，通常の学級に在籍している子どもに対して，必要性に応じて1週間に1〜8単位時間の間で指導を行う学級である。言語障害，自閉症，情緒障害，弱視，難聴，学習障害，注意欠陥多動性障害，肢体不自由，病弱・身体虚弱の学級を設けることが可能である。

　特別支援学級と通級指導教室の充実のためには，小学校等での作成は任意となっているが，「個別の指導計画」と「個別の教育支援計画」を

作成することが有効である。前者は，学級に在籍する子ども一人ひとりごとに，学校の指導全般にわたり必要となる指導内容・方法を詳細に記したものである。後者は，子どもにかかわる医療，福祉，労働などの専門機関による対応や保護者の意向等も含め，学校が中心となり子ども一人ひとりについて作成するものである。

これらの計画を立てることにより，子どもの実態を的確に把握して，学級において適切な指導内容・方法などにより授業を展開することにつながる。加えて，通常の学級と特別支援学級との交流・共同学習，通常の学級と通級指導教室の指導上の連携は必須であり，そのためにはそれぞれの学級担任間の連携が不可欠である。

〈学校の実態を知る〉
○特別支援学級の実態
　在籍する子どもの障害の状態，授業の様子，指導計画・評価，交流・共同学習などについて知る。
○通級指導教室の実態
　在籍している子どもの障害の状態，授業の様子，指導計画・評価，通常の学級との連携について知る。

（4）交流・共同学習の推進

小学校等の特別支援学級に在籍する子どもは，教育的ニーズに応じた教育（障害の状態に応じた教育）を受けているが，通常の学級で行われている教育も，彼らにとって同様に必要な内容である。それらの2つの教育内容をバランスよく統合するためには，学校全体として，交流および共同学習をより一層推進することが必要となる。

そのためには，通常の学級や特別支援学級に在籍したり，通級による指導を受けていたりすることなど在籍の状態にかかわらず，子どもたちがともに学ぶ場を積極的に設けることが肝要である。このことは，障害のある子どもたちのみならず，むしろ通常の学級に在籍する子どもたちにとって，たとえば，対人関係について深く理解を深めるとともに，自らのあり様について振り返る機会を得るなど，教育上大きな意味がある。

運動会，文化祭などの学校行事はもとより，特別支援学級に在籍している子どもが通常の学級の授業においてともに学ぶ機会を積極的に設ける必要がある。そのためには，校内委員会での交流・共同学習の推進，特別支援教育コーディネーターによる調整は必要となるが，何よりも，通常の学級の学級担任が積極的に特別支援学級と交流したり，共同で学習したりするよう取り組むことが求められている。

また，近隣の特別支援学校や障害児・者の福祉施設等との交流・共同学習を進めることも，同様に重要なことである。

〈学校の実態を知る〉
○交流・共同学習の実際
　小学校等において，通常の学級が，特別支援学校や通級による指導を実施している学級と，交流や共同学習をどのように進めているのか，また，学校全体としてどのように組織的に取り組んでいるかを知る。
○地域の特色を生かした取り組み
　小学校等において，近隣地域の特別支援学校や障害児・者の施設等との交流・共同学習をどのように進めているのかを知る。

（参考文献）
独立行政法人国立特別支援教育総合研究所『特別支援教育の基礎・基本―一人一人のニーズに応じた教育の推進―』ジアース教育新社，2009年

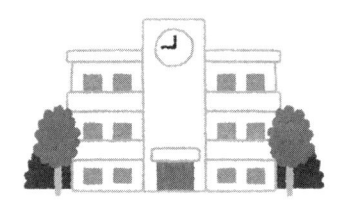

4．学校経営・学級経営

■ SUBJECT ■

学校は，子どもの自己実現をめざして教育活動を展開し，絶えず改善を行うことが求められている。学校経営は，管理職に任せておけばよいものではなく，今や教職員一人ひとりの学校経営参画意識が問われている。短い期間ではあるが，実習生も組織の一員として，学校経営，学年経営，学級経営の意義を理解して実習に臨むことが求められる。

1）学校経営の意義・機能

学校経営とは，学校教育目標を効果的に達成するために，人的・物的資源などの諸条件を整備し，学校の組織的・協働的活動を編成し，展開し，持続的な改善を図る創造的な営みである。

教育目標を達成するために，それぞれの学校は，教育基本法をはじめ各法令などにもとづき，地域や学校などの実態，特性を十分に考慮して，適切な教育課程を編成・実施・評価する。教育課程の編成・実施・評価にあたっては，組織体としての学校・園の責任者である校長・園長を中心とした全教職員が，共通理解のもとに一体となって諸活動を行う。教職員が年間を通じて行う諸活動の役割分担が「校務分掌」である。

2）校務分掌

①校務分掌の規定

学校が教育目標を達成するため，学校の運営・管理に必要な校舎，施設，設備などの物的管理，教職員などの人的管理，財務管理，情報管理および教育活動全般を遂行するために必要な諸々の業務を「校務」といい，教職員がその校務を分担・処理していくことを「分掌」という。

学校教育法施行規則　第22条の2
「小学校においては，調和のとれた学校運営が行われるためにふさわしい校務分掌の仕組みを整えるものとする」
準用規定：中学校他　第55条，第65条，第65条の10，第73条の16

②校務分掌の構成と組織

校務分掌の構成・組織は，学校の規模，教職員の構成，教育目標や経営の方針などによって，学校に即したものがつくられている。その形式や構成は多様であるが，校務の範囲は，次のように広範のものである。

①教育課程の編成と実施に関する事項
②所属職員の服務に関する事項
③学校の施設・設備に関する事項
④学校で行う事務に関する事項

これらの校務は，校長を統括上の責任者として，副校長，教頭，主幹教諭，教諭，養護教諭，栄養教諭（栄養主査），事務主事（学校によっては事務長，主査）などそれぞれの職務に応じた立場で分掌する。

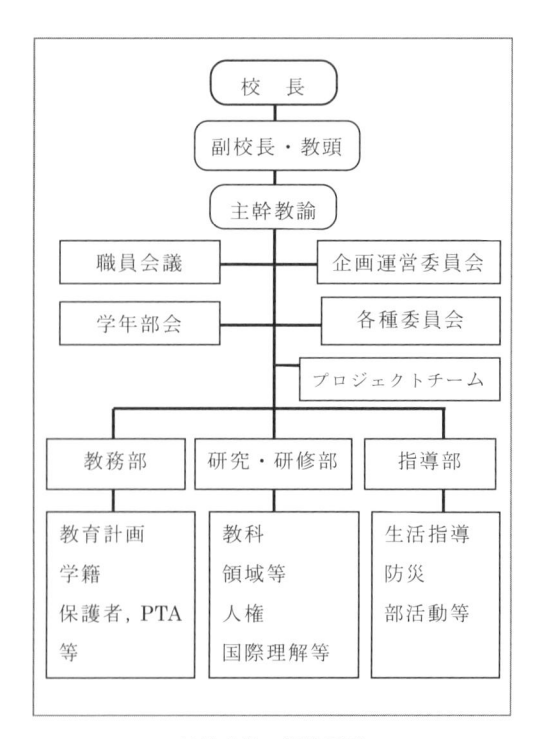

校務分掌の組織図例

校務は，大別すると教務の系列に属するものと，事務の系列に属するものとがある。これらは，年間計画を見通したうえで，それぞれの担当者を通して，効果的に校務が遂行されることによって，教育機関としての学校・園は組織体としての機能を一層有効なものにしていくことができる。

実習生としては，学校の教育目標をはじめ，学校経営の基本的方針（学校経営案），指導の方針や重点，年間計画などを理解するとともに，校務分掌の役割分担なども目を通したうえで，指導を受けることが大切である。学校・園は単に役割分担するだけでなく，**教職員集団が相互に創造的な連携を築いていることも学ぶべきことである。**

3）学級経営の意義・機能

学校経営の基盤を支えるのは，学年経営や学級経営である。

①学年経営

学年経営は，各学級担任・教師の指導を効果的にするために，学年主任を中心として各学級をまとめるとともに，学年として調整したり，学年の目標を明らかにしたりして，学校教育目標の達成に向けて，連絡・調整していく機能をもっている。そして，各学級の学習活動を支えるものとなっている。

②学級経営

学習指導要領では，学級経営について以下のように示されている。

> 小学校学習指導要領解説総則編第3章（3）
> 「日ごろから学級経営の充実を図り，教師と児童の信頼関係及び児童相互の好ましい人間関係を育てるとともに児童理解を深め，生徒指導の充実を図ること」
> 中学校学習指導要領解説総則編第3章第5節3
> 「生徒一人ひとりが存在感をもち，共感的な人間関係をはぐくみ，自己決定の場を豊かにもち，自己実現を図っていける望ましい集団の実現は極めて重要である」

学級経営は，学校・学年経営との密接な連携のもとに，学級の実態や学級担任の経営方針を生かしながら行われる。学級経営の機能を大別すると，学校種別によっても異なるが，学習集団としての側面と，生活集団としての側面とがあげられる。学級経営では，子ども一人ひとりの理解にもとづいた学級集団の理解，学習および教育課程の計画，生活指導，学習環境の整備，生活・進路等の相談，保護者や地域との連携などが求められる。

③学級経営案

学級担任が学校教育目標の具現化をめざして，学級における教育の目標を達成するために指導や活動に関して生きる力を育むことのできるような年間計画と，実施および評価を含む経営案を学級経営案という。

学級経営案の項目例としては次のような事項があり，年度初めに策定する。とくに，小学校高学年，中学校，高等学校の各段階においては，進路指導や教育相談との関連が深くなってくる。

> 〈項目例〉
> ⑦学年目標と学級目標　⑦学級目標設定の理由　⑦幼児・児童・生徒の実態（通学区域や家庭の状況等も含む）　㋓学級経営の方針　㋔指導の重点　㋕具体的な方法　㋖教室環境の整備・美化　㋗保護者との連携　㋘学級経営の評価等

④学級経営の実際

日常の具体的な活動としては，学級の幼児児童生徒の健康・安全上の指導，学級の雰囲気づくり，環境整備，教材・教具や施設・設備の管理・活用，教科・領域などの指導，児童生徒（生活）指導，学級事務，保護者や地域社会との連携など多岐にわたる。

⑤教育実習生として

幼児児童生徒にとっては，学校生活における大部分の活動が学級集団を単位として行われること

が多いだけに，所属する学級集団が，一人ひとりにとって楽しく，温かい人間関係で支えられていることが何よりも大切である。

学級担任と一人ひとりの幼児児童生徒との信頼関係はどのようにして築かれていくのか，一人ひとりが安心感，存在感のもてる学級経営は，具体的な場面でどのように配慮されているのかなど，きめ細やかな日常指導の実際についても教育実習をとおして学ぶべきことは多い。

教育実習生としては，学年の経営方針を理解するとともに，学級担任の学級経営について日常指導のあり方から学び，一人ひとりの幼児児童生徒の理解に努めることが大切である。短い実習期間であるだけに，学習や保育の時間はもとより，休み時間，清掃時，食事をともにするときなど，あらゆる場面で幼児児童生徒に接して交流を深め，信頼関係を高めていく努力が大切である。

いじめや不登校，学級崩壊のない学級，すべての子どもが自己存在感を感じ取ることのできる学級を創っていくことは学級担任の重要な役割である。そのためにどのように学級を経営しているのか，また，学級を超えた学年内の相互の連携のあり方を，実習生は日々の授業，児童生徒指導などからつぶさに学ぶことが大切である。

4）学校種別による学級経営と配慮事項

（1）幼稚園における学級経営と配慮事項

①構成など

幼稚園には，園長，副園長，教頭，主任，教諭，養護教諭，事務職員などの職務があり，設置者などによって多様な経営上の条件や方針がある。

また，保育の重点事項，年間の見通しに立った各期，各月ごとのねらいなど，指導計画との関連，アプローチカリキュラムの編成や小学生との日常的な交流活動など，小学校との接続などを考慮したうえで学級経営にあたる必要がある。

年間指導計画や校務分掌組織があって，各教職員がそれぞれの職務に専念するだけでなく，教職員間に互いに補い合うチームワークがあって，初めて幼児一人ひとりに行き届いた効果的な保育が可能となる。実習生もその一員である。教師自身は人的環境の中心であることを忘れてはならない。

②一日の動き

○出勤してから園児を迎えるまで
　個人でなすべき準備は打ち合わせ以前に済ませておくように心がけたい。環境整備や保育に適した身だしなみを整えることも大切である。
○園児の登園後
　園児の指導，清掃，書類の作成，教材準備，行事等のための打ち合わせ，保護者との連絡，園内研修など多様な仕事がある。
○振り返り
　指導のあとは，一日の活動を振り返り，反省・発見・疑問などを記録したり，翌日の計画・準備をしたりして指導を受ける。

多岐にわたる仕事のなかには，複数以上の教職員の協力を必要とするものがある。とくに，幼児の健康・安全にかかわる連絡・処理事項は，指導を得ながら適切にかつ迅速に対応することが大切である。

③教育実習生として

園の経営や学級の経営にかかわる教職員の活動に配慮するとともに，実習生として協力できることに積極的に取り組むことによって身につけられるものは大きい。教材準備や事務処理など長い経験を通して生み出されたものを，協働することを通して指導を受けながら身につけたいものである。

園長や教諭は，一日の行動予定の時間を調整して指導してくださるので，感謝の念をもち，指導を受ける立場からの十分な気配りが大切である。

（2）小学校における学級経営と配慮事項

①構成など

小学校には，規模によっても異なるが，校長を

中心として副校長，教頭，主幹教諭，指導教諭，主任教諭，教諭，養護教諭，栄養教諭，事務職員などがおかれている。それぞれの職が十分に機能するよう教務主任，研究主任，児童指導主任，保健主任，学年主任などが組織に位置づけられている。

②小学校の特性

小学校は，学級担任の教諭が，授業の全部または大部分を担当しており，同じ学級集団を構成メンバーとして授業が行われるので，学級経営と学習指導とのかかわりがきわめて深い。

1時間ごとの学習を活気あるものにできるか，一人ひとりの児童が意欲的に取り組むことができるか，学級集団としてのまとまりや節度，ルールの定着が見られるかなど，活動状況にはさまざまなものがある。学習指導の大部分は，日常の学級経営の積み重ねによって決まるとさえいわれている。学習のルールが確立して児童同士が互いに学び合い高め合う姿が見られたり，児童相互の人間関係に人権尊重の意識の深まりが見られたりするのは，学級担任との信頼関係にもとづく，きめ細やかな温かい指導に負うところがきわめて大きい。

③今後の課題

近年，授業中立ち歩く，話に集中できない，友だちとの関係がつくれないなど，地域を問わず授業が成立しない「小1プロブレム」が課題となっている。児童が安心してスムーズに学校生活がスタートできるよう，幼稚園・保育園との日常的な連携を図ることや，スタートカリキュラムの編成・実施など各学校で教育課程の工夫がなされている。

また，教師の学級経営のあり方により，どの学年・学級でも，また，ベテランの教師でも［学級崩壊］が起こる可能性はゼロではない。

今後の学級経営を支える課題は，児童一人ひとりの個性を理解したうえでのきめ細やかな児童理解，学級集団づくり，生活指導，教室経営，学級事務，家庭との連携，相談活動など多岐にわたる。

また，専科担当教諭や養護教諭，クラブや委員会担当教諭，栄養教諭，用務員，給食調理員などと共通理解を図ることも重要である。学年が2学級以上ある学校では，同学年の他学級とのかかわりも大切である。

④教育実習生として

実習期間中に全教科の指導を経験することはむずかしいが，子どもたち一人ひとりが学ぶ楽しさを実感できるような授業づくりをめざすよう，心して実習に取り組むことが望まれる。漫然と参観するのではなく，視点をもって授業を参観したり，子どもが生きる授業を構成したりすることが求められる。

学年の発達段階はもとより，学級編成の時期，特別に配慮を必要とする児童など学級担任から，学級経営の方針や配慮すべき事項について指導を受けながら，積極的に教育実習を行うことが大切である。

(3) 中学校における学級経営と配慮事項

①構成など

中学校は，教科担任制が基盤になっており，生徒にとって，これまでの小学校生活に比べ大きい変化といえる。その一方で，生徒は学級に所属し，学級担任や学年主任などの指導を受けるものには，学級活動，生徒会活動，学校行事など，今回の学習指導要領の改訂で教育課程との関連づけが明らかになった部活動もある。

学習指導要領総則 第4 指導計画の作成等に当たって配慮すべき事項 2．(13)

生徒の自主性，自発的な参加により行われる部活動については，…学校教育の一環として，教育課程との関連が図られるよう留意すること。

②今後の課題

　クラブ活動や部活動などの学級を超えた活動を別にすれば，学校生活の大部分は学級単位で行われるが，学級担任とのふれ合いの時間は，小学校の場合に比べればきわめて少ない。それだけに，学級担任の学級経営と学年経営とのかかわりなど，連絡・調整を含めた課題は多い。

　一例として次のようなものがあげられる。

> ○生徒理解にかかわる課題
> 　生徒の実態をふまえた校内規則の在り方，生徒相互の理解・協力関係の育成など
> ○学級集団づくりにかかわる課題
> 　集団生活に協力的でない生徒への指導，孤立している生徒への指導，リーダーとフォロアー・シップの指導など。
> ○生徒指導上，教育相談上の課題
> 　中1プロブレム，規則を守らない生徒への指導，不登校生徒への指導など。
> ○その他
> 　教室環境，学級だより，保護者との連携，学年内での情報交換など

　このように，学級経営上の課題は多様である。一人ひとりの生徒に対するきめ細やかな指導とともに，学校生活全体を通した活力ある学校づくり，生徒が学ぶ楽しさ，わかる喜び，教科としてのおもしろさを実感できる個に応じた授業づくり，小学校や高等学校との連携など，教職員の共通理解と協力体制に負うところが多い。

③教育実習生として

　教育実習においては，小学生よりも言語，思考などの分野で急速に発達する成長段階であることから，**学習意欲を高め，基礎・基本を確実に定着させ，思考力・表現力を育てるよう担当教科の指導力を高めることが肝要である**。学級担任が取り組む学級経営上の指導の手だてについて，配慮事項に気をつけながら注意深く学ぶことが大切である。よい人間関係を築くよう生徒に寄り添い，**積極的にコミュニケーションをとる姿勢が望まれ**る。

（4）高等学校における学級経営と配慮事項

①構成など

　高等学校には，校長，副校長，教頭，主幹教諭，指導教諭，教諭，養護教諭，栄養教諭，養護助教諭，実習助手，事務職員，技術職員などの職がある。

②特性と今後の課題

　高等学校では，生徒の自主性を育む活動が多く，学年経営・学級経営の内容も一層多様になる。

> 〈学級経営上の基盤となる課題〉
> ・生徒理解にたつ共感的な接し方
> ・ホームルーム集団における組織づくり
> ・帰属意識を高める指導
> ・教室環境の整備
> ・家庭との連携のための面談や通信のあり方
> ・各教科・科目の担当教師とホームルーム担任との連携，進路指導，教育相談　など

　このような課題に対応するために，学年経営との密接な連絡・調整が必要である。その際，集団指導と個人指導との調和を図ることが大切である。

　文化祭や体育祭などへホームルームとして参加する場合，望ましい集団活動を創造するための協力体制づくりなど一人ひとりの個性や特技を生かすうえでも重要な指導の場となる。役割分担を通して生徒の啓発経験を促すこともでき，集団における帰属意識を高めたり，一人ひとりの存在感をあらためて確かめあったりする場ともなる。

③教育実習生として

　ホームルーム担任が集団や個別に育てようとしているものは何か，教科・科目の指導を支える基盤として学級経営の視点に立って認識を深めることが大切である。一人ひとりの生徒と授業以外の活動でも接し，生徒理解を深めることが，教科・科目の指導を充実することへもつながる。

また，担任としての学級事務は，適切に処理する必要がある。学級目標と年間指導計画の作成に始まって，班や係の組織づくり，日誌や記録の指導，進路指導，健康・安全に関する事務，保護者との連絡，各種資料の作成や保管・活用などがあげられる。日常的な学級事務としては，出欠席の確認，健康状態の観察などの朝の会や，教室の点検，一日の仕事の反省，日誌の点検など，帰りの会にも進んで出席して，学級経営にかかわる生徒理解に努めることが大切である。

高等学校進学が義務教育化しているが，無目的に学校生活を送ることがないよう，学ぶことの意味や意義を伝えるとともに，生徒の主体性を伸ばすよう高度な専門性を身につけたい。また，将来の生活設計につながる学びとなるよう，どのように教職員が指導しているのか，心して実習に取り組むようにしたい。

5）学校経営，学年経営，学級経営の連携

①実習生を受け入れる意義

今や学校・園では教育の量ではなく，教育の質が問われている。質の高い教育を幼児児童生徒や保護者にどのように保障していくか，どのように実現していくかが求められている。そのためにも，学校経営と学年経営，学級経営の整合性，一貫性をもって実施することが問われている。そしてそれを具現化し，実現していくのが一人ひとりの教職員である。

経営組織の活性化は，教職員一人ひとりの使命感や熱意，組織内の人間関係，協働体制に負うところが大きい。

教育実習生を受け入れるにあたっては，学校として，各教職員として，これまでの経験を生かした実習生への指導とともに，協働体制を通して人材育成等学校経営にも役立てたいという願いが込められている。

②教育者としとの使命感

さまざまな視点からの，実習校での実習計画の実施上の配慮について理解を深め，教育実習をとおして初めて身につけられることに全力を尽くすことが何よりも大切である。

その際，基本となるものは，幼児児童生徒の健康・安全上の配慮であり，人権尊重の教育指導に当たる教育者としての使命感である。学校・学年・学級集団への経営上の視点や配慮事項を認識しながら，幼児児童生徒理解を深め，的確な教育実習が行えるよう努力してもらいたい。

実習生であっても幼児児童生徒にとっては「先生」であり，担当する授業には責任がある。謙虚に学び，誠実に対応するとともに，与えられるのを待つだけでなく，自分なりの学ぶ視点をもって積極的に学びとる姿勢と熱意をもって実習に臨むことが求められる。

●実習の窓●

すばらしいチームワーク▶▶▶ A小学校の児童は心がまっすぐで思いやりがあると，終始感じた4週間であった。最初は地域性によるものだと思っていたが，実習をやらせていただいて，教職員の指導があってこそ児童が育まれていくということを強く実感した。

とくに，学年や学校をあげてのチームワークがすばらしいと感じた。学年の行事では，どの学級の児童も学年の先生の指導をしっかり聞けていて，日ごろから学年で児童を見たり話し合いをしたりしている成果であると感じた。学校行事では先生方が協力してがんばる様子をたくさん見せていただいた。教職員の仲がよいから児童の思いやりの心が育まれる。がんばっている姿から，児童が努力を覚えるということを，A小学校のチームワークから学ぶことができた。

5. 学校保健・安全ならびに学校給食

■ SUBJECT ■

幼稚園・学校での保健・安全・食事指導，すなわち，広い意味での健康指導は，子どもたちの生活の基盤を育む重要なものである。では，具体的にどのような指導が行われているのだろうか。

1）幼稚園における保健・安全・食事指導

幼稚園教育要領では，保健・安全・食事指導は，5領域の1つである〈健康〉の項目のなかに含まれる。園児の「健康な心と体を育て，自ら健康で安全な生活をつくり出す力を養う」という目的のもと，以下のねらいと内容が掲げられている。

ねらい
(1) 明るく伸び伸びと行動し，充実感を味わう。
(2) 自分の体を十分に動かし，進んで運動しようとする。
(3) 健康，安全な生活に必要な習慣や態度を身に付ける。

内　容
(1) 先生や友達と触れ合い，安定感をもって行動する。
(2) いろいろな遊びの中で十分に体を動かす。
(3) 進んで戸外で遊ぶ。
(4) 様々な活動に親しみ，楽しんで取り組む。
(5) 先生や友達と食べることを楽しむ。
(6) 健康な生活のリズムを身に付ける。
(7) 身の回りを清潔にし，衣服の着脱，食事，排泄などの生活に必要な活動を自分でする。
(8) 幼稚園における生活の仕方を知り，自分たちで生活の場を整えながら見通しをもって行動する。
(9) 自分の健康に関心をもち，病気の予防などに必要な活動を進んで行う。
(10) 危険な場所，危険な遊び方，災害時などの行動の仕方が分かり，安全に気を付けて行動する。

2）園生活のなかでの具体的な指導

では，園生活のなかでは，上述の内容がどのように取り組まれているのだろうか。

（1）安全指導

安全指導は，主として，生活安全，交通安全，災害安全に分けられる。生活安全指導では，遊具・生活用品・施設などの安全な使い方，衣服に関する注意（ポケットに手を入れない，フードや紐に気をつけるなど）などについて子どもたちに伝える。交通安全指導では，信号の見方，道路の歩き方といった交通ルールについて子どもたちに伝える。災害安全指導では，地震や火事といった災害時における避難行動や避難場所などについて子どもたちに伝える。

こうした指導により，さまざまな場面における身のまわりの安全について子どもが関心をもち，状況に応じて適切な行動がとれるようにすることがめざされる。さらに，①各種の安全対策マニュアルを把握しておくこと，②園庭の遊具などの点検をすること，③園児の年齢や動線などに配慮した遊び道具の選択や配置をすることなども，保育者の重要な仕事である。

（2）保健指導

保健指導では，家庭と協力しながら，園生活のなかで基本的な生活習慣を育むことがめざされる。基本的な生活習慣は，睡眠・食事・清潔（手洗いうがい，入浴，清潔な衣服を着るなど）・身辺自立（トイレットトレーニング，着がえ，歯みがきなど）を含んでいる。また，各種検査や眼科・歯科検診と連動して，目や歯や耳を大切にすること，風邪やインフルエンザを予防することなどについて，子どもたちに伝える。

家庭での子どもたちの生活経験はさまざまであることから，保健指導では，子ども一人ひとりの発達や経験に応じた働きかけが必要になる。また，園の生活のなかで，手洗いうがい，歯みが

き，トイレ，着がえといった活動を，ときには子どもと一緒に自ら行ったり手伝ったり，ときにはそばで見守ったりすることが，保育者には求められる。

（3）食事指導

現在，幼稚園における食事指導は，2005年に施行された「食育基本法」をふまえ，〈食育〉という観点から行われている。食事指導では，主として，①食事をする楽しさを味わう，②さまざまな食べものへと興味関心をもちそれらを食べようとする，③基本的な食事の習慣（手洗いうがい，食卓を整えること，食前食後のあいさつ，歯みがきなど）やマナー（食器の扱い方，箸の持ち方，三角食べ，後片付けなど）を身につけるという3点を子どもたちに育むことがめざされる。給食当番の際の身支度の整え方や，配膳の仕方，食器の配置なども，食事指導に含まれる。

さらに，食事指導においては，子どもと一緒に食事の準備をしたり，食卓を囲んだり，食事の話をしたりすることも保育者の重要な仕事である。こうした日常生活における子どもたちとの経験の共有を介して，子どもたちのお手本となったり，子どもたちの食事への興味や喜びを育んだりすることが，保育者には求められる。

近年，食物アレルギーをもつ子どもが増加の一途をたどっている。食物アレルギーによるショック症状は命にもかかわるため，細心の注意が必要である。幼児期にさまざまな食べものにふれるなかでアレルギーが発見されることもある。そのため保育者は，上述の食事指導に加えて，子どもの食事内容や食後の様子にも留意するなど，子どもの安全な食生活にも気を配らなければならない。

（4）間接的な指導

幼稚園では，保健・安全・食事指導すべてにおいて，子どもが自然と学ぶためのさまざまな機会が設けられている。

保健・安全・食事に関して，さまざまな絵本や紙芝居やエプロンシアターといった教材が活用されている。また，保健や食育にまつわる歌遊びや手遊びもしばしば行われている。さらには，幼稚園は四季の感覚を大切にすることから，季節やテーマ（虫歯予防など）に応じて教室が装飾されたり，季節行事が行われたりする。こうしたさまざまな活動を介して，子どもたちは，保健・安全・食事について楽しみながら興味をもち，さまざまな知識を身につけることができる。

（5）教育実習生に学んでほしいこと

安全・保健・食事の領域は，子どもたちの生活に密接に関連していると同時に，子どもたちの健康や生命にもかかわる重要な領域である。そのことを念頭におき，実習に際しては，上述したさまざまな観点に気を配る必要がある。

3歳の年少児ができることと，5歳の年長児ができることとのあいだには大きな開きがある。さらには，同じ年齢の子どもであっても，生活経験や発達状況によってできることとできないことに差がある。一人ひとりの子どもの発達状況に応じた，適切なかかわりを心がけることが大切である。と同時に，日々の園生活のなかで，体を動かす喜びや，生活に必要な活動を自分でできるようになる喜びや，食事をおいしく食べる喜びを，子どもたちと一緒に楽しみ味わうという心もちをもつことが大切である。

3）**学校における保健指導・安全教育・給食教育**
　　（小・中・高の場合）

児童生徒の身体の問題，学校での安全安心の問題，食育の要である給食教育は，現在大きな課題をかかえている。とりわけ食物アレルギーの問題，防災教育については喫緊の課題である。実習生としては，実習校でのこれらの指導がどのようになされているかをしっかり学んできてほしい。

（1）保健指導

①学校保健指導とは

保健指導は，特別活動における集団を対象とした保健指導と保健室や学級で行われる個別の保健指導がある。

②学校保健指導のねらい

学校保健の活動には，健康診断，環境衛生，応急措置など，児童生徒が健康の保持を目的とする**健康管理活動**と，保健指導や保健学習という健康についての認識や，実践力を育てることを主なねらいとする**健康教育活動**がある。

その全活動を通して健康に生活していく能力の発達が図られることをねらいとしている。

③健康観察とは

保健指導をするうえで健康観察は重要である。日々の継続的な健康観察をすることにより，児童生徒の心身の健康問題の早期発見・早期対応や感染症や食中毒などへの早期対応を図ることができる。そして児童生徒に自他の健康に興味・関心をもたせ，自己管理能力の育てていくうえでも健康観察は欠かせないものである。

④健康観察の視点

学校における健康観察の視点として，次の教育活動場面が考えられる。

〈朝や帰りの会〉
　学級担任（ホームルーム担任）が登校の時間帯・様子。朝夕の健康観察では，表情・症状などを中心に観察。
〈授業中〉
　学級担任・教科担任などが，心身の状況，友人・教員との人間関係，授業の参加態度を中心に観察。
〈休憩時間〉
　全教職員により友人関係，過ごし方を観察。
〈給食（昼食）時間〉
　学級担任（ホームルーム担任）によって食事中の会話
・食欲，食事摂取量などを観察。

〈保健室来室時〉
　養護教諭は，心身の状況，来室頻度などを観察。
〈部活動中〉
　部活動担当職員により参加態度，部活動での人間関係，体調などを観察。
〈学校行事〉
　全教職員により参加態度，心身の状況，人間関係を観察。
〈放課後〉
　全教職員により友人関係，下校時の時間帯・形態などを観察。

健康観察というと，身体的な面に偏りがちであるが，上記の視点にもあるように「心の健康」についても十分な観察が必要である。この心の健康観察は，いじめの「早期発見」につながる大切なものであることをしっかりと押さえておきたい。

（2）安全教育

学校内での児童生徒の安全安心を確保するために大切な指導である。そのためには，安全教育と安全管理は，一体のものとして密接に関連させて進めていく必要がある。

学校では，「安全教育」を「安全学習」「安全指導」の2つに分けて指導している。

①安全学習〈学習の場面〉

●体育科の保健領域，保健体育科の「保健分野」「科目保健」　●関連教科における安全に関する学習　●「総合的な学習の時間」における安全に関する学習　●自立活動における安全に関する学習

②安全指導〈指導の場面〉

●学級活動（ホームルーム）活動における安全指導　●学校行事等における安全指導　●児童会活動，生徒会活動，クラブ活動における安全指導　●学級（ホームルーム）などにおける個別の安全指導　●部活動などの課外における安全指導　●日常の生活における安全指導　　　　　　　　※（　）は高校

> ■**安全管理**〈東京都安全教育の手引きより〉
> ●<u>安全点検結果に基づく安全管理の評価は</u>，その学校の安全管理及び児童生徒等の安全行動の実態を表しているから，<u>安全教育の重要な資料</u>として具体的に活用できる。
> ●継続して行う安全管理の評価は，安全教育の成果を表しているという側面もあり，<u>適切な安全教育が行われることが安全管理の成果をより一層高めていくことになる</u>。
> ●<u>安全管理では</u>，児童生徒等の問題となる行動そのものについて，その場その場で改善するよう指示するが，これは見方によっては日常的な指導の一環ととらえることができる。
> ●<u>安全指導では</u>，児童生徒等の安全に関して望ましくない行動を取り上げ，適切な行動や実践の方法について考え，<u>進んで安全な行動が実践できる資質や能力を培うものである</u>。
> ●<u>安全管理的な活動についても</u>，教師の指導の下に児童（生徒）会などを中心とした活動の推進により，自主性を高めていくことによって，<u>児童生徒等に学校等の集団生活における，安全に関する理解を深めさせるとともに，自己管理能力を育成することができる</u>。　※（ ）は中高
> 　すなわち，<u>安全管理によって，より安全な環境づくりを推進していくこと，安全教育によって児童・生徒自身が，安全な行動を実践していくことによって，より効果の高い学校安全活動を行うことができるとしている</u>。

実習生としては，学校内での安全安心策をどのようにしているかをしっかり観察してきてほしい。

（3）給食教育

学校給食は「学校における健康教育の一環」としてとらえなければならない。近年，食物アレルギーによって児童生徒の尊い命を失うという事故が起きてしまった。

学校においては，食物アレルギーへの対応と児童生徒自らが心身の健康の保持増進を図ろうとする興味・関心，意欲，態度の育成を図るために，教育活動全体を通じて食に関する指導を実施していくことが喫緊の課題になっている。

2008年に「学校給食法」の大幅な改正により，学校給食を活用した食育の推進を図ることを目的とすると明示された。このことにより学校における食育推進の中心として学校給食の意義は，ますます重要になってきている。

家庭の側から考えると家族一緒の食事は，大切な家族のコミュニケーションやしつけの場でもある。しかし，核家族化，共働きなどの社会環境の変化や，食生活のありようも大きく変化しつつある。このような変化のなかで保護者が子どもの食生活を十分に把握し，管理していくことが困難になってきていることも現実である。

地域との連携の観点から考えると，地域の産物を使った郷土食，地域に伝わる行事にちなんだ行事食などの食文化についても考えなければならない。

また，2013年に「和食」が世界無形文化遺産に指定され，日本における伝統的な食文化についても注目を浴びている。

この状況を受けて学校では，地域の生産物を学校給食に取り入れたり，和食を積極的に取り入れたりするなど工夫している。これは児童生徒に地域のよさを理解させたり，日本の伝統的な食文化である「和食」に愛着をもたせたりするために，学校として創意工夫しているのである。

地域のなかの学校である以上，その地域の気候，風土，産業，文化，歴史などに培われた食材や特産物を活用することで地域を愛する子どもたちを育成してことも学校としての大切な役割なのである。

また，食は，ほかの動物や植物の命によって自らの命を維持し心身を育むものであること。さらに，勤労の成果によって得られるものであることなどを考え，「命の大切さや食への感謝の気持ちをもつことの必要性」を理解するうえで学校給食は大きな意義を有するものと考えられる。

これらの，学校における食育の推進に中核的な役割を担う「栄養教諭」制度が2005年から創設された（地方分権の趣旨などから，配置は地方公共

団体や設置者の判断によることとされており、現在は、学校栄養士として各校に配置されているところが多い)。

そのねらいを「食に関する指導と給食管理を一体のものとして行うことにより、地場産物を活用して給食と食に関する指導を実施するなど、教育上の高い相乗効果がもたらされる」としている。

具体的な職務のなかの「食に関する指導」では、以下の点をあげている。

> ①肥満、偏食、食物アレルギーなどの児童生徒に対する個別指導を行う。
> ②学級活動、教科、学校行事等の時間に、学級担任等と連携して、集団的な食に関する指導を行う。
> ③他の教職員や家庭地域と連携した食に関する指導を推進するための連絡調整を行う。

実習生としては、これらを背景とした各学校の取り組みを十分に観察し、自らが教師となったときに安心で安全な学校をつくり上げるために、どう対応しなければならないかを学んできてほしい。

4)防災教育

1995年の阪神・淡路大震災および2011年の東日本大震災、それ以降の地震や台風などの自然災害により、多くの学校、幼児児童生徒が被害にあった。とりわけ東日本大震災では、津波による被害という新たな課題が顕在化した。

これらの大震災や自然災害における学校などでの経験をふまえ、その教訓を次代を担う子どもたちに伝えることは、教師としての大きな責務である。現在、各学校では、防災教育の見直しを喫緊の課題として取り組んでいる。

文科省が示した「防災教育支援の基本的考え方」では、子どもたちの備えたい能力として、以下に示すような「生きる力」を涵養し、能動的に防災に対応することのできる人材を育成するとしている。

> ①子どもたちに防災や減災のために必要な事前の準備をする能力
> ②被災した場合でもその後の生活を乗り切る能力
> ③地域の安全を支える能力
> ④災害からの復興を成し遂げ、安全・安心な社会を構築する能力

そして、防災教育を「幼稚園から高等学校までを見据え、知識や技能の習得、意識や行動、態度等について、それぞれの校種の段階による指導が積み重ねられることによって達成されるもの」としている。

たとえば、中学校の目標は幼稚園や小学校の目標が達成された上に設定されなければならないということである。

防災教育の目標を文科省は「『生きる力を育む』防災教育の展開」で、以下の点をあげている。

> ○知識、思考・判断
> 　自然災害等の現状、原因及び減災等について理解を深め、現在及び将来に直面する災害に対して、的確な思考・判断に基づく適切な意志決定や行動選択ができる。
> ○危険予測、主体的な行動
> 　地震、台風の発生等に伴う危険を理解・予測し、自らの安全を確保するための行動ができるようにするとともに、日常的な備えができる。
> **社会貢献、支援者の基盤**
> 　自他の生命を尊重し、安全で安心な社会づくりの重要性を認識して、**学校、家庭及び地域社会の安全活動に進んで参加・協力し、貢献できる。**

さらに各校種での幼児児童生徒の目標を、次のように示している。

> 〈幼稚園〉
> 　安全に生活し、緊急時に教職員や保護者の指示に従い、落ち着いて素早く行動できる幼児。
> 〈小学校〉

日常生活の様々な場面で発生する災害の危険を理解し、安全な行動ができるようにするとともに、他の人々の安全にも気配りできる児童。
〈中学校〉
　日常の備えや的確な判断のもと主体的に行動すると共に、地域の防災活動や災害時の助け合いの大切さを理解し、すすんで活動できる生徒。
〈高等学校〉
　安全で安心な社会づくりへの参画を意識し、地域の防災活動や災害時の支援活動において、適切な役割を自ら判断し行動できる生徒。
〈障害のある児童生徒等〉
　上記の目標のほか、障害の状態、発達の段階、特性及び地域の実態等に応じて、危険な場所や状況を予測・回避したり、必要な場合には援助を求めることができるようにする。

　実習生は、教師になるにあたって子どもたちの安全安心を守るために、今、学校ではどのような指導方法で、何を身につけさせなければならないかを実際の現場の教育活動のなかからしっかりと学んできてほしい。

避難訓練の実施計画例

	内　　容	児童の動き	教師の動き
事前指導	○訓練の内容を知り、対処の仕方について話し合う。	○先生の話を聞く。 ・訓練の内容について理解する。 ・地震発生における対処法の確認。	○その場にあった安全確保の仕方について、指示する。
訓　　練	9:50 ○地震発生 ・警報サイレンがなる。	○すべての活動をやめる。 ・教室…机の下にもぐり、机の脚を持つ。 ・廊下など…近くの教室に入り、机の下にもぐる。 ・校庭・体育館…中央に集まり、しゃがむ。	・警報ベル（副校長） ・計時 ○出入り口を開放する。
	○火災発生 ・理科室から出火 ・放送指示	○『火災』ということを理解し、ハンカチなどで口をふさぐなどする。	○窓を閉める。 ・放送（副校長） 〔火災が発生しているため、速やかに避難する。〕
	放送「地震はおさまりましたが、理科室から火災が起こりました。児童のみなさんは、先生の指示に従い『お・か・し・も』の約束を守り、ハンカチなどで口をふさぎ、静かに避難を開始してください。」（計時開始）		
	○校庭へ避難開始	○避難通路B（理科室を通らない経路）を通って運動場へ避難する。 【教室の掲示を参照】 ・「お・か・し・も」の約束を守る。 ○到着順に校庭の中央に並び、すわる。（雨天時は体育館へ）	○救護班の設置（養護教諭） ○検索係 　分担箇所へ急行し、残留児童を誘導避難させながら、運動場に出て児童の掌握をする。 ○避難誘導係 　教室にいる児童を避難誘導させる。
	○人員報告 ○校舎内の安全点検 ○講評 ○教室に入る。	○講評を聞く。 （司会は安全部【提案者】） ○教室に戻る。 ・校舎に入る際は、上履きの泥をよく落として教室に入る。	○人員確認を行い、担任から本部に報告する。 ○安全点検係 　副校長の指示のもと、校内の安全点検を行い、本部に報告する。 ○講評（校長）
事後指導	○学級ごとに反省する。	○教師の指示を、しっかり聞くことができたか。 ○安全な経路を通って避難できたか。 ○「お・か・し・も」の約束を守れたか。	

注）「お・か・し・も」は、「押さない」「駆けない」「しゃべらない」「戻らない」の略語。

6．幼児児童生徒指導

■ SUBJECT ■

　いじめによる自殺が多発している教育現場では，子どもたちの命を守るために，きめ細かく「ぬくもり」のある対応が望まれる。幼児児童生徒指導の本来のあり方は，子どもたち一人ひとりの心を育てることにある。そこには子どもたちと寄り添いながら，ともに歩んでいく人間教師としての姿がなければならない。実習では，そんな教師の姿を学んできてほしい。

1）発達段階からみた幼児児童生徒指導

　発達課題には，発達段階の適切な時期に着実に達成しなければならないという「適時性」と，それぞれの発達課題をきちんと身につけ，積み重ねていく「累加性」という2つの特性がある。

　幼児児童生徒指導で大切なことは，発達段階の特徴に応じた対応が必要である。「生徒指導提要」をもとにまとめてみると次のようになる。

①乳幼児期

　家庭で十分な愛情を受け，基本的な信頼感を培うとともに，しつけなど通して，基本的な生活習慣の基礎を身につける時期である。

②小学生

　低・中学年は乳幼児期の延長線上にあり，保護者の影響力が強いため，生活習慣が多様化しにくい傾向にある。しかし，高学年ごろより，保護者から次第に離れる傾向となる。

③中学生段階以降

　精神的な自立とともに生活の自己管理が進んでくる。

　このように，生活状況や精神発達，保護者との関係性の変化が相互に関連をもちながら生活習慣の自立化が進む。実習では，各学校種別の各段階の特徴に応じた教育実践を学んできてほしい。

2）幼児児童生徒指導の意義と学校種別のねらい

　幼児児童生徒指導とは，一人ひとりの子どもたちの人格を尊重し，個性の伸長を図りながら，「自己指導能力」を育てることをめざす教育活動のことである。

（1）幼児児童生徒指導の意義

　「自己指導能力」は，学習指導の場を含む，学校生活のあらゆる場や機会にある。生徒指導は，授業や休み時間，放課後，部活動や地域における体験活動の場においても行われる。

　その際，生徒指導を一般的に「消極的生徒指導」と「積極的生徒指導」に分けて考えられることがある。これらは，生徒指導の車の両輪ともいうべき大切な指導形態である。

①消極的生徒指導

　安全確保のための管理，決まりの順守，問題行動を起こした生徒への毅然とした態度など，子どもたちの安全確保をめざした指導である。

②積極的生徒指導

　個性・よさ・持ち味の開発的援助，発達課題への支援，児童生徒の心の傷をいやす手当等，子どもたちの自己実現の要求を満たすことをめざした指導である。

　すなわち，生徒指導は学習指導と並んで学校教育において重要な意義をもつものといえる。

（2）学校種別のねらい

①幼稚園

　この時期は，幼稚園の生活におけるきまりや，先生の指示に従うことの必要性は理解できるが，自己中心的な傾向が強いので，仲間との小さな諍（いさか）いが多い。とくに最近の傾向として，基本的な生活習慣が身についていない幼児，友だちと一緒に遊べない幼児など，地域社会の教育力の低下や，家庭の養育方針の多様化などとあいまって，幼児の身体的，社会的，情緒的発達に多くの問題点が指摘されている。幼児の将

来を展望した諸能力の伸長を図るうえで，調和のとれた発達，情緒の安定，仲間との一緒の遊びはきわめて大切である。

実習生として，これらのことに十分留意して園児の保育にかかわることが求められる。園児の指導上の観点に立って配慮すべき内容を列挙してみれば次のようになる。

　ア．喜んで登園し，先生や友だちに親しむ。
　イ．自分で考え，自分で行動する。
　ウ．自分でできることは自分でする。
　エ．友だちと積極的にかかわりながら，喜びや悲しみを共感しあう。
　オ．自分の思ったことを相手に伝え，相手の思っていることに気づく。
　カ．友だちと一緒に遊びや仕事を進める楽しい生活を創造する。

②小学校

学習指導要領の総則「第1章第4の2(3)」のなかで学級経営と生徒指導の充実について，次のように明記されている。

> （3）日ごろから学級経営の充実を図り，教師と児童の信頼関係及び児童相互の好ましい人間関係を育てるとともに児童理解を深め，生徒指導の充実を図ること。

児童との人間関係を築くうえで大切なことは，確かな児童理解と教師が親にも似た愛情を注ぐことである。それは，学級経営上の基本であり，生徒指導上欠かせないものである。

さらに，総則の解説のなかで教師の姿勢として，次のように記されている。

> 学級経営を行う上で最も重要なことは学級の児童一人一人の実態を把握すること，すなわち確かな児童理解である。一人一人の児童はそれぞれ違った能力・適性，興味・関心等をもっている。学級担任の教師の，日ごろのきめ細かい観察を基本に，面接など適切な方法を用いて，一人一人の児童を客観的かつ総合的に認識することが児童理解の第一歩である。日ごろから，児童の気持ちを理解しようとする学級担任の教師の姿勢は，児童との信頼関係を築く上で極めて重要であり，愛情をもって接していくことが大切である。

小学校では，低学年と高学年では発達上で大きな相違が見られる。児童との信頼関係を築く方法でも大きなちがいがある。

教育実習校で配属された学年の児童の特徴については，とくに指導教諭の学級経営からよく学ぶことが肝要である。

また，小学校の児童の生徒指導上の問題として，親の価値観やしつけの仕方が，学校という集団生活のなかに直接影響を及ぼす事例が多い。したがって，個々の児童の表面的な言動だけにとらわれることなく，その背景について分析・考察することが大切である。そのためにも，日ごろのきめ細かい観察を基本とし愛情をもって接するなかで，教師（実習生）と児童の人間関係を深めることに努めなければならない。

③中学校

中学校の時期は，心身の発達が急激であり自主独立の欲求が強まるなど，児童期の安定がくずれてくる。自分の考えに固執したり，教師や親の権威に疑問をもち，否定的・反抗的な態度をとることも決して少なくない。また，理想と現実の矛盾に気づき，悩んだり迷ったりする生徒が現われてくる。

最近の中学校における生徒指導上の大きな課題として，校内暴力やいじめ，不登校など，学校生活に不適応を示す生徒の指導がある。

そのため，学習指導要領の総則 第4の2の(3)では，以下のように教師と生徒との信頼関係を築くことを強調しているのである。

> 教師と生徒の信頼関係及び生徒相互の好ましい人間関係を育てるとともに生徒理解を深め，生徒が自主的に判断，行動し積極的に自己を生かして

> いくことができるよう，生徒指導の充実を図ること。

　実習生として配属された学級の生徒一人ひとりに，きめ細かな配慮をするとともに，学級担任の把握している個人の行動傾向や，ものの見方，考え方に十分学ぶことが肝要である。

　生徒指導は，全教育活動を通して行うものである。一人ひとりの生徒の問題の把握やその解決を図りながら，性格や進路の希望などもよく把握し，一人ひとりの個性を生かしていこうとする態度を，たとえ実習生であろうと教師は堅持しなければならない。

　また，進路指導についても目を向け，学校の教育活動全体を通じ，計画的，組織的に行われている様子を，キャリア教育推進の視点から学んできてほしい。

④高等学校

　高校生の時期は，自我の発見と確立が求められる時期である。したがって，人間とは何か，人生とは何かなど，人間観，人生観にかかわる疑問や課題を内面にもちながら，学校生活を送っている生徒が多い。また，自分が決めた行動基準が，独善的なものでなく，社会の承認する基準に一致することが求められる。ここに社会性の発達を促す課題がある。

　複雑化し，目まぐるしく変化が続く今日の社会で，人間として調和のとれた発達を図りながら，自らの行動を選択し，決定していける主体の育成をめざして指導することが肝要である。

　学習指導要領の総則 第5款の5の(3)では，「教師と生徒の信頼関係の基づいた生徒指導の充実を図ること」が強調されている。

　実習生としては，指導教諭の指導に従いながら，生徒の生活のなかに入っていく実習生の心がまえが求められる。ただし，実習生として，生徒との交流を図り，人間関係を深めるためであっても，生徒の家庭を訪問したり，学校外の場所で指導するなどは，幼稚園から高等学校まですべてにおいて戒めなければならない。

　また，進路指導についても目を向け，学校の教育活動全体を通じ，計画的，組織的に行われている様子を，キャリア教育推進の視点から学んできてほしい。

3）幼児児童生徒指導の理解を深める

　子どもたちは，それぞれちがった能力・適性，味・関心などをもち，生育環境も将来の進路希望なども異なる。そのため，幼児児童生徒理解においては，子どもたちを多面的・総合的に理解していくことが重要である。

　具体的に何を理解するのかを例示すると，次のようになる。

> ●能力の問題：身体的能力，知的能力（知能，学力）※知的能力は，とくに注目したい。学業の程度，進路指導との関連，学業不適応により生じる問題や行動の予測につながる。
> ●性格的な特徴：その生徒にとって的確な指導方法をしていくうえで重要である。
> ●興味，要求，悩み：生徒の生活や問題に直結するきわめて大切な理解事項である。
> ●交友関係：友人関係の様子や家庭での人間関係
> ●環境条件：家庭状況，経済状況，趣味，関心
> ●現段階の意欲や目標
> ●これまでの指導の経緯

　これらを，常に本人との対話や保護者，クラブ活動，部活動や教科の担当者など，現在および前年度までに直接関係していた教員などから情報を収集することは，一人ひとりの子どもたちへより効果的に働きかけることができるため，期待した効果を得やすくなる。ただし，得た情報は，そのままうのみにして指導するのではなく，実際の子

どもたちとのふれ合いのなかで確認し活用することが肝要である。なお，これらの情報の扱いについては，守秘義務であり決して口外してはならない。

実習生としては，子どもたち一人ひとりの個性を生かした生徒指導がどのように行われているかを実際の目で見て学んでほしい。

4）問題行動について

教育現場では，教師間で，幼児児童生徒の行動に対して「あれは問題だ」という言葉が交わされる。しかし，何を問題とするかは，採り上げる人間によって異なる。

「生徒指導提要」では，問題行動を次のような視点からとらえる必要があるとしている。

①すべての幼児児童生徒が問題行動の要因を内包している可能性があること。
②小学校の段階で問題行動の予兆があること。
③成長を促す生徒指導を進めること。
④発達障害と問題行動。

問題行動の予防は，幼児児童生徒一人ひとりが学校生活を楽しいと感じることが大切である。そして，教員一人ひとりが幼児児童生徒のよさや可能性を正しく生かすことができるよう心がけ，生徒指導の究極の目的である「自己指導能力の育成」を図っていかなければならない。

「いじめ」とは，「当該児童生徒が，一定の人間関係のある者から，心理的，物理的な攻撃を受けたことにより，精神的な苦痛を感じているもの」とし「いじめられた子どもの立場」に立ったものと定義されている。人権尊重の教育を基盤として早期に適切な指導を行っていくことが重要である。

実習では，これらのことに着目して，教師になったときに，どう対応したらよいかを教育現場の実践のなかから学び取ってほしい。

5）不登校児童生徒の内面理解とその援助

不登校になった子への対応はとてもむずかしい。「不登校の子にとって居心地のいい学校」は，「すべての子どもたちにとっても居心地のいい学校」になる。

①不登校の定義

「何らかの心理的，情緒的，身体的，あるいは社会的要因・背景により，児童生徒が登校しないあるいはしたくともできない状況にあること（ただし，病気や経済的な理由によるものを除く）」と定義されている。

②不登校児童生徒への内面理解と援助の仕方

「生徒指導提要」では，「不登校の解決に当たっては，『心の問題』としてのみとらえるのではなく，広く『進路の問題』としてとらえることが大切です」としている。

ここでいう「進路の問題」というのは，不登校の子どもたちの「社会的自立に向けて自らの進路を主体的に形成していくための生き方支援」であるとしている。不登校を出さない教育実践が必要である。実習校の対応を注視すること。

●実習の窓●

「遊ぶ」から発見する▶▶▶　実習生として子どもたちとすぐできることは，子どもたちと「遊ぶ」ことである。そのとき，遊ぶことに集中しながらも，周りでの子どもたちの様子がどうかに気をつけたい。「一人ぼっちの子はいないか」「小さないさかいがないか」など，いじめの早期発見につながるサインを見逃さないようにしたい。

7．教育相談

■ SUBJECT ■

　学校における教育相談は，児童生徒が生きがいをもって日々の生活を送り，将来を担う一人の社会人として成長できるように指導や援助を行う教育実践である。すべての児童生徒が人として心身ともに健康に成長できるように指導や援助をすることが近年ますます求められていることをとらえたい。

1）学校における教育相談の意義と役割

　児童生徒をとりまく現代社会の急激な変容は，学校で生活する児童生徒にも反映されており，不適応に陥ったり問題行動を示す生徒も増加している。さらに，家庭の教育力不足や地域の機能の低下，インターネットの急速な普及という現状もあり，児童生徒のかかえる問題が多様化し，深刻化する傾向が見られる。たとえば不登校の児童生徒は，小・中・高等学校を通じて増加傾向にあり，その様態も多様になってきている。また，いじめによる問題はより複雑化し，近年ではインターネットを介したいじめも急増している。そのほかにも学級崩壊，学校内での破壊的，攻撃的な行動（キレる），反社会的行動，非行，無気力や引きこもりなど，さまざまな問題をもつ児童生徒が増えてきている。さらに，はっきりとした問題行動を示さなくても，一時的な不適応，悩み，発達的な課題をもつ児童生徒の問題なども少なくない。

　こうしたさまざまな問題や課題に対して，その解決や支援が学校に期待され，教師が対応しなければならない状況になっている。このような現状のなかで，教育相談業務は，学校生活において児童生徒と接する教師にとっての不可欠な業務であり，教科指導と同様に学校における基盤的な機能となってきている。したがって，教育相談は，学校という場で教師が行う教育実践として位置づけられ，教師はカウンセリングについての知見からヒントを得ながらも，カウンセラーとしてではなく，あくまでも教師として子どもとかかわる役割を担っているのである。

①問題解決的教育相談

　学校における教育相談の第1の役割は問題解決的教育相談（治療的教育相談）で，種々の不適応や問題行動を示す児童生徒への指導や援助的取り組みである。このような指導や援助を必要とする児童生徒は増加傾向にあり，今日ではすべての教師にこうした児童生徒への対応が求められるようになってきている。教師は，児童生徒がかかえる問題に対して何ができるか，あるいは何ができないのか，また実際にどのように進めていけばよいのか，またどのように連携していけばよいのかといったことについて学んでいかなければならない。不適応や問題行動をもつ児童生徒のなかには，教師だけでは指導や援助が困難で，精神科医，小児科医，スクールカウンセラー，臨床心理士といった学内や学外の専門家による治療やカウンセリングが必要な者も少なくない。しかし，そのような児童生徒もクラスの一員であり，主な生活の場は学校にあるので，教師は専門家と連携しながらも，学校での教育や支援に責任をもってあたらなければならない。そのためにも，教師はカウンセリング，臨床心理学，精神医学の領域について基礎的な知識を学んでおく必要がある。このような学びや取り組みの実践を積み重ねることで，より適切な指導や援助ができるようになる。

②予防的教育相談

　第2の役割は予防的教育相談で，心理的にはほぼ健康であるが，一時的な悩みや不適応行動を示している児童生徒への指導や援助的取り組みである。教師が受け持つ学級は心理的に健康な児童生徒がほとんどである。しかし，このような児童生徒であっても，パーソナリティの発達が急激な児童期，思春期，青年期には，その発達段階に特有

な悩みや問題をかかえたり，一時的な不適応行動を示す場合が少なくない。この時期の児童生徒は，多くの時間を学校で過ごしているので，教師は，児童生徒のちょっとした変化や悩みに気づくように注意深く，児童生徒の様子に関心を払うよう心がける必要がある。児童生徒の相談内容は，はっきりとした問題だけではなく，心身の成長過程における悩み，友人関係，学業の成績や部活動，将来の進路，家庭生活や病気に関することなど広範囲にわたり，多種多様である。こうした児童生徒への指導や援助的なかかわりは，教師しかできないものであり，学校における教育相談のなかで，最も重要な役割である。児童生徒の悩みや問題に早期に気づき対応することで，深刻な事態に陥ることを未然に防ぐことができる。

　③開発的教育相談

　第3の役割は開発的教育相談で，不適応や問題行動への予防的，開発的な取り組みである。これまでの学校における教育相談では，不適応や問題行動への事後的な対応が主になされてきた。しかし，教育相談は，問題が生じてからその解決に向けて教師が指導援助するだけでは十分とはいえず，一歩進んで心理的に健康な児童生徒を含めた予防・開発への援助をするという観点が重要であり，すべての児童生徒が対象であると考えなければならない。教育相談は，決して特定の児童生徒に対し，特定の教師だけがかかえて行う性質のものではなく，また相談室だけで行われるものでもない。学校における教育相談は，より積極的に児童生徒のパーソナリティの発達を援助し促進することをめざすことが求められるようになってきている。そのためには，児童生徒を尊重し，パーソナリティの健全な発達を促すような学級，学校の雰囲気や組織づくりが重要である。家庭や学校内外で傷ついたり，つまずいた児童生徒が，学校で教師と触れ合うことで癒され，力を得ていくよう

教育相談の役割

問題解決的教育相談（治療的教育相談）	種々の不適応や問題行動を示す児童生徒に対し，指導，援助を行う
予防的教育相談	一時的な悩みや不適応行動を示している児童生徒の悩みや問題に対応する
開発的教育相談	すべての児童生徒に対し，積極的にパーソナリティの健全な発達を促すような働きかけを行う

になることもある。教師は，このような役割を担っていることを忘れてはならない。そして，日々の教育実践のなかで，一人ひとりの子どもと心が響きあう信頼関係を構築することを心がけ，一対一の相談活動に限定することなく，すべての教師が児童生徒に接するあらゆる機会をとらえ，あらゆる教育活動の実践のなかに相談活動を生かしていくことが不可欠である。

2）学校種別による特質と指導上の配慮事項

（1）小学校

　小学校に在籍する年齢は7歳から12歳という発達的に大きな転換期がある時期なので，低学年，中学年，高学年の3つの段階に分けてその特質と指導上の配慮事項を考察する。

　①小学校低学年の発達的特徴と指導上の配慮

　　小学校入学の7歳ごろは，ピアジェ（Piaget. J.）によれば，論理的思考ができるようになり，見た目に左右されず，数や量といった対象の属性が変化しないことを理解したり（保存の成立），長さの異なる棒を相互に比較して長さの順に並べ替えること（系列化）が可能になる。ことばの面では親しい人と状況を共有しながら対話する一次的なことばだけではなく，不特定多数の人に向けられたことばだけの文脈により成立する二次的ことばが話しことば書きことばの両面で使われるようになる。そして，次

第にあるまとまりをもった内容を筋道を立てて話すことができるようになってくる。

また，発達的にも環境的にも激変する小学1年生に，1990年以降「小1プロブレム」という問題が指摘されている。小学1年生が授業中落ち着かず，歩きまわったり，騒いだりして学習が成立しないという現象である。さまざまな背景要因が考えられるが，子どもや家庭をとりまく社会環境の変化により，幼児の人間関係能力や自己肯定感が低下していること，他方で就学前教育と小学校教育の間に教育方法と内容に大きな差があることなどが複合して「小1プロブレム」が生じていると考えられている。

この問題に対しては，少人数学級配置を実施する自治体が増えており，教師が一人ひとりの児童に丁寧かつきめ細やかな対応ができるよう教育条件の整備が進められている。さらに，幼稚園，保育所と小学校の子ども同士，教師同士の交流も行われるようになってきている。この時期の学校における教育相談では，幼児期から学童期への移行期の特徴をそれぞれの教師が相互に理解しあい，子どもがこの移行期を乗り越えていけるような指導援助が求められる。また教師は，二次的なことばが使用できるようになっているこの時期の児童に対して，ことばでやりとりできるように促し，援助することも必要である。

②小学校中学年ごろの発達と指導上の配慮

この時期は9，10歳の節といわれる時期で，具体的な事物・事象に関連させながら，目で直接確認できないような抽象的な関係や概念を取り出して考えるようになり，何かを考える際も計画性をもたせたり，自らの思考を意識化することも可能になる。たとえば，速度や密度という抽象的な概念が理解できるようになり，概念の階層関係も理解するようになる。また，自分を客観的に見られるようになり，他者から見た自分の行動や性格を評価できるようになる。その結果，他者と自分を比較して劣等感をもちやすくなり，他者のまなざしを意識して自己肯定感が低くなることもある。同時に他者からの承認を求め，同性の子どもと徒党を組んで活動し，結束を強める「ギャングエイジ」と呼ばれる時期でもある。

仲間意識をもつようになるということは，異質なものを排除しようとし，仲間外れになる児童が出てくる時期でもあるので，教育相談では仲間外れによる「いじめ」の問題が扱われるようになる。仲間意識をもつことは発達段階において重要な意識であるが，それを認めながらも同時に異質なものも認めるという気持ちを育てることが教育相談に求められる。教師は，児童の「自分の気持ちをわかってほしい」という願いを尊重し認めながらも，どの子も同じ思いを抱えていることを伝え，異質なものを排除するのではなく受け入れる気持ちをもてるように導き，援助していく必要がある。

③小学校高学年の発達と指導上の配慮

高学年は，思春期の入り口であり，親子関係より友だちとの人間関係が重要になってくる時期である。同時に親や周囲の大人への反抗心が芽生えはじめ，そばにいる友だちに自分を理解してほしいという精神的なレベルでの共感を求めるようになる。その結果，自分の思いを率直に伝えわかり合えることを求めながらも，自分の本心や悩みを語らないとう葛藤状況に陥ってしまうことも少なくない。

したがって，教育相談では，子どもたちがなかなか自分の真の顔を見せず，表面上のやり取りで終わってしまうことがあるということを教師は認識しておく必要がある。表面には見えない心のなかに，子どもたちの表現されない辛い

感情が蓄積し，それが何かのきっかけで「問題行動」や「身体症状」となって表現されることがある。教師は，子どもたちの表面だけを見るのではなく，子どもの心に耳を傾け，苦しさや辛さを素直に表現できるような関係を日ごろから築くことが大切である。

（2）中学校

この時期は，思春期が本格的にはじまる時期で，身体的にも精神的にも大きく変化する時期である。身体面では第二次性徴がみられ，男女とも身体的，機能的に大きく変化，成熟する時期で，その変化を自分自身が受け入れられず困惑する時期でもある。精神的には自我の目覚めといわれる時期で，自分の意思を主張し「もう大人なんだから」という気持ちが高まる一方で，「まだ子どもなんだから」と親に依存したいという要求の双方が葛藤し，親に反発するいわゆる第二反抗期の時期である。

教師と生徒の関係においては，思春期以前は，教師がリードするというかかわりが中心となっていたが，思春期以降は子どもの自主的な意見表明を促し，それを受け入れるかたちで教師が応答するというような相互的なコミュニケーションに転換していく。教育相談でも，生徒の発言に手応えのある反応を返しつつ，発言に含まれたメッセージを汲み取るような向き合い方が求められる。問題行動も単なる未熟な行動ではなく，思春期の自立の課題をふまえて前に進もうとして進み切れない「もがき」として受け止めることも必要である。

（3）高等学校

青年期のはじまりの時期で，思春期の親に反発する時期が落ち着きはじめ，親の影響下で成長してきた存在から，自らが自分の人生を形成していく主体に転換し，社会に移行していく時期である。親との距離を取り，自分自身と向き合うようになる時期でもある。進学，就職，一人暮らしと次々に新しい世界に進むことを余儀なくされる時期で，これまでうまく機能していた適応方法や防衛機能が立ちゆかなくなり，不適切な行動やさまざまな症状として現われることもある。

したがって，この時期の教育相談は，生徒自身のアイデンティティにかかわる問題や不適応的な問題が扱われることが少なくない。自分自身が主体として歩みはじめる生徒にとって，教師はより身近なロール・モデルとして映り，生徒に大きな影響を及ぼす存在となることを自覚しておかなければならない。社会に踏み出す時期を目前に控え，不安に満ちた気持ちをかかえた生徒の心を受け止め，生徒が問題を乗り越えていけるよう，その力を信じ，生徒が自らの力を発揮できるよう支援していくことが教師に求められる。

3）カウンセリングの技法に学ぶ子どもとの接し方

学校における教育相談では，教師がカウンセリングの基本理念を学び，カウンセリング・マインドをもって子どもと接することが求められる。

来談者中心法の創始者であるロジャース（Rogers, C.R., 1966）は，カウンセリングにおいて建設的な人格変化が生じてくるためにカウンセラーがとるべき基本的な姿勢として，①自己一致・純粋性，②無条件の肯定的配慮，③共感的理解の3つの条件を提示している。

---

①自己一致・純粋性

カウンセラーが自分自身の感情や態度，気分などを否定したり歪曲したりすることなく十分に意識し，自分自身の気持ちに正直であるということである。そのうえで，十分慎重な配慮のもとでその感情体験をクライエントに伝え，クライエントの理解に役立てるような適切な対処をとることである。

②無条件の肯定的配慮

カウンセラーの期待や価値観に沿ったクライエントの言動のみ受け入れるのではなく，クライエントの体験のあらゆる側面を受け入れ，クライエ

> ント独自の体験として関心をはらい尊重していく姿勢を示している。
> ③共感的理解
> 　カウンセラーがクライエントの内的世界を自分自身のものであるかのように追体験しようと努力し，クライエントの見方や感情をできるだけ正確に把握しようとすることである。

　教師がこのような3つの条件をすべて満たすことが必要なのではなく，これらの条件を満たすように努力する姿勢が重要であり，その姿勢が子どもたちに伝わることで子どもたちは教師を信頼し，励まされ，自己理解を深め，気持ちを語るようになるのである。そして，このような姿勢を意識し，児童生徒を理解しようとする感じ方，考え方，態度がカウンセリング・マインドである。

　具体的なカウンセリングの技法としては，以下のような基本的な応答の方法がある。

> ①傾聴：クライエントの話に関心を示し，しっかりと耳を傾け相づちうちながら聴くことである。
> ②繰り返し：クライエントが語る内容をクライエントが用いたことばに忠実に要点を押さえて繰り返すことである。
> ③感情の反射：クライエントが体験している感情を，カウンセラーが言語化して伝えることである。
> ④明確化：クライエントが混乱していて話の内容が整理されていない場合に，カウンセラーが「それは～ということでしょうか」などのかたちで，話の意味や内容を明確にすること。
> ⑤質問：クライエント理解を深めるために詳しく語ってもらうことが必要な場合には質問をする。質問には「はい」「いいえ」で答える閉ざされた質問と，自由に語ることができるような開かれた質問があり，これをおりまぜながら質問をする。
> ⑥要約：クライエントが多くのことを語り，話が複雑になってきたときにその内容を整理しまとめて伝えることである。

　教師は，以上のようなカウンセリングについての知見からヒントを得ながらも，カウンセラーとしてではなく，あくまでも教師としてカウンセリング・マインドをもちながら子どもとかかわることが重要である。

4）子ども理解の基本
①発達的視点から

　子どもは，乳幼児期から学童期，思春期，青年期と重要な他者（significant people）とのかかわりを通して，自分を知り自分と向き合いながら成長していく。したがって，子どもを理解するためには，「発達的視点」と関係性のなかでとらえる「多面的視点」が必要である。

　子どもは，幼いほど自分のかかえている悩みや葛藤をうまく言語化することができず，身体化，行動化することで問題を表出する。たとえば，学校に行きたくないという気持ちをもった子どもが，朝になると腹痛や発熱を訴えたり，困難な環境にある子どもが学校で乱暴に振る舞うというようなことがある。

　学童期以降は，子どもたちは仲間のなかで秘密を共有し，仲間意識をもつようになり，そのなかでの自分の存在価値やプライドを大切にするようになる。そして，友だちとのトラブルや悩みなどを徐々に親や教師には話さなくなり，自分のなかでかかえ込んでしまうことが多くなる。この時期は，悩みや問題があることが恥ずかしいことというとらえ方をする児童が多く，実際には困っていても友だちにも親や教師にも言えないという状況にある子どもも少なくない。明るく元気にしていることがよいことで，落ち込んだり暗い表情をしていることは悪いこと，「ネクラ」などといわれ，いじめの対象になったりすることもある。

　中学校，高等学校では，思春期から青年期を迎え，親が良かれと思って敷いたレールを相対化し，自分の意思を主張するようになる。「ありたい自分」「あるべき自分」「現実の自分」など，自

分自身のなかに葛藤が生じ，同時に家族，友人，異性，進路といった他者や社会との関係も重なり，悩みや葛藤が深まる。そして，悩みや葛藤が深いほど，簡単に言語化することができず，他者にも話しにくくなる。

このように，子どもたちは，各発達段階において，その段階に特有な状況や関係性のなかで，自分の悩みや葛藤を，とくに学校ではなかなか言語化することがむずかしい状況にある。教育相談活動では，教師はこの現状をふまえながら，表面に現われている問題だけに着目するのではなく，子どもの心の深い部分の声を聴くようなかかわりをもつことを心がけなければ，子どもを理解することはできない。教育相談活動では，教師がただ「待つ」ことだけではなく，子どもに関心をもち積極的に気にかけること，負の感情を聴き取ること，自分自身の気持ちを語ることで，双方向の人間関係を構築し，子どもを理解するという実践活動が求められている。

②不適応的問題という視点から

児童生徒の心理的・身体的あるいは発達的問題は，「不登校やいじめ，非行，発達障害というような具体的問題として明確に表われてくる場合」「児童生徒から直接訴えられる場合」「教師が日常の行動観察や児童生徒の答案，提出物などを通して発見する場合」「ほかの教師や保護者から報告され気づく場合」などがある。

教師は，児童生徒の不適応的問題をできるだけ早く発見し，問題が複雑かつ困難になる前に教育相談で指導，援助し対応していくことが必要であるが，そのためには教師の的確な観察力が求められる。教師は，授業場面だけでなく，日ごろから学校生活のさまざまな場面で児童生徒とかかわり，授業場面ではわからない側面を知るように努めたい。また，アンケートや心理テスト（Q-Uテストなど）を活用して個々の児童生徒の様子や，

児童生徒の不適応的問題の早期発見のポイント

学業成績の変化	気持ちが勉強から離れ，集中できない
言動の急変	反抗的になる，話さなくなる，遅刻・早退が多くなる
態度，行動の変化	表情の変化，落ち着きがない，けがの頻発など
身体的変化	頻尿，頭痛，腹痛，原因不明の発熱など
提出物での表現	作文，絵，答案などに気持ちが表現される
その他	ほかの教師，保護者との信頼関係を築き，情報を得る

クラス全体の状況を把握したり，話し合いやロールプレイなどで児童生徒に実際に考え体験してもらうことで不適応的問題を明確にすることも，教師の教育相談活動には重要である。

（参考文献）
河合隼雄『臨床教育学入門』岩波書店，1995年
村山正治『カウンセリングと教育』ナカニシヤ出版，1992年
尾崎勝・西君子『カウンセリング・マインド―子どもの可能性をひき出す教師の基本姿勢』教育出版，1984年
河合隼雄『カウンセリングの実際問題』誠信書房，1970年
ロジャーズ，C. R. 伊藤博編訳『ロジャーズ全集 第4巻 サイコセラピィの過程』岩崎学術出版，1966年
春日井敏之・伊藤美奈子編『よくわかる教育相談』ミネルヴァ書房，2011年
大河原美以『怒りをコントロールできない子の理解と援助』金子書房，2004年
一丸藤太郎・菅野信夫編著『学校教育相談』ミネルヴァ書房，2002年
伊藤美奈子『思春期の心さがしと学びの現場』北樹出版，2000年

第5章　教育実践の課題

複雑化する社会において，日本の未来を担う子どもたちの教育の重要性が今まさに問われている。
こうした状況において教育と向き合う教師をとりまく社会的状況は大変厳しく，学力低下やいじめ問題など多種多様な教育課題が生まれている。その解決のために，教師には高度な指導力が求められ，教師を養成する段階から，どのような資質や能力を備えておくべきなのだろうか議論されてきた。免許更新制の導入や「教職大学院」の創設，大学での「教職実践演習」の新設による教職課程の質的水準の向上などが示されたのはその現れである。教員養成の改善策が検討され，抜本的な見直しが始まっている今，真の教師と認められるよう大学の学びを振り返り，自分の課題を見つけ，自らの到達目標を設定し，資質や能力の向上に取り組むことが重要である。

1．教職実践演習

■ SUBJECT ■

教師は，ほかの職種よりも高い倫理性を要求されている。世間から厳しい目で見られ，教師全体に対するコンプライアンスの徹底が求められるのはどうしてなのだろうか。

1）教職実践演習の趣旨

教職実践演習は，教職課程履修の総括科目として4年次後期に必修科目として配置され，教員養成段階で習得すべき教員として必要な知識技能・資質能力がどのように獲得できたのかを確認し，補完するための授業である。文部科学省は，教職実践演習の趣旨を次のように述べている。

> ○教職実践演習は，教職課程の他の授業科目の履修や教職課程外での様々な活動を通じて，学生が身につけた資質能力が，教員として最小限必要な資質能力として，有機的に統合され，形成されたかについて，課程認定大学が自らの養成する教員像や到達目標に照らして最終的に確認するものであり，いわば全学年を通じた「学びの軌跡の集大成」として位置づけられるものである。学生は，この科目の履修を通じて，将来，教員になる上で，自己にとって何が課題で
> あるのかを自覚し，必要に応じて不足している知識や技術等を補い，その定着を図ることにより，教職生活をより円滑にスタートできるようになることが期待されている。
> ○このような科目の趣旨を踏まえ，本科目には，教員として求められる以下の4つの事項を含めることが適当である。
> 　①使命感や責任感，教育的愛情等に関する事項
> 　②社会性や対人関係能力に関する事項
> 　③幼児児童生徒理解や学級経営等に関する事項
> 　④教科・保育内容等の指導力に関する事項
> ○また本科目の規格，立案，実施にあたっては常に学校現場や教育委員会との緊密な連携・協力に留意することが必要である。

教育の世界では，初任者も熟練の経験者でも，教室では同じ教員である。戦前の教員養成を代表する師範学校では，卒業後すぐに教壇に立てるよう実践的な教育が行われていた。戦後は，文部科学省で課程認定を受け認可された大学で教員免許を取得し，専門的知識と広い教養ををもった教師が養成されてきている。しかし，複雑化した社会の変化に伴い，多くの教育課題が生まれ，その課題を現履修体制では克服することが困難な時代になってきている。そこで，教育職員免許法改正（2006年）により2010年度の入学生対象のカリキ

ュラムから「教職実践演習」が必修化された。4年間の履修状況をふまえ，教員としての資質や能力を確認し，必要な知識や技能を補い，その定着を図ることが必要不可欠となっている。

　今，教育界では，即戦力が求められるが，学生は，教育実習および学校ボランティアなどを経験する以外は机上の学習であり，4月に教員として，赴任したときには，その知識だけでは十分な教育活動はできない。先輩教員からの学びが大きな力となる。教師の力量は「研修」を通じて形成され，授業観，子ども観，教育観などの転換や変化があり学び続ける教師として成長していくのである。

　学生は，教職課程を学ぶ4年生後期に位置づけられた「教職実践演習」を，「自らがもっている資質や能力を最大限に磨く」学びの機会としてとらえることが重要である。

2）教職実践演習の到達目標

　教員として求められる4つの事項について文部科学省では，「到達目標及び目標到達の確認指標例」として次の表のようにあげている。

　教員として求められる4つの事項は，最小限必要な資質能力を示している。大学で学んだ専門教科の専門的知識を熟知していても，また教職科目などで学んだ児童生徒の発達の過程や行動の様子，あるいは授業での指導方法を理解していて

含めることが必要な事項	到達目標	目標到達の確認指標例
①使命感や責任感，教育的愛情等に関する事項	○教育に対する使命感や情熱を持ち，常に子どもから学び，共に成長しようとする姿勢が身に付いている。 ○高い倫理観と規範意識，困難に立ち向かう強い意志を持ち，自己の職責を果たすことができる。 ○子どもの成長や安全，健康を第一に考え，適切に行動することができる。	○誠実，公平かつ責任感を持って子どもに接し，子どもから学び，共に成長しようとする意識を持って，指導に当たることができるか。 ○教員の使命や職務についての基本的な理解に基づき，自発的・積極的に自己の職責を果たそうとする姿勢を持っているか。 ○自己の課題を認識し，その解決に向けて，自己研鑽に励むなど，常に学び続けようとする姿勢を持っているか。 ○子どもの成長や安全，健康管理に常に配慮して，具体的な教育活動を組み立てることができるか。
②社会性や対人関係能力に関する事項	○教員としての職責や義務の自覚に基づき，目的や状況に応じた適切な言動をとることができる。 ○組織の一員としての自覚を持ち，他の教職員と協力して職務を遂行することができる。 ○保護者や地域の関係者と良好な人間関係を築くことができる。	○挨拶や服装，言葉遣い，他の教職員への対応，保護者に対する接し方など，社会人としての基本が身についているか。 ○他の教職員の意見やアドバイスに耳を傾けるとともに，理解や協力を得ながら，自らの職務を遂行することができるか。 ○学校組織の一員として，独善的にならず，協調性や柔軟性を持って，校務の運営に当たることができるか。 ○保護者や地域の関係者の意見・要望に耳を傾けるとともに，連携・協力しながら，課題に対処することができるか。
③幼児児童生徒理解や学級経営等に関する事項	○子どもに対して公平かつ受容的な態度で接し，豊かな人間的交流を行うことができる。	○気軽に子どもと顔を合わせたり，相談に乗ったりするなど，親しみを持った態度で接することができるか。

		○子どもの発達や心身の状況に応じて、抱える課題を理解し、適切な指導を行うことができる。	○子どもの声を真摯に受け止め、子どもの健康状態や性格、生育歴等を理解し、公平かつ受容的な態度で接することができるか。 ○社会状況や時代の変化に伴い生じる新たな課題や子どもの変化を、進んで捉えようとする姿勢を持っているか。
		○子どもとの間に信頼関係を築き、学級集団を把握して、規律ある学級経営を行うことができる。	○子どもの特性や心身の状況を把握した上で学級経営案を作成し、それに基づく学級づくりをしようとする姿勢を持っているか。
④教科・保育内容等の指導力に関する事項		○教科書の内容を理解しているなど、学習指導の基本的事項（教科等の知識や技能など）を身に付けている。	○自ら主体的に教材研究を行うとともに、それを活かした学習指導案を作成することができるか。 ○教科書の内容を十分理解し、教科書を介して分かりやすく学習を組み立てるとともに、子どもからの質問に的確に応えることができるか。
		○板書、話し方、表情など授業を行う上での基本的な表現力を身に付けている。	○板書や発問、的確な話し方など基本的な授業技術を身に付けるとともに、子どもの反応を生かしながら、集中力を保った授業を行うことができるか。
		○子どもの反応や学習の定着状況に応じて、授業計画や学習形態等を工夫することができる。	○基礎的な知識や技能について反復して教えたり、板書や資料の提示を分かりやすくするなど、基礎学力の定着を図る指導法を工夫することができるか。

出所：中央教育審議会答申「今後の教員養成・免許制度の在り方について」2006年

も、教員としての実践力を身についているとはいえない。教育現場においては、多様な児童生徒や課題が絶えず流動しており、机上の論理とは必ずしも一致しない。そこで、大学で学んだ種々の専門知識を統合し、実践過程において活用できる判断や意思決定力が問われるのである。そのためには、学生が自らの学習のあり方について自己評価するとともに、大学側でも学生一人ひとりの学習活動と教育内容について評価する4年間の教職課程ポートフォリオが求められる。

教職課程ポートフォリオには、専門教科や教職専門科目などそれぞれ何を学び、課題は何だったのかを記録した教職課程履修カルテが不可欠である。

3）教職課程履修カルテの作成

教職実践演習の履修にあたっては、その履修前までに「教職課程履修カルテ」（以下履修カルテ）が完全に記入済みであることが求められる。

履修カルテは学んだことや学習の振り返りを記録した成果資料を蓄積したものである。

各学年の教育課程における年度ごとの目標設定や総合的な振り返り、履修教科や教育実習、介護体験、学校ボランティアなどの自己点検・自己評価等の必要事項を着実に記入してはじめて、履修カルテとなる。

4）教職課程履修カルテの活用

履修カルテは、教員志望者の1～4年次にわたる教職課程の履修状況などの記入から知識技能・資質能力を把握するために、主に4年次の後期に履修する教職実践演習の教材として用いられる。

しかし、1～3年次の各年次においても、教職関係の授業で提出を求められたり、教職課程の指導のなかで「履修カルテ」の記入内容について確認されることがある。

各自の目標設定や振り返りのシートから、教職実践演習の到達目標、到達目標の確認指標例と照らし合わせ、「教員として必要な知識技能・資質能力」の成否を問うことが成長につながる。

2．教育実践力

■ SUBJECT ■

教師となり現場にたったとき，あらゆる教育課題にぶつかる。しかし，現実には教師個々の対応だけでは解決にいたらないと聞いている。そのためには，どのような実践力をつけておく必要があるのだろうか。

1）学習指導力

教員の本務は授業を行い子どもたちに「確かな学力」を保障することである。

学校教育法第30条2項に学力の要素が明記された。

そこに求められているのは，教師が一方的に教え込むのではなく，子どもたちの「学習への関心・意欲を高め」ながら，自ら課題を見つけ，課題解決に必要な「思考力・判断力・表現力その他の能力」を育み駆使しながら意欲的に学び続けることにより，「学び方や知識・技能」を身につけ，自らの生き方を切り拓けるように指導する力である。そのような学力を保証する力が「学習指導力」（授業力）であり，教師には，授業力の向上を常に図ることが求められている。

（1）授業の基盤である児童生徒理解

授業の主役は子どもである。子どもを理解せずして授業は成立しない。日々の授業の具体的な姿から学習の定着度，克服すべき課題など子どもたちの現状を受け止めることが重要である。

また，あらゆる教育活動を見通して子どもたちのおかれている状況を共感的に受け止め，それを授業に生かしていくことである。

（2）教材理解

教材内容の把握と理解には，学習指導要領をしっかり読み取ることだ。学習を見通して教材の系統性，指導すべき内容と教材の整合性を把握することである。

指導計画を立てる際には，次のことをポイントとしたい。

・目標と活動と内容，評価の整合性
・指導者自身の教材に対する関心・意欲
・興味関心を引き出す子ども目線の計画
・つまずきやすい箇所の把握

（3）確かな指導

確かな指導法については，授業の組み立てや学習形態，板書，指導と評価の一体化があげられる。

①学習場面ごとの授業の組み立て
・課題を設定する導入場面
・課題に迫るための学習方法の検討場面
・解決過程での学びや思いを交流する場面
・学んだことを今後の学習に生かす場面

②個に応じた指導
・一斉指導のなかで個別の指導の工夫
・実態に対応した少人数指導等の工夫
・学習内容の習熟の程度に応じた指導
・ワークシートなどの工夫（補充・発展）

③発問や板書の工夫
・関心・意欲を高める発問
・思考を揺さぶり，深める発問
・発言を促す工夫（メモの活用）
・導入，展開，まとめの計画的な板書
・思考を支える工夫（配置，色チョーク）
・板書文字の正確さ

④指導と評価の一体化
・発言や机間指導による学習進度の把握
・躓きを克服するための具体的な手立て
・個別指導やグループ別指導の充実

（4）年間を見通した学習集団の構築

確かな授業づくりを進めるためには，4月にスタートした「学級」を「学びの集団」に高めていくための計画的，系統的な取り組みが大切である。

①学びのしつけ

4月当初に話し方や聞き方に対するルールづ

くりに最重点をおき，まずは，思いや考えを言える学級の雰囲気づくりをすることである。また，自分の思いや考えを筋道を立てて聞き手に伝えたり友だちの話から自分の考えをもって質問したりするために，どのように発言や質問をすればよいかなどの具体的な話型を指導していくことも重要である。

②学びの集団

　授業の終わりに感想や振り返りなどをノートに書かせ，自己評価していくことである。

　自己評価を生かすことにより，子どもたちが学習意欲をもって，学級集団のなかで自分の考えを明らかにし，話し合いが活発になり学びの集団が高まっていくのである。

(5) 授業づくりへの積極的参加

子どもの学びの支援は，実践から学ぶものである。学校現場では，指導力向上のための研修研究の機会がある。

①校内研修

　校内の研修は，毎年テーマを決めて行われている。先輩の授業から発言の引き出し方，語調，板書，教材など多くを学び，自分の授業に取り入れることである。よい授業は，教科を問わず，子どもが主体的に学んでいる姿が見える。

②行政研修

　教育委員会主催による初任者研修など，多様な研修が実施されている。他校の教員と交流を深め，自分を磨くことである。子どもをとりまく環境や学校規模のちがいなどから多くの発見がある。

③自主研修

　各自治体には，教職員が組織した任意の教科研究会がある。この研究会は全国大会にもつながり，多くの出会いがある。自分の教科の指導法を学んだり深めたりすることができ，新たな指導法や授業分析など学ぶ機会が多い。

2) 児童生徒指導力

　学校現場には，いじめや暴力行為，不登校をはじめとする児童生徒に関するさまざまな状況がある。教師はその課題を真摯にとらえ，児童生徒の心の問題としての対応だけでなく，未然防止や予防などの対策に取り組んでいる。

(1) 基盤となる児童生徒理解

　児童生徒はそれぞれちがった能力・適性，興味・関心などをもち，生育環境も将来の進路希望なども異なる。そのため，多面的・総合的に理解していくことが重要である。日ごろから一人ひとりの言葉に耳を傾け，その気持ちを敏感に感じ取ろうという姿勢が児童生徒との信頼関係を築くことになる。

(2) 対　応

　問題行動が起きたときには，その背景をしっかり探ることである。担任一人でかかえ込むのではなく，組織で対応していくことである。児童生徒や保護者の話をじっくり聞き，必要に応じて，カウンセラーや警察などの関係機関につなぎ，児童生徒の心のケアに努めていくことである。

(3) 未然防止と予防

　日ごろから，学習活動においても落ち着いた授業が受けられる望ましい学習集団を築くことが大切である。

　創意工夫のある学習指導に心がけ，指導や叱責・罰則などによって問題となる行動が抑制されるという考えから，一人ひとりのよさや可能性を引き出し，自己有用感，存在感などをもって自ら判断しよりよい行動ができるという教育観や指導観をもつことが未然防止と予防につながるのである。

3) コーディネート力

　近年，さまざまな課題に直面し，解決策を見いだせないまま，教職を退いていく教師も少なくない。このようななか，教師には社会性や対人関係能力が求められている。人と人とをつなげる力，

つまりコーディネート力である。

(1) コーディネート力を育むために

コーディネート力を身につけるには，実態をありのままに受け入れることが必要である。

保護者や同僚など双方の価値観を受け入れ，他者と十分にコミュニケーションがとれる力，情報を発信するだけでなく，相手の趣旨を傾聴し，そのうえで十分に対話できる力，よりよい人間関係をつくれる力をつけることだ。

(2) 学校現場からの学び

学校ボランティアや教育実習，学校体験など学校現場で，指導上の問題や疑問に直面することがある。自らの経験を1つのケーススタディーとして先輩教員からの学びや大学の先生にも相談し，理論的な解釈や解決のための裏づけを求めることがコーディネイト力をつけることにつながる。

4) マネジメント力

教師は，学級の状況を把握し，その実態に即した方法で学級経営を進めていくことは子どもが安心して豊かに学校生活を過ごすことにつながる。また，学校も組織体であり，各自が校務分掌で示された校務を分担し，運営されている。その実施にあたり教師としてのマネージメント力が試される。

(1) マネジメント力とは

マネジメントとは，組織の目的を効率的に達成するために，組織の維持・発展を図ることである。教育活動では教育効果を高めるために，子どもたちの学びや人間関係の実態，それらに対する一人ひとりの意識を的確に現状把握し，必要な活動を計画・実践していく経営方法といえる。

その際の経営力がマネジメント力といえる。

(2) マネンジメント力の基盤は

学校は，成長しつづける子どもが対象であり，その成長を支援するために教育活動が行われている。そこで，子どもを分析し，計画を立て学級経営を実践していくことが重要である。そのためにはしっかりと子どもを把握する力が必要である。学校生活全般で，子どもの姿を見取る力をつけることだ。それが児童生徒理解につながり，そのことを基盤に学級の経営がスタートする。

(3) マネジメント力を生かすには

学級は学校組織にとって非常に重要で大切な役割を果たしている。しかし，学級担任の「思い」だけでは学級経営は成立しない。各学級担任は，学級経営案を作成し，実践し，それを振り返り，次年度に反映することを求められる。

そこで，以下に示すPDCAサイクルの考え方を学級経営にも取り入れていくことだ。

○学級経営の明確なビジョンをもって，学級経営案を作成（学級経営計画：PLAN）
○学級経営案をもとに，個や集団に働きかける（学級経営の実施：DO）
○実践の成果と課題の要因はどこにあるのか，しっかりと評価（実施状況の評価：CHECK）
○「実践→診断・評価」に基づいて改善（改善：ACTION）

ACTION ― PLAN ― DO ― CHECK

●実習の窓●

新米教師のつぶやき▶▶▶ 体力をつける…この仕事は本当に体力勝負だと思います。雑務に追われ，「ようやく明日の授業準備ができる！」と思ったらもう19時，20時…というのも珍しいことではありません。私は大学4年間ゆったりと過ごし，毎日9時間の睡眠でした。そのギャップが大きかったので，採用前に生活リズムを整え，体力もつけておけば良かったな！

書き順の練習…漢字やひらがな，カタカナの書き順，表記は本当に正しいですか。大学の黒板を借りて，大きな字で字の練習をしてください。「あー」なんて書いてないよね。「ああ」が正しいよ。

いろいろな先生の教室を手本にしよう…教室環境は悩みます。たくさんの教室をのぞき，掲示物の写真や掲示の仕方のヒントをもらっています。掃除当番表や給食当番などどうやって知らせているのか。掲示って，とても大切で，むずかしいです。

第6章　学習指導案

毎日の授業は，教科書に沿って行われているわけではない。教師は，学習指導要領をもとに作成された自校の指導計画を参考に学級の子どもの実態に合わせて，教材を考えたり，導入を考えたりして，授業を組み立て実施しているのだ。それが学習計画であり，文章化されたものが学習指導案である。

1．学習指導案とは

■ SUBJECT ■

教育実習では，学級に配属され，授業を必ず実践する。教師は，授業が命だからである。その際，学習指導案を求められる。
教育実習中に学習指導案をいくつ書くのだろうか。また学習指導案は，どのように書いたらよいのだろうか。

1）学習指導案を書こう

学習指導案は，授業で学習の目標を実現するために学級の実態のとらえ，用いる教材，単元の構成，指導の展開などを盛り込んだ学習計画である。

学習指導案の内容を見れば，この授業の目標は何なのか，そのために教材をどう解釈し，児童生徒の実態から授業をどのように組み立て，どのような子どもの姿に育てたいのか教師の思いが伝わってくる。それほど重要な学習計画だ。

教育実習では，いくつかの教科の授業を任せられる。自分が担当する単元については，事前に確認し，実習前にできるだけの教材研究をしておこう。その単元の授業をするにあたり必ず授業研究が行われ，詳細な学習指導案を作成することになる。そのための準備として，ここでは学校によって差異はあるが基本的な学習指導案の書き方について説明する（巻末資料を参照）。

まず項目は「○○科学習指導案」とし，その右下に指導教員（名称は学校ごとに異なる）・授業者を明示する。次に，指導する日時，学年・組，児童生徒数，単元名，単元目標，単元について，評価規準，指導計画，本時目標，本時の展開となる。

2）指導案作成の留意点

各項目のなかでとくに留意する点は，一般的に次のようになる。

（1）単元目標

この単元ではどのような学習活動を通して，どんな力をつけるかということを書く。教科などによって目標に特色があるが，学習指導要領を参考にするとよい。

（2）単元について

学校によって書き方に多少のちがいはあるが，概ねこの単元に込めた教師の願いと学級の実態を記述する。

「教師の願い」とは，教材解釈からこの単元の実践を通して育てたい児童生徒の姿やそれを実現するためのどのような活動を取り入れたかの思いである。

「学級の実態」は，まず4月から学習を積み重ねてきた学びの姿や理解力などの実態を担任である指導教員に尋ねることだ。そして，その実態をもとに，この単元を組み立てる際に配慮すべきことやさらに伸ばしたいことなどを「学級の実態」として記述する。

（3）評価規準

2001年改訂指導要録において，「目標に準拠し

た評価」が取り入れられた。そのため，評価にあたっては，観点別評価規準が用いられている。「評価基準」でいう到達度目標の記述ではなく，学習の姿で表されている。これについては，国立教育政策研究所教育課程研究センターから出されている「評価規準の作成のための参考資料」を用いるとよい。

評価の活用にあたっては，指導計画や本時の展開に「評価方法や評価の観点」を示し，それをもとに評価を行うと，総括的評価が明確になる。

(4) 指導計画

単元の導入からまとめまでの学習の流れである。教材研究をふまえ，児童生徒の思考の流れを想定し，「学び」が連続する活動を時間ごとに示した計画である。

(5) 本時目標

本時で，どのような学習活動を通して，どのような児童生徒に育てたいかということを簡潔に示す。

(6) 本時の展開

導入をどうするか。それを受けてどう展開し，押さえるべき指導事項は何かなど学習活動や内容を記述する。さらに，その活動において，児童生徒の思考を促すために教師が支援すべきことや留意点また評価の観点，評価方法などを記述する。

●実習の窓●

▶▶▶子どもが生きる授業をつくる 「いいから，今から家に来なさい」。学習指導案作成に行きづまり，同学年の先輩に電話で相談したときのことです。

ご家族がお休みになっている時間だというのに，厚かましくもお邪魔しました。そこで，いかに自分の教材の読み取りが浅いか，子どもの姿をイメージできていないかを思い知らされました。延々と自分の考えを聞いてもらいながら指導案を練り，何とか形になったのは明け方のことでした。

そのときの授業も決して誉められたものではありませんでした。しかし，このときの先輩の熱意，親身な指導が，形式だけを整える指導案から，子どもが生きる授業をどう構成するか，私の指導案づくりに対する姿勢が大きくかわるきっかけとなりました。

視聴覚機器を活用した実習授業

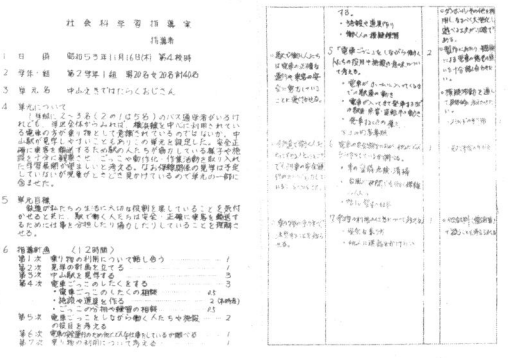

手書きでガリ版刷の1970年代の学習指導案

幼稚園　部分実習指導案

指導教諭　　　　　印

教育実習生　　　　印

1. 平成　年5月　日（　）　10時20分～10時45分
2. 　　幼稚園5歳児　組（男15名，女14名，計29名）
3. 幼児の実態
   - 新しいクラスの生活に慣れてきているが，不安や緊張を感じている子どももいる。
   - 集団で遊ぶことを楽しむ子どもが多い。
   - 互いの主張がぶつかり，考えが伝えられず，友だち同士トラブルになることもある。
4. 本時のねらい
   - 「みんなで遊ぶことの楽しさ」を実感する。
5. 教材について
   （1）紙芝居「まねっこともだち」
   - 紙芝居「まねっこともだち」は，友だちの真似をすることで一緒に遊ぶことの楽しさを実感する内容である。子どもは，友だちと同じことをしたり，同じものを身に付けたりすることを好む。その実態を描いた作品といえる。

   （2）手遊び「はじまるよ」
   - 活動を始める際に行う手遊びである。活動が始まることへの期待が歌詞に込められており，クラス全員で手遊びをしつつ，気持ちを落ち着け，次の活動に集中していくことができると考えられる。

   （3）手遊び「静かな森の中」
   - ストーリーのある手遊びであり，5歳児のこの時期だからこそ友だちとともに楽しめるのではないかと考える。少しむずかしい面もあるが，ペープサートを活用することでわかりやすくし，5歳児の挑戦したい意欲を高めていく。

   （4）ペープサート
   - 実習に際し，あらかじめ実習生が作成したペープサートである。手遊び「静かな森の中」の登場人物をペープサートを活用して登場させることで，手遊びのストーリー展開を視覚的に見せていく。また，5歳児であるので，活動終了後，子ども自らペープサートを作成することも予想される。子どもがペープサートを作成した場合は，それらも活用しながら今後の活動を展開する。

6. 環境について
   〈ピアノ〉

   【保育者】（子どもを見渡せるように椅子に座る）

   【幼　児】（保育者の紙芝居が見える場所に座る）

7．展開（部分実習指導案）

時間	予想される幼児の活動	指導上の留意点
10：20	○実習生の前に集まり，床に座って話を聞く。 ・興味をもって聞く。 ・「早く，早く」など，待てずに声が出る。 ・集中できずに，ぼんやりしている。 ・友だちと話したり，周りの子にちょっかいを出したりする。	○子どもたちに，本活動のねらいが伝わるよう「友だち」という言葉を伝える。 ・子どもたちが自分の状況と重ねて話を聞けるよう，当日の姿と関連づけて話す。 ・話を聞いていない子どもがいる場合は，目を見て，「○○ちゃんも，あとでクイズ出すから聞いててね」と声をかける。
	○手遊び「はじまるよ」をする。 ・楽しくリズムに乗って手遊びをする。 ・あまりやる気がないが，一応皆に合わせてする。 ・手遊びを行わず，ほかのことに意識が向いている。 ・友だちとふざける。	○子どもたちをしっかり見て，手遊びを始める。 ・実習生みずから，楽しそうに，手遊びを始める。 ・子どもたちの表情を見ながら手遊びを行い，目を合わせながら，皆が集中するよう援助する。 ・集中していない子どもや，ふざけている子どもがいる場合は，「○○ちゃん，やるよ！」と言って話しかけ，注意を向けるよう促す。 ・声色を変えたり，テンポを変えたりすることでメリハリをつけ，楽しい雰囲気にする。 ・終わり方をアレンジして，変化をつけ，子どもの注意をひく。
10：30	○紙芝居「まねっこともだち」（新沢としひこ・脚本，長谷川義史・絵，童心社）を見る。 ・興味をもって見る。 ・紙芝居に集中せず，ほかのことに意識が向いている。 ・クイズに答える。 　「楽しそうだったから」 　「まねが好きだったから」	○紙芝居「まねっこともだち」を読む。 ・台詞が多いので，気持ちを込めて読むことで，登場人物の気持ちを伝えていく。 ・集中しない子どもに対しては，目を合わせるようにして読んでいく。 ・紙芝居を振り返ることで，みんなで遊ぶ楽しさに気づかせるようにする。 「♪クーイズクイズ，なーんのクイズ♪」「どうしてじゅんくんは，としくんのまねっこばかりしたのかな？」というように，クイズ仕立てで問う。質問は少なく，簡潔に行う。
10：40	○手遊び「静かな森の中」をする。 ・実習生の話を聞き，手遊びに興味をもつ。ペープサートを見ながら，手遊びに挑戦する。 ・友だちと話したり，ふざけたりして，手遊びに集中しない。	○手遊び「静かな森の中」をペープサートを活用しながら行う。 ・初めての手遊びのため，ゆっくりと，子どもの実態を見ながら展開していく。 ・ペープサートを活用しながら，臨機応変に子どもに話しかけ，手遊びのおもしろさに気づかせていく。

幼稚園　一日実習指導案

　　　　　　　　　　　　　　　　　　　　　　　　　　　指導教諭　　　　　　印
　　　　　　　　　　　　　　　　　　　　　　　　　　　教育実習生　　　　　印

1．平成　年6月　日（　）
2．　　幼稚園5歳児　組（男14名，女15名，計29名）
3．幼児の実態
　・お店やさんごっこや魔女ごっこなど，イメージのあるごっこ遊びや，鬼遊び，木工遊びなど，やりたい遊びを見つけて3～4人の友だちと遊び始めることが多い。イメージしたことを友だちや教師に知らせ，遊びに必要な物や場をつくりながら進めている。
　・一輪車や跳び箱，鉄棒，シャボン玉液づくりなど，自分なりの課題をもって繰り返し挑戦したり，試したりする姿が見られる。しかし，うまくいかず，すぐに教師を頼ったり，あきらめそうになったりする姿も見られる。
　・ルールのある遊びを学級全体で楽しみ，勝敗があることにおもしろさを感じている子どもも多い。
4．本日のねらい
　・友だちにイメージや思いを伝えながら，遊びに必要な物をつくって遊びを進める楽しさを味わう。
　・いろいろな道具や素材を使って，試したり工夫したりして遊ぶ満足感を味わう。
　・七夕に興味をもち，願い事を描いて飾る。
5．教材について
　（1）七夕短冊づくり
　・七夕の話しを聞いたあと，願い事を考えて短冊づくりを行うようにする。短冊（多めに準備）は，あらかじめ画用紙を切って用意しておく。5歳児6月の姿として，文字に関心をもっている子どももいると思われるため，絵で描いても文字で書いても扱いやすい細字マジックを準備しておく。
　（2）絵本「にじいろのさかな　うみのそこの　ぼうけん」（マーカス・フィスター著，谷川俊太郎訳，講談社）
　・にじいろのさかなが，海に落としてしまったキラキラうろこを探しに，海のそこへ潜っていく冒険物語。水に親しむ時期にふさわしい教材だと考える。
6．環境について
　（1）好きな遊び
　・子どもたちが，自ら遊びを選べるようさまざまな環境（おうちごっこ，魔女ごっこの場と役割に必要な材料，石鹸液づくりのための固形石鹸・液体石鹸，木工に必要な大きさの木片など）を準備しておく。
　・遊びの展開を見ながら，環境を再構成する援助も行う。
　（2）七夕短冊づくり
　・短冊づくりのときは，落ち着いて取り組めるよう，グループごとに机を出し，椅子に座ってつくるようにする。各グループに，短冊，細字マジックを配り，互いに関心を寄せながら短冊づくりに取り組めるよう配慮する。

7．展開（一日実習指導案）

時間	予想される幼児の活動	指導上の留意点
9：00	○登園する。 ・挨拶をする。 ・所持品の始末をする。 ・当番活動をする。 ○好きな遊びをする。 ・おうちごっこ，魔女ごっこ。 ・石鹸液づくり，色水遊び，木工遊び。 ・一輪車，固定遊具，跳び箱，鬼遊びなど	○一人ひとりの子どもと朝の挨拶を行い，その日の子どもの状態を把握する。 ・当番活動を忘れている子どもには，そっと声をかけて，気づくよう促す。 ○前日の遊びの状況を考慮して，環境を構成しておく。 ・個やグループでの遊びの状況を把握しながら，クラス全体の遊びの様子も把握する。
10：30	○片付け。 ・自分たちで使っていた遊具，材料などを友だちと片付ける。	・常に，安全面には留意する。 ○それぞれの遊びの場に声をかけていきながら片付けを促し，次の活動に期待をもたせていく。
10：45	○七夕の願い事を描く。 ・七夕の話しを聞く。 ・短冊に願い事を描く。 ・笹に短冊を飾り，友だちと見合う。	○七夕の行事について，素話で子どもたちに伝える。 ・短冊に願い事を描くように伝え，絵で描いても，文字で書いてもよいことを伝え，それぞれの表現を互いに認め合えるような雰囲気づくりに配慮する。
11：20	○弁当準備。 ・落ち着いて弁当の準備をする。	○弁当準備・食事・片付け。
11：40	○弁当を食べる。 ・食べるのにかかる時間は個人差がある。	・一人ひとりの様子を見て，クラス全員の子どもが準備できるよう援助する。
12：10	○弁当を片付ける。 ・食べ終えた子どもから，弁当を片付け，ゴミの始末をする。歯を磨く。	・食事にかかる時間は個人差が大きいので，個別に声をかけ，楽しく食事ができるよう援助する。 ・歯ブラシを口にくわえたまま歩いている子ども，保育室内を走る子どもに対しては，安全面への注意をする。
12：20	○好きな遊びをする。 ・七夕の笹飾りをつくる。短冊の願い事を見合う。 ・粘土，絵本を見る。 ・鬼遊び，一輪車，固定遊具など	○午前中の遊びの実態をふまえて，環境を準備する。 ・七夕の絵本を数冊，準備しておく。
13：10	○片付け・降園準備。 ・使っていたものを片付け，園服に着替えて降園準備をする。	○片付けに時間がかかる子どもたちから，片付けの声をかけていく。
13：30	○帰りの集まり。 ・当番の引き継ぎを行う。 ・明日の予定を聞く。	○本日の子どもの遊びの様子を伝え，明日への期待につなげていく。手遊びをして，子どもたちの気持ちを落ち着かせるよう配慮する。
13：40	○絵本「にじいろのさかな」を聞く。	○明日はプールに入るので，水やプールに興味をもつことができるよう読み聞かせる。
14：00	○降園する。	○一人ひとりの子どもと挨拶をする。

小学校（5年）国語科学習指導案

　　　　　　　　　　　　　　　　　　　　　　　　　指導教諭　　　　　　　印
　　　　　　　　　　　　　　　　　　　　　　　　　教育実習生　　　　　　印

1　日　　時　平成　年　月　日（　曜）　時
2　学校名・学年・組　　市立　　小学校　5年　組（自教室）
3　単元名　　伝記を読んで，自分の生き方について考えよう。（光村図書）
　　題材（教材）名　「百年後のふるさとを守る」
4　単元について　（しばしば誤解されるところなので，記述上の留意点を記す。）
　　単元観　（伝記を読み，自分の生き方について考えることについて，学習指導要領との関わり，本単元全体の構想を述べる。）
　　題材観　（単元の展開にあたり，題材「百年後のふるさとを守る」の適性を述べる。問題点があれば，指摘しておく。）
　　指導観　（児童が，単元や題材，計画している言語活動をどのように迎えるか，児童自身の問題意識や関心・意欲などについて，価値的なこと・技能的なことの概観を予想して述べる。教材研究の深浅が反映する。）

〈本単元を貫く言語活動〉
　○伝記のでき方について気づき，それぞれの伝記に合った読み方を工夫する。
　○同じ人物の伝記でも異なる感想や考えがわき，異なる人物の伝記でも同じような感想や考えがあるというような，さまざまな読み方や感想を交流する。
　○同じ人物の伝記も筆者によってとらえ方や書き方が異なることに気づき，自分の生き方について考える糧にする。

5　単元の目標
　①「伝記」の特色を知り，人物の生き方や考え方を，自分と関連させながら読むことができるようにする。
　②読んで心に残ったことや考えたことを，文章にまとめることができる。
　③様子を表す言葉，動きを表す言葉に着目し，語句の性質や役割に関心をもつことができる。

6　児童の実態　（男　名，女　名，計　名）（しばしば誤解されるところなので，記述上の留意点を記す。）
　　（・既習直近の同領域・系列単元で習得した（またはできなかった）言語力，上記「単元の目標」に対する児童の抵抗・準備などについて述べる。「伝記」の読書歴にふれるなら，「誰を」より「どう」読んだか，その読みを本単元の学習でどう向上させるかを述べる。国語や読書一般に対する好き嫌いなどを述べるのではない。）

7　評価規準

国語への関心・意欲・態度	読む能力	言語についての知識・理解・技能
・人物の生き方を描いた伝記を読み，感銘を受けたり，あこがれを抱いて自分を見つめ直し，自分の生き方について考えたりしようとしている。	・伝記に描かれた人物の生き方と自分の経験や考えなどとの共通点や相違点を見つけ，自分の考えをまとめている。（オ）	・文章にはいろいろな構成があり，書く目的や意図に応じた構成がなされていることを理解している。（イ（キ））

8　指導計画（全10時間扱い）
　第0次　直近の「読むこと」の単元のノートによって，人物のかかわり合いや感想の書き方について，復習しておく。
　第1次　教材「百年後の…」の初発の感想を書き，学習の計画を立てる。
　　第1時　教材「百年後の…」の全文を読み，語句の抵抗を除く。初発の感想を書き，学習の見通しをもつ。
　　第2時　初発の感想を交流し，「学習のてびき」に従って学習の計画を立てる。
　第2次　「百年後の…」の人物の生き方を，書き方に注意して読む。
　　第1時　1・2の出来事を年表につくり，出来事と「儀兵衛」の考え方についてまとめる。

第2時　3・4の出来事を年表につくり，出来事と「儀兵衛」の考え方についてまとめる。
　　　第3時　全文を通して読み，筆者が「儀兵衛」の業績に見いだしている意味についてまとめる。
　　　第4時　「儀兵衛」の行動や考え方から自分の生き方についての考えをまとめ交流する。（本時）
　　第3次　ほかの伝記を読み，自分の生き方について考えたことをまとめて交流する。（以下略）
9　本時の展開（6／10）
　①目標　「百年後のふるさとを守る」の意味や考え方から自分の生き方についてまとめ，交流する。
　②展　開

学　習　活　動　と　内　容	指　導　上　の　留　意　点	資　料
1　全文を通読後，前時の「まとめ」を読み返し，補足する。		各自のノート（学習記録）
2　本時のめあてを確認する。 ○儀兵衛の行動や考え方から，自分の生き方についての考えを交流しよう。		
3　グループに分かれて交流する。 ・ノートを見合い，異なる感想や考えがあることに気づく。 ・気づいたことを付箋に書き，貼付しあう。 ・付箋をもとにそれぞれの感想や読み方を交流し，「生き方」について理解しあう。 ＊交流の視点 ・『百年後』とは，未来を見越す，先取りするということ。 ・『ふるさとを守る』とは，子孫の幸せを考える，ふるさとが自然災害の被害を受けないためにはどうしたらよいか考え，実行するということ。 ・『自分の生き方』とは，「自分にできることは」「自分はこうする」を考えること。 《例》 ・ボランティア活動と自分の生き方について考える ・防災活動と自分の生き方について考える ・防災政策と自分の生き方について考える ・自助・共助・公助と自分の生き方について考える	○1グループ4～5人。あらかじめ異質のメンバーで組んでおく。 ○必ず記名させる。 ○友だちの「よさ」にも気づかせる。 　　（他者理解・道徳的視点） ○「自分には同じことはできない」ではなく，「自分にある義心」をもって語り合うようにさせる。	付箋 （75×50m/m） ＊伝記例 日蓮 伊能忠敬 二宮尊徳 田中正造 野口英世 宮沢賢治 ガリレオ ダーウィン ナイチンゲール キュリー ヘレン・ケラー 他（順不同）
4　本時の学習を振り返り，次時への意欲をもつ。 ・これまでに読んだ伝記の読み方を振り返る。 ・これから読もうとしている伝記の読み方を考える。	○読みたい伝記を選書させる。 　既読書の再読も勧める。 ＊教科書例のほかを右にあげる。	

　③指導の反省（本学習指導案による指導の反省を記し，後の授業研究協議会に資する。教育実習生，模擬
　　授業者は必須。）

《参考文献》『尋常小學國語讀本巻十』から「稲むらの火」
《作成上の留意点》
　①上掲書式はほぼ文部科学省の諸例によっているが，作成にあたっては，各学校の計画や指導に従うこと。
　②「評価規準」の作成にあたっては，『評価規準の作成，評価方法等の工夫改善のための参考資料』【小学校
　　国語】（国立教育政策研究所）を参照のこと。
　③「指導計画」中の「第0次」は，日常的に行っているのであれば，記載しなくてもよい。

小学校（6年）社会科学習指導案

指導教諭　　　　　　　　印
教育実習生　　　　　　　印

1. 日　時　平成　　年　月　日（　）第　校時（　時　分～　時　分）
2. 学校名・学年・組　　　市立　　小学校第6学年　　組　（男　名，女　名，計　名）
3. 単元名　「条約改正をめざして」
4. 単元目標
　　ノルマントン号事件を通して，わが国が結んだ不平等な条約改正への願いを知り，条約改正への動きのなかでわが国の国力が次第に充実し，国際的地位が向上していったことを理解できるようにするとともに，わが国の国際的地位の向上を願った人々の努力に関心をもつようにする。
5. 単元について
　①単元のねらい
　　　本単元では，わが国が，幕末に結んだ不平等条約の改正をめざし，大日本帝国憲法の発布，日清・日露の戦争などいくつかの困難を乗り越えながら国力の充実や国際的地位の向上を果たしていったことを学習していく。その際，改正への経過や人物の働きをとらえながら，国際社会の一員としてわが国に不足していたものが，どのように充実していったのか理解させたい。
　②児童の実態
　　　本学級の児童は，何事にも関心をもち，調べて発表することが好きである。そこで，本単元の導入にノルマントン号事件を扱い，江戸時代に結んだ不平等条約に疑問をもたせ，条約改正をどのように解決していったのかを追究の柱とし調べさせたい。
　　　追究過程では，教科書や図書資料，インターネットで調べたり，調べて考えたことを意見交換しあったりしながら，社会的なものの見方・考え方を育てていきたい。
　　　子どもに内在する意欲を掘り起こすことが教師の使命である。子どもの学習意欲を喚起するとともに，思考力・判断力・表現力などの資質や能力の育成が大切にしたい。
　　　そのためには，子ども一人ひとりの授業での発言やつぶやき，表情を見逃さず，気持ちをつなぎ，一人ひとりが授業での主役となって自分の考えをもつよう，発表させていきたい。そして，認め合う学びを通して子どもの種々の能力を高めていきたい。
6. 評価規準

社会事象への関心・意欲・態度	社会的な思考・判断・表現	観察・資料活用の技能	社会事象についての知識・理解
わが国が江戸時代に外国と結んだ不平等条約改正への働きを意欲的に調べることを通して，国際的地位向上をめざした人々の働きについて関心を深めている。	不平等条約改正の働きと国際的地位向上をめざしたこととの関連について考え，適切に判断し，表現している。	不平等条約改正に関する年表，写真，絵図，統計資料，文章などの基礎的資料を効果的に活用している。	わが国の国力が次第に充実し，国際的地位が向上したことと不平等条約が改正されたこととの関連を理解している。

7. 指導計画　　（8時間扱いのうち本時は2時間目）

予想される子どもの活動と内容	評価の視点と評価方法（☆関意態，◎思判表，○観資，◆知理）○支援
1　ノルマントン号遭難の様子や裁判の様子を調べる ・日本人全員志望したのに，船長の罪を問えないのはおかしい。 ・江戸時代に条約が明治になってもまだ，改正されていない。 ・改正に53年もかかっているが何もしなかったのか。 2　岩倉遣外使節が条約改正に失敗したわけについて調べ話し合う。 ・国として世界から認められていなかった。 ・日本は法律が整っていない。	☆事件と不平等条約とのかかわりについて関心を見せている。 ○ノルマントン号事件の絵図，文章資料，改正までの年表を提示し，考えやすいようにする。 ◇条約改正までに長い年月がかかっていることを読み取っている。

予想される子どもの活動と内容	支援（○）と評価（☆）
・国際的地位が高まれば改正できるだろう。　（本時） 3　条約改正に向けて，日本が外国に追いつくために必要なことについて課題別に調べる。 　　日本が外国に追いつくために何が必要なことだったのだろう 　①憲法制定や国会開設について調べるグループ 　　・国会開設運動　・藩閥政治の解消 　　・板垣や大隈による政党 　　・伊藤博文らによる憲法制定 　②強くなった日本について調べるグループ 　　・徴兵制度　・日清日露戦争の勝利　・朝鮮の植民地 　③教育・文化・産業について調べるグループ 　　・義務教育の実施　・西洋文化や新しい学問の取り入れ 　　・八幡製鉄所の建設 　　・野口英世の功績 4　国際的地位向上と条約改正の働きについて話し合う。 　　・陸奥宗光，小村寿太郎が中心となって，改正が行われた。 　　・憲法制定や国会開設により世界に認められた。 　　・富国強兵のもとロシアに勝ち世界に認められた。 　　・教育により国全体のレベルが上がった。 　　・産業や科学の発展が見られた。 　　・国際的地位向上はいろいろな力が合わさり，やがて条約改正につながった。 5　条約改正について新聞に表す。	◎条約改正に失敗したわけをもとに，日本の国際的地位について考えている。 ○大統領の条約改正手続きに対する資料から西洋と日本の国際上の決まりのちがいを考えやすいようにする。 ○自分が予想した課題を①～③のなかから選択し調べられるように助言する。 ☆国際的地位向上に必要なことを調べようとしている。 ◇文章，写真，統計資料などを読み取ったり整理したりしている。 ○子どもの要求に合わせ，必要な資料を用意したり，情報を提供したりする。 ○一人ひとりの課題をつかみ，調べやすい環境づくりをする。 ○個人で調べたり，協力して調べたりして，新聞にまとめられるようにする。

8．本時目標
　　岩倉使節団が交渉に失敗したわけを調べることを通して，日本が欧米諸国に比べ政治の仕組みや文化が遅れていることがわかり，追いつくために何が必要か考えをもつことができる。

9．本時の展開

予想される子どもの活動と内容	支援（○）と評価（☆）
1　本時の学習問題について確認する。 　　　条約改正に53年もかかったのは，なぜだろう 2　条約改正に53年もかかったわけはなぜか考え，話し合う。 　　・国として認められていないのではないか。 　　・交渉を何回もしているのに国力がないからだろう。 　　・岩倉具視が政府代表で交渉に行っているが，失敗している。 3　岩倉具視の交渉について，調べる。 　　・委任状を忘れているなんて，恥ずかしい。 　　・国と国との交渉の仕方がわかっていない。国際ルールを知らない。 4　アメリカ大統領から来た手紙を読み，岩倉具視はどんなことを考えたか話し合う。 　　・きちんとした裁判所が日本にはない。 　　・おおもとの法律がないので，相手にしてもらえない。 　　・日本は世界に比べ力がない。国際的地位が低い。 5　53年かけて条約改正ができたわけについて考えを出し合う。 　　・法律がしっかりできたから。 　　・戦争で勝ったからだ。 　　・世界に追いつき認められ国際的地位が向上したからだ 6　次時の問題をつかむ 　　・世界に追いつくために必要だったことは何か。	○前時の学習の振り返りをし学習問題を確認する。 ○どの程度子どもが前時までの資料に基づいて考えているか診断する。 ○岩倉使節団の様子を例として外国から日本がどのように見られているか，また，国力のちがいについて考えられるようにする。 ○アメリカ大統領が日本をどう見ているかつかむようにする。 ○条約改正までの年表を提示し，条約改正のために努力していること考えられるようにする。 ☆岩倉使節団の結果と条約改正までの出来事と関連づけて考え判断している。

小学校算数科（5年）学習指導案

　　　　　　　　　　　　　　　　　　　　　　　　　指導教諭　　　　　　　　印
　　　　　　　　　　　　　　　　　　　　　　　　　実習生　　　　　　　　　印

1. 日　　時　　平成　年　月　日（　）第　校時
2. 学校名・学年・組　　　　立　　小学校　第5学年　組（男　名，女　名）
3. 学級の実態　活気のあるクラスである。これまでに論理的に説明する力を大切に算数の指導を続けてきた。その結果，かなりの子どもが素直に説明したり，周りと話し合ったりできるようになった。そして，算数科でめざす，帰納的に考え説明することや演繹的に考え説明することが徐々にできるようになっている。
4. 単元名　「変わり方」
5. 単元目標
　　数量の関係を表す式についての理解を深め，伴って変わる数量の変化や対応のきまりに着目できるようにする。
6. 単元の評価規準

算数への 関心・意欲・態度	数学的な考え方	数量や図形についての 技能	数量や図形についての 知識・理解
伴って変わる数量の問題に進んでかかわろうとする。	伴って変わる数量の関係について成り立つ性質を帰納的に見つけたり，その理由を演繹的に説明したりしようとする。	伴って変わる数量の関係を数式に表して説明する。	伴って変わる数量の関係を関係づけ，変化や対応の決まりに着目できる。

7. 単元について
　（1）依存関係への着目
　　　　数量の関係を調べることについては，次のことがねらいとなる。
　　　「数量や図形に関する問題を解決するときに，求めるものは，ほかのどんなものと関係があるか，何が決まればほかのものが決まってくるかというように，求めるものと他のものとを関係付けてみる見方が大切である。そして，2つの変化する数量の間にある関係を明確にすることが必要である。そのためには，対応する値の組をいくつも求め，順序よく表などに整理したり，グラフを用いて表したりして関係を調べる活動を指導する」（『小学校学習指導要領解説算数編』文部科学省，平成20年8月，p.135）ただし，この引用部分最後は，『小学校学習指導要領解説算数編』文部省，平成11年5月，pp.122-123」では，「順序良く表などに整理して，共通な決まりを見つけだしていくとよい。こうした活動により，関数の考えを次第に身に付け，生かしていけるようにする」となっている。この時間の授業では，こうしたことにもとづき，子どもの興味ある素材を用意し，その問題について何と何が関係する量なのか，そこにはどんな関係があるのかということに注意が向くところをねらう。
　（2）伴って変わる2つの量の関係
　　　　ここでは，簡単に手元で操作できる紙テープを使う。その紙テープもその場でB4版用紙から自分でつくる。これを，「折って，切る」という操作によって，紙が「何枚になるか」という問題にする。このとき，「折った回数」や「切った箇所の数」などと，「紙の枚数」との関係に着目させたい。「折った回数 n」と「紙の枚数 m」の間には，$m = (2^n + 1)$ が成り立つし，「切った箇所の数 ℓ」と「紙の枚数 m」の間には，$m = \ell + 1$ という植木算の関係が成り立つ。授業のなかでは，このどちらに着目してもいい。子どもの実態に即して扱うことにする。
8. 指導計画　導入1時間目の扱い（5時間扱い／詳細省略）

9．本時の目標

　伴って変わる２つの数量について，それらの関係を表したり調べたりすることができるようにする。

10．本時の展開

（１）目　標　対応する数量を考えたり，値の組などを表にしたりして関係を調べること。

（２）展　開

学　習　活　動	指　導　上　の　留　意　点
0．指示に従って，学習の道具を作る。 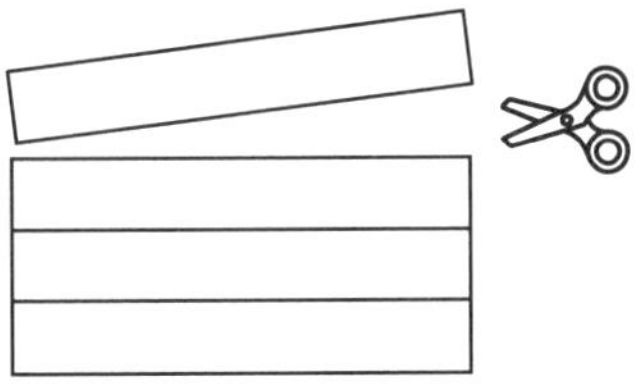	○　B4判用紙を使って，縦に４枚に切り，それを学習の道具とする。 　算数の場で教材をつくらせることにより，子どもに学習の興味を喚起する。
1．テープを「折って，切る」と，どのようになるかを見る。 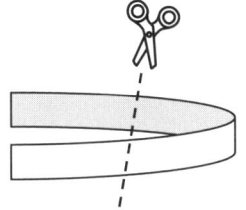	①　テープを１回折って切るという操作を見て，テープの数はいくつになるかを念頭で考えさせる。 　全員に聞くことで，自らの立場を明確なものとする。（ほとんどの子が３枚と言う） 　教師が実際にやって，これをみんなに見せる。→３枚になることが確認できる。
2．次に，テープを「折って，折って，切る」とどうなるかを考える。 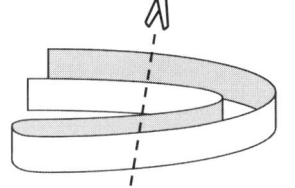	②　今度は，テープを２回折って切るという操作を，まず念頭で考え，予想をさせる。 　５枚と，６枚に分かれるので，なぜそう考えたかを聞く。黒板に断面図も画く。 　予想の後に，実際にやらせて確かめさせる。→５枚となる。
3．さらに，テープを「折って，折って，折って，切る」とどうなるかを考える。 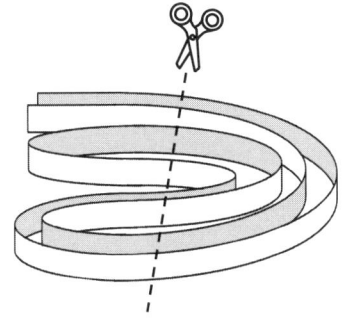	③　次の問題も予想させる。 　「７枚」と予想する子が大部分。「横に見た決まり」の発見である。２枚増えたので，次も２枚増えるとの予想である。 　実際に各自切ってみると，予想に反して９枚となる。 　以下，増え方が２枚→４枚→６枚と予想し，失敗する。 　実験してみると左の表のようになり，「切る枚数」は，２倍，２倍…となることに気づく。 　また，「テープの数」は「切る枚数」よりも１多いことにも気づく。
4．横に見た「変化の決まり」や縦に見た「対応の決まり」に着目したことを振り返る。 　折る回数　　０　１　２　３　４　・・ 　切る枚数　　１　２　４　８　16　・・ 　テープの数　２　３　５　９　17　・・	④　子どもの発見したことを振り返りながら評価していく。

（３）評価　伴って変わる数量について，変化の決まりや対応の決まりに気づきそれを表現しているか。

小学校理科（5年）学習指導案

　　　　　　　　　　　　　　　　　　　　　　　　　　　　指導教諭　　　　　　印
　　　　　　　　　　　　　　　　　　　　　　　　　　　　実習生　　　　　　　印

1．日　時　　　平成　年　月　日（　）第　校時（　：　～　：　）
2．学校名・学年・組　　　　立　　小学校　第5学年　組（男　名，女　名）
3．学級の実態　明るく元気のよいクラスである。児童の仲はよく協力的である。授業に対する取り組み・態度は積極的で前向きである。集中力もあり，まとまったクラスである。
4．単元名　　　ふりこのきまり
5．単元目標
　（1）ふりこの運動に興味をもつとともに，ふりこの運動の規則性を調べることができる。
　（2）ふりこの1往復する時間のきまりを調べるために実験計画を立て，1往復する時間について自分の考えを発表・整理し表現することができる。
　（3）条件を変えて実験をし，定量的にデータ整理ができる。さらにふりこのきまりを利用してものづくり（おもちゃづくり）をすることができる。
　（4）ふりこの1往復する時間は，ふりこの長さによって決まることを理解する。
6．単元について
　　振り子は子どもたちにとって身近で興味ある対象である。この単元は，新学習指導要領第5学年の(1)のA(2)「振り子の運動」を受けて設定されている。振り子の運動の規則性について興味をもって調べ，計画的に実験する活動を通して，振り子の運動の規則性についての考え方をもつことができるようにすることがねらいである。
　　また，振り子の周期は振り子の長さによって決まることを見つけ理解すること，また振り子の長さ，おもりの重さ，最初のゆれ幅という条件を変えて実験し，実験結果をきちんと処理し自分の考えをまとめ，考察できることが大切である。
　　［教材の関連］
　　小学校3年「風やゴムで動かそう」→風やゴムの力は物を動かすことができる。
　　小学校5年「ふりこのきまり」本単元→糸につるしたおもりが1往復する時間はおもりの重さなどによっては変わらないが糸の長さによって変わること。
　　小学校6年「てこのはたらき」→棒の支点から等距離でつりあうと物の重さは等しい。
　　　　　　　　　　　　　　　　→力を加える位置や大きさを変えるとつりあいには一定の決まりがある。
　　　　　　　　　　　　　　　　→身のまわりにはてこの原理を利用した道具があること。
　　中学校1年「身近な物理現象，力と圧力」
　　中学校3年「運動の規則性」
7．評価規準

自然現象への 関心・意欲・態度	科学的な思考・表現	観察実験の技能	自然現象についての 知識・理解
・ふりこの動きの規則性を調べようとしている ・ふりこの性質を活用しておもちゃをつくろうとしている	・ふりこの1往復する時間を予想し，条件をかえて実験を計画・表現している ・ふりこの1往復する時間をおもりの重さ・ふりこの長さと関連づけて表現している	・ふりこの1往復する時間を条件をかえて実験ができ，正しく結果が記録している ・ふりこの性質を活用しておもちゃづくりをしている	・ふりこの1往復する時間には，条件によってちがいがあることを理解している ・ふりこの長さによってのみ，ふりこの1往復する時間がかわることを理解している

8．単元の指導計画（全8時間）
　　第1次（2時間）・テンポ振り子をつくる。
　　　　　　　　　・振り子の1往復する時間のはかり方を考える。
　　第2次（3時間）・振り子が1往復する時間がどんな条件で変わるか予想する。
　　　　　　　　　・テンポ振り子の条件を整理し実験計画を作成しまとめる。
　　　　　　　　　・実験結果を考察し，振り子のきまりについてまとめる。（本時）

第3次（3時間）・振り子のきまりを活用したものづくりの計画立案。
・振り子のきまりを利用し，工夫した物づくりをする。（おもちゃづくり）
・振り子のきまりについてまとめる。

9．本時の計画

(1) 目標
振り子の1往復する時間（周期）は，振り子の長さによって変わることを理解する。

(2) 展開

過程 時間	学習活動と内容 予想される児童の反応	指導上の留意点	資料・準備 [評価規準・評価方法]
導入① 3分	1．前時の学習を思い出し，本時の学習内容をつかむ。 ・おもりの重さを変えたり，ふれ幅を変えても振り子の1往復する時間は変わらなかった。	・前時の実験結果より，振り子が1往復時間に変化がないことを確認させる。 ・「振り子が1往復する時間はどうすれば変えることができるか」考えさせる。	・前時の結果をまとめ提示できるように準備する。 ・班の編成は3人とする。 [関心・意欲・態度] [発言・行動観察]
導入② 3分	2．「振り子の長さを変えると，1往復する時間はどう変わるかグループで話し合う。 ・振り子の長さを変えると，1往復する時間は変わると思う。	・振り子の長さをどのように変えるか条件を明確におさえる。 　・短くする。 　・長くする。 ・全員に結果について予想させる。	・事前に図を準備して提示。 ・振り子の長さを30, 60, 90cmに設定して実験するのであらかじめ準備しておく。 [思考・表現] [発言]
実験・考察 34分	3．「振り子の長さを変えると，1往復する時間はどう変わるか実験する。」グループ実験 ・振り子の長さを変えると，1往復する時間はどうなるかワークシートに記入して調べてみる。 ［予想したことの確認］ ・振り子の長さを短くすると1往復する時間は短くなる。 4．結果について話し合う。 ・各班の発表内容をまとめたものを確認する。 5．前時と本時の実験結果からわかったことについて発表しまとめる。 　ふりこの1往復する時間は，ふりこの長さによって変わる。 　おもりの重さやふれ幅を変化させても1往復する時間は変わらない。 　ふりこの長さが長いほどふりこの1往復する時間は長くなる。	・実験の班でのやり方を指示する。 　・時計係，実験係，記録係 ・1往復の時間の計測方法を確認する。 ・条件を明確にして実験をさせる。 ・振り子の長さを変えたときの1往復する時間はどうなったかグループで確認して結果をまとめるように指示する。 ・グループのあと全体での話し合い。 ・各グループの結果を発表させて結果をまとめる。 ・前時と本時の結果を提示して，2つの結果からまとめるように助言する。 ・振り子の長さが長いほど，1往復する時間が長いことを把握させる。逆に短ければ短いほど時間が短くなることもきちんとおさえておくことが必要である。	・各班に記録用のワークシートを配布する。 [観察・実験の技能] [行動観察] ・変える条件，変えない条件を再度確認してからワークシートに記入する。 ・見やすく表に記入し提示する。 [思考・表現] [発言分析]
まとめ 5分	6．本時のまとめ ・本時を振り返り，まとめをする。	・本時の学習内容や感想を発表させ，学習への意欲を高めることができるように配慮する。	[知識・理解] [記述分析]

(3) 評価の観点
表やグラフなどの視覚的な表現を用いて結果をまとめ，科学的な言葉での全体での話し合いは有効に機能しているか。

小学校（１年）生活科学習指導案

　　　　　　　　　　　　　　　　　　　　　　　　　　指導教諭　　　　　　　　印
　　　　　　　　　　　　　　　　　　　　　　　　　　教育実習生　　　　　　　印

１．日　時　　　平成　　年　月　日（　）第　校時（　時　分～　時　分）
２．学校名・学年・組　　　市立　　小学校第１学年　組　（男　名，女　名，計　名）
３．単元名　　「あきとあそぼう」
４．単元目標
　　身近な自然を観察したり，季節や地域の行事にかかわる活動を行ったりして，四季の変化や季節によって生活の様子が変わることに気づき，自分たちの生活を工夫したり，楽しくしたりできるようにするとともに，身近な人々とかかわることの楽しさがわかり，進んで交流することができるようにする。
５．単元について
　①単元づくり
　　　校庭の身近なところや近くの公園を探検しながら，春や夏の様子とのちがいに気づけるように木の実や落ち葉を見つけられるように下見をしっかり行い，目的の場所を決めていきたい。
　　　鮮やかな色彩の葉やおもしろい形の実など子どもたちに存分に触れさせ，木の実や落ち葉をもっと拾ってみたい集めてみたいそして，それを使って遊んでみたいという思いに発展させたい。
　　　子どもは，ものに触れているだけでそれが遊びになり夢中になる。そういうなかから新しい遊びの発見をしたり，さらにおもしろくなるように工夫したりするようになり，さらに仲間を見つけて遊びを広げようとする気持ちが出てくると考える。近隣の幼稚園や保育園の後輩に自分たちが楽しんだ活動を伝える場を設定し，自分や友だちとかかわることのよさにも気づくようにさせたい。
　②児童の実態
　　　小学校生活がはじまって７カ月が経ち，学校生活を満喫し，活動的になってきている。これまでに地域の公園や校庭など喜んで活動してきた。地域には，公園がたくさんあることを知り，それぞれの公園の特徴に気づいている。樹木がたくさんある公園では，虫を見つけたり花を見つけたりしして自然と親しんできた。再びその公園に行けば，いろいろな発見をし，秋の自然物のドングリや色づいた落ち葉などへの関心は高くなり，もっと遊びたいと願う子どもたちであると考える。
６．評価規準

生活への関心・意欲・態度	活動や体験についての思考・表現	身近な環境や自分についての気づき
○季節の移り変わりを身の回りの自然や生活のなかに感じ取り，遊んだり探したりしながら，自然に親しもうとしている。 ○落ち葉や木の実などを使って，生活を楽しくするものや身の回りを飾る物をつくり，楽しく遊ぼうとしている。	○見つけてきた自然の材料の特徴を生かしながら遊びを工夫している。 ○つくった物を遊んだり，身の回りを飾ったり，考えたりしている。 ○遊びの楽しさや工夫したことを伝えて交流している。	○探険活動を通して，季節に関心をもち，自然の様子が変わることに気づいている。 ○身近な自然やものを生かして遊ぶ楽しさ，自分や友だちのよさに気づいている。 ○身近な人々と伝え合う活動をし，みんなと遊んでいる。

７．指導計画　　（15時間扱いのうち本時は５時間目）

予想される子どもの活動と内容	支援と評価 （☆関意態，◎思表，◇気づき，○支援）
１　身の回りの秋をみつけよう。 　・校庭にドングリが落ちていたよ 　・公園には，ドングリや栗が落ちていたよ。 　・みんなで探しに行こうよ。	○公園や校庭の写真とドングリなどを提示し，子どもの思いを想起させる。 ☆ドングリや色づいた落ち葉などに興味を示している。

2　秋の公園を探険しよう。 　・ここにはたくさんのドングリが落ちているよ。 　・栗もあるけれど少ないな。 　・葉の色が夏とちがっているな。	○樹木の多い公園を子どもの生活から引き出すように仕向ける。 ☆ドングリや色づいた落ち葉などに親しんでいる。
3　拾ってきたドングリで遊ぶものを考えよう。 　・転がすと曲がるからおもしろいよ。 　・爪楊枝をさすと、独楽ができるね。 　・錐は上手に使わないと危ないよ。	○拾ってきたものにたっぷりと浸す。 ◇それぞれの特徴に気づき、楽しんでいる。
4　拾ってきたドングリで遊ぶ物をつくろう。（本時） 　・独楽がうまく回るようにつくろう。 　・かわいい人形をつくると一緒に遊べるね。	○それぞれの特徴を生かし、安全に作業するよう道具や軍手を用意する。 ◎特徴をつかみ工夫してつくっている。
5　公園に行ってもっと秋を探険して秋と遊ぼう。 　・きれいな落ち葉がある。魚つりができないかな。 　・かんむりやブーケができそうだ。	○1回目の探険を生かして、さらに遊べるものを探させるようにする。 ◎特徴に気づき遊べるものを探している。
6　集めてきた秋の宝物を使って、宝物大会の計画を立てよう。 　・看板をドングリや落ち葉で飾ってつくろう。 　・葉っぱでお店屋さんができないかな。	○集めてきたものを自由に触れさせ、それぞれの特徴をとらえさせる。 ◎何に生かそうか考えている。
7　幼稚園、保育園の友だちを招待し、楽しめる物をつくろう。 　・遊びのルールを決めよう。 　・魚釣りゲームやドングリのマラカスはおもしろいよ。	○招待されたときのことを思い出させる。 ◇集めたものを工夫して遊ぶことに気づいている。
8　秋と遊ぼう宝物大会をしよう。 　・音楽に合わせてマラカスをふると楽しいね。 　・むずかしいルールはやさしくしてあげよう。 　・小さいお友だちが喜んでくれたね。	○決められたルールがむずかしいものには、柔軟に対応できるようにする。 ◎遊びの楽しさや工夫したことを伝えて交流している。

8．本時目標
　　秋の公園で見つけたドングリを使っておもちゃをつくり、遊ぶことができる。

9．本時の展開

予想される子どもの活動と内容	支援（○）と　評価 （☆関意態，◎思表，◇気づき）
1．前時の学習を振り返り、学習活動を確認する。 　　ドングリを使って、おもちゃをつくり遊んでみよう	○前時の学習の振り返りをし学習活動を確認する。
2．ドングリで自分がつくってみたいものを発表する。 　・ドングリ独楽をつくってみたいな。 　・ビンに入れると音がするから楽器をつくりたい。 　・曲がるのがおもしろいから転がす的当てをつくりたい。 　・ドングリ人形は小さくてかわいいからつくりたい。	○どの程度子どもが考えてきているか診断し、無理なものには助言する。
3．自分で考えた遊びのおもちゃをつくる。 　・錐を使う場合は、気をつけないとね。 　・お人形に色を塗るのはむずかしいな。 　・ビンに入れる数を変えたり、大きさを変えると音がちがうね。 　・転がすのはむずかしいから投げるのにしようかな。	○机間指導をしながら安全に注意して作業するようにする。 ○錐を安全に使う道具を用意する。 ◎見つけてきた自然の材料の特徴を生かして工夫してつくっている。
4．つくったおもちゃを紹介する。 　・よく回る独楽はどう工夫したのかな。 　・色の塗り方が丁寧だね。 　・公園に行けばたくさん遊ぶものができるよ。 　・もっとたくさんつくって小さい子を招待しよう。	○互いの工夫のよさを発見したり、おもちゃづくりの楽しさに思いをはせたりして、ほかの自然物でもつくってみようとする気持ちを起こさせるようにする。

小学校（4年）音楽科学習指導案

指導教諭　　　　　　　印
教育実習生　　　　　　印

1．日　時　　　平成　　年　月　日
2．学習の主題　　「曲想にふさわしい表現を工夫して歌おう」
3．学校名・学年　　　　市立　　小学校　第4学年　組　名
4．主題の目標　　　曲想や歌詞の内容にふさわしい表現の工夫をし，思いや意図をもって歌う。
5．主題の評価規準
〈音楽への関心・意欲・態度〉　歌詞の内容，曲想にふさわしい表現の工夫をし，思いや意図をもって歌ったり，呼吸および発音の仕方に気をつけて自然で無理のない歌い方で歌ったりする学習に進んで取り組もうとしている。
〈音楽表現の創意工夫〉　音楽を形づくっている要素を聴き取り，それらの働きが生み出すよさやおもしろさなどを感じ取りながら，歌詞の内容，曲想にふさわしい表現を工夫し，どのように歌うかについて自分の考えや願い，意図をもっている。
〈音楽表現の技能〉　歌詞の内容，曲想にふさわしい表現で歌ったり，呼吸及び発音の仕方に気をつけて，曲想にふさわしい自然で無理のない歌い方で歌っている。
6．主題について
〈主題のねらい〉　この主題では，拍や拍子，ふしの流れやフレーズのまとまり，歌詞の内容や曲想を感じ取り，曲の山や強弱，テンポや発声・発音などを工夫して，曲想や歌詞の内容にふさわしい表現を工夫して，思いや意図をもって歌うことをねらいとしている。
　　そのためには，歌唱表現を工夫する手掛かりを音楽のなかに求め，音楽を形づくっている要素を十分に感じ取ることが大切である。一人ひとりの気づきを大切にするとともに，友だちの感じ取ったことや表現の工夫を互いに認め合いながら，思いや意図をもって歌えるようにする。
〈子どもの実態〉　※本書では省略
7．教材について
　　　　　中心教材　　「とんび」　　葛原しげる作詞／梁田貞作曲
　　　　　参考教材　　「歌のにじ」　佐田和夫作曲／岡部栄彦作曲
　　中心教材の「とんび」は，ハ長調・4／4拍子で，ゆったりと飛ぶとんびや輪をかいて飛ぶとんびなどがイメージしやすく，歌詞の表す情景と旋律の流れが一体となって歌うことができる曲である。旋律は音域やリズムに無理がなく，なめらかに上昇する流れが自然なクレッシェンドがつけやすく，レガートな歌い方で歌うのに適している。
　　また，第3フレーズの"ピンヨロー"のところは，とんびの鳴いている様子を思い浮かべて強弱をさまざまに工夫することができ，この学習の主題に適した教材であるといえる。声を十分に響かせるために，移調するなどの工夫をしていきたい。
　　参考教材の「歌のにじ」は，「とんび」の前に別の主題で学習している教材で，中心教材と同じ4拍子，ハ長調の曲でる。軽快なリズムや夢のある歌詞が楽しさをかもし出している。伴奏によくのって楽しく歌うと同時に，音が高くなったら声のひびきや大きさを工夫するのに無理のない教材と思われる。
8．指導・評価計画（2時間扱い）

時	◎目標と○主な学習活動	共通事項	学習活動に即した評価規準と評価方法等
第1時	◎「とんび」の範唱を聴き，楽曲の特徴やよさを感じ取り，歌詞の発音やフレーズのまとまりに気をつけて歌う。 ○「とんび」の範唱を聴き，曲の特徴を感じ取り伝え合う。 ○拍や拍子を取りながら旋律をとらえる。	拍の流れ	

	学習活動	共通事項	評価
	○フレーズのまとまりに気をつけて旋律をルやラで歌う。 ○歌詞を朗読し，朗読を生かして歌詞唱する。 ○歌詞の発音や音程，リズム，フレーズのまとまりに気をつけ，呼吸の仕方を工夫して歌詞唱する。	フレーズ 旋律 歌詞	関：旋律・強弱・フレーズを意識しながら歌詞の内容を表現しようと思いや意図をもって進んで歌おうとしている。 ［演奏聴取・活動の観察］
第2時	◎曲想に合った表現の仕方を工夫して思いや意図をもって歌う。 ○表現を工夫する手掛かりを確認しあい，自分が表現したい「とんび」をイメージし，自分のめあてをもつ。 ○めあて別のグループで表現を工夫する。 ・曲の山や強弱の変化を工夫して歌う。 ・フレーズの特徴を生かして歌う。 ・様子を思い浮かべ，歌詞の内容にふさわしい表現や速度で歌う。 ○曲想に合った歌い方を工夫し，互いに表現を発表しあい，そのよさを聴き合う。	強弱 拍の流れ 速度 音色	創：旋律やフレーズ，強弱を意識し，自らの考えや願い，意図をグループ活動の中で出し合いながら曲想にふさわしい表現を工夫し，一人ひとりが表現への思いや意図をもっている。 ［発言内容・演奏聴取］ 技：旋律・強弱・フレーズを意識しながら楽曲への思いを込め，曲想にふさわしい自然で無理のない歌い方で気持ちを込めて歌っている。 ［演奏聴取］

9．展　開（2／2）

　　本時目標　曲想に合った表現の仕方を工夫して思いや意図をもって歌う。

学習活動	共通事項	教師の支援（・）と評価（□）
○「とんび」を歌う。 ・歌詞の発音や音程，リズム，フレーズのまとまりに気をつけ，呼吸の仕方を工夫して歌詞唱する。 ○本時のめあてと学習の進め方を確認する。 　自分が表現したい「とんび」を工夫して歌おう ○自分が表現したい「とんび」をイメージし，自分のめあてをもつ。 ○めあて別のグループに表現を工夫する。 ・曲の山や強弱の変化を工夫して歌う。 ・フレーズの特徴を生かして歌う。 ・拍打ちに合わせて歌う。 ・様子を思い浮かべて歌う。 ・曲に合ったテンポを意識して演奏する。 ○互いに表現を発表し合い，演奏を聴き合う。 ・グループごとの表現の工夫や，そのよさを確認する。 ○自分の表現を振り返る。	 強弱 拍の流れ 速度 音色	・前時の活動を思い起こし，前時の活動の足りないところなどを補いながらスムーズに学習に入れるようにする。 ・拡大楽譜や場の設定に配慮していく。 ・めあて別に色画用紙を用意する。 ・グループを回りながら，友だちと意見を出しあったり工夫しあったり，協力しあったりしている子どもを随時認めて誉めていく。 創：旋律やフレーズ，強弱を意識し，自らの考えや願い，意図をグループ活動の中で出し合いながら曲想にふさわしい表現を工夫し，一人ひとりが表現への思いや意図をもっている。［発言内容・演奏聴取］ ・グループ活動における様子と，発表の場面との両面から判断し，随時助言していくようにする。 技：旋律・強弱・フレーズを意識しながら楽曲への思いを込め，曲想にふさわしい自然で無理のない歌い方で気持ちを込めて歌っている。　　［演奏聴取］ ・自分の表現や活動の取り組みを学習カードなどを使って振り返る。

〈作成上の留意点〉
○指導・評価計画に記載する「学習活動に即した評価規準」は，児童の実態を見極め教材に引きつけ，実際に指導する場面で子どもたちに身につけたい指導事項・内容を鑑み，前掲の「主題の評価規準」をより具体的に活動場面を想定して設定することになる。また，それは展開の評価規準と同じくするものである。

小学校（2年）図画工作科学習指導案

指導教諭　　　　　　　印
教育実習生　　　　　　印

1．日　時　平成　　年　　月　　日（　）

2．学校名・学年　　　小学校　2年　組　　計28名

3．単元名「学校でいちばん大きな木を描こう！―みて，さわって，かんじて―」

4．単元の目標
　　身近な学校環境にある校庭の大木を題材に，子ども自らの感覚や体験活動を通し，イメージから感じたことをもとに，造形遊びを楽しみながら，共同で大きな絵に表現することを目標とする。

5．題材について
　　本題材は，学習指導要領の表現A(2)「感じたことや絵や立体，工作にあらわすこと」に近いが，手や足に絵の具をつけて描画するところから表現A(1)「造形遊び」の要素も含んでいる。
　　学校にある一番大きな木を実際に見たり触ったりしながら，その大きさや生命力を感じさせ，さまざまな感覚を働かせ，そのよさを感じることを第一段階とする。そこで感じたイメージをもとに，大きな模造紙に，クラス全員で1本の木をつくり上げるように設定した。
　　本題材の指導にあたっては，視覚だけではなく，実際にさわったり，においを嗅いだり，見えない部分を想像してみたりしながら生きている木に対する興味や関心をもち，次に行う表現活動での表現や発想の幅が広がることを期待したい。また，楽しみながら取り組んでいる児童や意欲的な行動を支援し，のびのびと活動できる雰囲気づくりに努め，児童の学習意欲の向上を図りたい。とくに，自分の思いをなかなか表現できずにいる児童については，一緒に考え，自分なりに工夫して表現できているところを評価することで，失敗をおそれず，自信をもって活動できるように指導したい。

6．児童の実態
　　本題材を行う時期は5月を予定している。4月にクラス替えがあり，少しずつ児童が新しいクラスの雰囲気に慣れ始めたころである。友だちの輪のなかに入れない児童も見られる。そこで本題材では，今まで話をしたことのなかった児童同士のかかわり合いのきっかけになればと思い，クラス全員で1つの作品を完成させるように設定した。5月は樹木が若葉をたくわえ新緑の美しい季節である。自然の美しさや生命力を感じ取りながら，開放的な体育館を使い，普段とはちがう大きな空間で，大きな紙にダイナミックに，全身を使って楽しく表現活動できることを期待したい。

7．評価規準

観点	ア．造形への関心・意欲・態度	イ．発想や構想の能力	ウ．創造的な技能	エ．鑑賞の能力
題材の評価規準	樹木のもつ生命力に関心をもち，素材のもつよさを五感で感じ，つくりだす喜びを味わおうとしている。	身近な自然物から，表したいことを思いついたり，自分らしい色や形をイメージしたりしている。	身体全体の感覚を働かせながら，材料や用具を使い，工夫して表している。	自分の活動を振り返り，作品などの形や色などから，おもしろさに気づいたり，楽しさを感じたりしている。

8．指導計画　（計4時間）
　（1）学校にあるいちばん大きな木を見たり触ったりする。フロッタージュ（こすり出し）で木の肌，葉っぱの形を和紙等に写し取りどんな感じがするのか言葉でも表現する。　　1時間
　（2）養生用に置かれたブルーシートの上に模造紙9枚をつなげた大きな紙に，手や足に絵の具をつけ体を使って絵を描く。　　2時間
　（3）皆で鑑賞する。体育館壁面に展示。　　1時間

時間	学習活動	評価
1時間	校庭に出て学校でいちばん大きな木を探し，その木を手で触ったり，においを嗅いだりしてみる。根っこはどうなっているのか想像してみる。フロッタージュ（こすり出し）の技法で木の肌や葉っぱを転写してみる。	自然の素材に対し関心をもち，いろいろな感覚を働かせようとしている。（評価規準ア） フロッタージュの技法を楽しんでいる。（評価規準ウ）
2時間 （本時）	体育館を使って，全員で手や足を用いて大木から感じたイメージを絵に表現する。	造形表現を楽しんでいるか，ほかの児童と協力している。（評価規準ア） 工夫して色をつくったり形を考えたりしている（評価規準イ）
1時間	完成した作品を見て，感想を話し合う。「ふりかえりカード」に感想を記入する。体育館に展示する。	鑑賞。 （評価規準エ）

9．本時の指導 （全4時間中の2・3時間目）
（1）ねらい
　手や足などの身体を使って，クラスの仲間と協力して，造形遊びを行う。

（2）展開

	学習活動・内容	指導上の留意点・教師の支援
導入 15分	描画用具の準備をする。 ・赤，青，黄，白の4色のみを使う。 ・4色を使って，さまざまな色がつくれることを確認する。 (1)根っこ，(2)幹，(3)枝と葉っぱを描く，3グループに分ける。 ◎大きな木の幹はどんな感じだったかな？ 児童に一番大きな木から感じたことを発表させて，グループごとにイメージを膨らませる。	あらかじめ汚れるので，体操着に着替える。 大きな模造紙を使用するため，養生のためブルーシートを敷く。 ※水は倒してしまわないように置く場所を決める。 ・色を混ぜることができるよう，絵の具と大きめのパレットを複数枚準備する。 紙は模造紙9枚分（3×3）をつなげたものを準備しておく 紙に収まらない場合は継ぎ足せるように柔軟に対応する。
展開 60分	手や足に絵具をつけ，イメージを膨らませながら，模造紙に直接絵の具で描く。 手や足だけでは表現ができないところは，ローラーを使って描く。	人とぶつかったりしないよう，よく周りを見て行動するように指導する。 自分たちの好きな色を混色でつくるようにする。 きれいな色がつくれず悩んでいる子がいたら，支援する。 友だちと協力して，作品づくりに取り組めるように支援する。
まとめ 15分	手分けして後片付けをする。 ・手や足，使った道具などをきれいにする。	汚れを落とすための雑巾とバケツは十分に準備しておく。

〈作成上の留意点〉
①学習指導要領において，各学年の内容の［共通事項］は表現および鑑賞に関する能力を育成するうえで共通に必要になるものであり，作成時に確認しておくこと。
②危険性を予測し，安全性の確認を事前に行っておくこと。
③校内の適切な場所に作品を展示するなど，平素の学校生活においてそれを鑑賞できるよう配慮すること。

小学校（5年）家庭科学習指導案

　　　　　　　　　　　　　　　　　　　　　　　　　　　指導教諭　　　　　　　印
　　　　　　　　　　　　　　　　　　　　　　　　　　　教育実習生　　　　　　印

1．日　時　　平成　年　月　日
2．学校名・学年・組　　　市立　　小学校第5学年　組（男　名，女　名）
3．題材名　　ごはんとみそ汁（8時間扱い）学習指導要領内容B（3）
4．題材の目標
　（1）日本の伝統的な日常食である「ごはんとみそ汁」の調理に関心をもつ。
　（2）ごはんとみそ汁の調理の仕方を工夫している。
　（3）ごはんとみそ汁の調理ができる。
　（4）ごはんとみそ汁の調理の仕方を理解している。
5．題材について（題材設定の理由）
　　「食育」が進められる中，日本型の食事のすぐれた点があらためて注目されている。「ごはんとみそ汁」は日本型の食事の典型である。しかし，児童は家庭でごはんを炊く，みそ汁をつくる経験が少ない。また，第5学年の家庭科では，ごはんとみそ汁の調理の前に「卵や青菜をゆでる調理実習」や，「ゆで野菜のサラダの調理実習」を経験している。
　　本題材では，ごはんの炊き方，みそ汁のつくり方がわかり，日常の食生活のなかで実践していこうとする態度を育てることをねらいとしている。
　　指導にあたり，ごはんについては，水加減・火加減をしてなべで炊飯することで，加熱により固い米が柔らかい飯になる変化をとらえさせたい。みそ汁については，だしのとり方，実の切り方や入れ方，みその味や香りを損なわない扱い方を学ばせたい。そのためには，実験的な扱いや一人学習など指導形態や学習形態の工夫をすることで，基礎的・基本的な技能を確実に身につけさせたい。
　　さらに，この学習を通して，自分でできる自信をもち，「家族のためにつくってみよう」という気持ちを育てたい。そこで，児童が実践しやすいように家庭の協力を求めていきたい。

6．題材の評価規準

観点	家庭生活への関心・意欲・態度	生活を創意工夫する力	生活の技能	家庭生活についての知識・理解
評価規準	○日本の伝統的な日常食であるごはんとみそ汁に関心をもち，調理しようとしている	○おいしいごはんの炊き方やみそ汁の作り方について自分なりに工夫している	○ごはんとみそ汁の調理に関する基礎的・基本的な技能を身につけている	○ごはんとみそ汁の調理の仕方について基礎的・基本的な知識を理解している

7．指導計画・評価計画

	○小題材名 ・学習活動（指導内容）	学習活動に即した評価　（　）評価方法			
		関心・意欲・態度	創意工夫する力	生活の技能	知識・理解
一次 (1) 本時	○ごはんとみそ汁を調べよう ・日本の伝統的な日常食であるごはんとみそ汁について知る（米やみその特徴）	・日本の伝統的な日常食であるごはんとみそ汁に関心をもち調理をしようとしている（観察・学習シート）			・日本の伝統的な日常食であるごはんとみそ汁について理解している（学習シート）
二次 (2)	○おいしいごはんづくり ・水の分量・浸水時間・加熱時間を考えて，ごはんを炊くことができる（1回目実習）	・おいしいごはんを炊こうとしている（手順・米の洗い方，盛りつけ方や配膳及び後片付け）（観察・学習シート）	・おいしいごはんの炊き方を考えたり工夫したりしている（学習シート）	・米の洗い方・水の分量・浸水時間・加熱の仕方を考えごはんを炊くことができる（観察・学習シート）	・おいしいごはんの炊き方を理解している（学習シート）

三次(2)	○おいしいみそ汁づくり ・だしのとり方，実の組み合わせや切り方，加熱の仕方を考えてみそ汁を調理する（1回目実習）	・おいしいみそ汁をつくろうとしている（だしのとり方・みそのいれ方・実の切り方や入れ方）（観察・学習シート）	・おいしいみそ汁のつくり方について考えたり工夫したりしている（学習シート）	・だしのとり方・みそのいれ方・実の切り方や入れ方に注意しみそ汁ができる（観察・学習シート）	・おいしいみそ汁のつくり方を理解している（学習シート）
四次(1)	○ごはんとみそ汁の実習計画を立てる（2回目の実習計画） ・手順を考え，ごはんやみそ汁づくりの調理計画を立てる	・ごはんとみそ汁づくりの手順に関心をもち，調理計画を立てようとしている（観察・学習シート）	・必要な材料や手順を考え，調理計画を自分なりに工夫している（学習シート）		・必要な材料と分量がわかり手順を考えた調理計画の立て方を理解している（学習シート）
五次(2)	○ごはんとみそ汁の調理実習 ・ごはんとみそ汁の調理をする 　ごはんはグループ実習，みそ汁は2人組み1人実習（2回目） ・ごはんとみそ汁の実習のまとめを発表する		・材料の洗い方，切り方，味つけ，色どりや食べやすさを考えた盛りつけや配膳，衛生的で環境に配慮した後片付けを考え工夫している（学習シート）	・材料の計量ができる・材料の洗い方，切り方，味の付け方，盛りつけや配膳・後片付けができる（観察・学習シート） ・必要な用具や食器およびこんろの安全と衛生的な取扱いができる（観察・学習シート）	・材料の洗い方，切り方，味のつけ方，盛りつけや配膳および後片付けの仕方がわかる（学習シート・ペーパーテスト） ・必要な用具や食器およびこんろの安全と衛生的な取り扱い方がわかる（学習シート・ペーパーテスト）

8．小題材の展開
（1）小題名　　　　　　　　ごはんとみそ汁を調べよう　（1／8時間目）
（2）本時の目標
　　　○日本の伝統食としてのごはんとみそ汁について調べようとする。
　　　○日本の伝統的な日常食として，ごはんとみそ汁の特徴がわかる。
（3）本時の展開と評価

○学習活動　・予想される児童の反応 □は学習課題	●教師の働きかけ ※指導上の留意点	[　]評価の観点・学習活動に即した評価規準・（　）評価方法
○日本人の長寿と日本型の食事のよさについて話し合う。（10分） 　・和食は，健康によいことを知る。 米やみそについて調べよう。 ○日常食べている米やみそについて調べてきたことを発表する。（20分） 　・米の種類と米を利用した食品を知る。 　・地域による食べるみその種類と原料を知る。 ○米やみその栄養を調べる。（10分） 　・米は，主に炭水化物を含むことを確かめる。 　・みそは，主にたんぱく質を含むことを確かめる。 ○米やみその特徴についてまとめる。（5分）	●家庭で食べている米やみそについて種類や原料について調べさせておく。 ●ごはんとみそ汁におかずを加えた1食分の例を示し，栄養のバランスが取れることを確かめさせる。（主食は米が多く，副食に魚や野菜がとれる） ※米の空き袋を事前に集める。 ●うるち米・もち米，無洗米・精白米・玄米などの米の種類と加工食品に気付かせる。 ●みその材料・塩分量・色などの違いが分かる資料を示す。 ●米やみその栄養を資料で確かめさせる。 ※米やみその種類，栄養，食品の特徴を確かめさせる。	[関]日本の伝統的な日常食であるごはんとみそ汁に関心をもち調理をしようとしている（学習シート） [知]日本の伝統的な日常食であるごはんとみそ汁について理解している（学習シート）

〈作成上の留意点〉
①1回目と2回目の調理実習のちがいを確かめること。②評価規準の作成は，国立教育政策研究所の資料を参考にすること。

102　第6章　学習指導案

小学校（4年）体育科学習指導案

　　　　　　　　　　　　　　　　　　　　　　　指導教諭　　　　　　　　印
　　　　　　　　　　　　　　　　　　　　　　　教育実習生　　　　　　　印

1．日　時　　平成　年　月　日（　）第　校時
2．学校名・学年・組　　　　市立　　小学校4年　組（男子12名，女子12名，計24名）
3．単元名　「アルティメット」（ゴール型ゲーム）全5時間扱い
4．単元の目標
　・ゴール型ゲームで，基本的なディスク操作や受けるための動きによって，やさしいゲームを楽しく行う。
5．単元の評価規準

運動への関心・意欲・態度	運動についての思考・判断	運動の技能
・ゲームに進んで取り組もうとしている。 ・規則を守り，友だちと励まし合って練習やゲームをしようとしたり，勝敗の結果を受け入れようとしたりしている。 ・友だちと協力して，用具の準備や片付けをしようとしている。 ・ゲームを行う場や用具の使い方などの安全を確かめようとしている。	・ゴール型ゲームの行い方を知るとともに，やさしいゲームを行うためのゲームの規則を選んでいる。 ・ゲームの型の特徴に合った攻め方を知るとともに，簡単な作戦を立てている。	・アルティメット（ゴール型ゲーム）で，やさしいゲームにおいて，基本的なディスク操作やディスクを受けるための動きをしようとしている。

6．本時の目標
　・簡易化されたゲームで，ディスク操作やディスクを受けるための動きによって，攻防することができる。（技能）
　・ルールやマナーを守り，友だちと助け合って練習やゲームをすることができる。（関心・意欲・態度）
　・チームの特徴に応じた攻め方を知り，自分のチームの特徴に応じた作戦を立てることができる。（思考・判断）
7．単元指導計画（本単元の流れ）
　・基本的なディスクの投げ方を知り，キャッチするために動こうとする。（1／5時間）
　・やさしいゲームを行うためのルール，攻め方や守り方がわかる。（2／5時間）
　・パスの動きを工夫し，練習する。（3／5時間）
　・簡単な作戦を立てて，ゲームを楽しむ。（4／5時間・本時）
　・アルティメット大会をする。（5／5時間）
8．本時の展開（4時間目）

時間	学習内容・活動	○指導上の留意点	備考
導入 5分	1．集合・整列・あいさつ 2．準備運動 3．本時に行うことの確認	○肩や手首，足首を重点的に行う。 ○前時を確認したうえで本時のめあてを確認。	
展開	パスやパスを受けるための動きを工夫して，練習やゲームをしよう。 4．パス練習 　①3メン 　②3メン　DFあり 　③カットイン 　④カットインDF（ゴールエリア） 　⑤スローイン（サイドスローインから）→ハーフコート 5．チーム分けを行い，作戦タイム。	○教師が実例を見せて，児童に把握しやすくする。 ○3人1組で行う。 ○①と③はドッチビー用のディスクを，②と④はシリコンディスクを使用する。 　（前時にも練習しているので短か目に行う） ○7～8人チームに分け，作戦タイムを設ける。	ドッチビー用ディスク　1つ以上 シリコンディスク　1つ以上 コーン　4つ マーカー4つ以上

35分	6．ゲームを行う。 ①第1ゲームをする。 ②ゲームを振り返り，作戦の見直しをする。 ③第2ゲームをする。 ④ゲームを振り返る。	○ドッチビー用ディスク　7分 　休憩・作戦タイム　　　3分 　シリコンディスク　　　7分で行う。	ストップウォッチ 　　　　　　1つ コーン　　　2つ マーカー8つ以上
まとめ 5分	7．がんばりカードを記入する。 8．整理運動 9．整列・あいさつ	○けが人や体調不良者がいないか確認する。	

9．本時の評価
・パスやパスを受けるための動きを工夫しようとしている。（技能）
・チームの特徴に応じて作戦を立てようとしている。（関心・意欲・態度）
・ルールやマナーを守り，友だちと助け合って練習やゲームをしようとしている。（関心・意欲・態度）

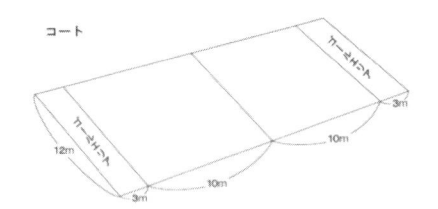

コート

4年＿＿組＿＿＿＿＿＿＿＿＿＿

がんばりカード

今日のめあて

　　　　　　パスやパスを受けるための動きを工夫して，練習やゲームをしよう。

今日のゲームの結果

□　―　□　で，勝ち　・　負け

ゲームを終えて
①パスをするとき，受けるときどのように工夫をしましたか。

②どのような作戦を立てて，ゲームをしましたか。

③ルールを守って，友だちと助け合って練習やゲームができましたか。

④今日の感想

手洗い・うがいをしっかりしましょう!!

小学校（6年）総合的な学習の時間学習指導案

　　　　　　　　　　　　　　　　　　　　　　　　　指導教諭　　　　　　　印
　　　　　　　　　　　　　　　　　　　　　　　　　教育実習生　　　　　　印

1．日　時　　平成　　年　月　日（金）第　校時（　時　分～　時　分）
2．学校名・学年・組　　　　市立　　　小学校第6学年　組　（男　名，女　名，計　名）
3．単元名　　「竹炭のパワーって何？」
4．単元目標
　　竹炭が生活のなかでどのように利用されているか調べたり，その効果を確かめたりして，竹炭を生活のなかに役立ててきた人々の知恵について気づき，また，自分たちで竹炭をつくり，それを生活に取り入れることによって，生活環境の改善を図ろうとする気持ちをもてるようにする。
5．単元について
　①単元の意図
　　　数十年前までは，炭は一般家庭での生活の燃料として欠かせないものであった。しかし，生活の変化により，炭は燃料として一般家庭では使われなくなった。炭はガス・電気に変わった。炭が燃料として使われているのは，家庭ではバーベキュー，飲食店での炭火焼きなど限られている。
　　　ところが，燃料としてではなく，生活のなかで「消臭炭」「炭石けん」「除湿」などに使われることが多くなった。そこで，校内にある竹林の竹を活用して竹炭をつくり，燃料以外の用途で炭を活用してきた先人たちの知恵について気づかせその効果を実感させるようにしたい。
　②児童の実態
　　　校内にある竹林は，七夕のときにどの学年も竹飾りの竿として活用したり，生活科の教材にしたりと子どもたちに親しまれている。昨年は，校内にある竹の特徴や根の張り方について調べて発表した。また，昨年の6年生が調べた竹炭については目にふれたこともあり興味をもっていた。
　　　竹炭は，代々の6年生が竹炭をつくり，校内の至る所においてあるからである。しかし，その意味については，あまり知ろうとしない。まず，装飾品の横においてある意味について調べ考えさせていきたい。そのなかで，竹炭の効果である消臭，水質浄化，土壌改良，遠赤外線効果などに気づかせたい。
　　　まず，竹炭をつくり，その効果を児童に実感させ，普段見過ごしてしまう炭の効能を生活の中に生かされていることを再発見させたい。そして，先人の残した知恵を共有し，自然を活用したもののよさを生活のなかで役立てていきたいという願いをもたせたい。
6．評価規準

活動への意欲	問題解決力	生き方への探究
竹炭の効果について調べ，生活のなかで役立てようと考えている。 　上質な炭を焼く方法を探究し繰り返し取り組んでいる。 　相手にわかりやすい方法で伝えている。	炭と生活のかかわりについて取材したり情報を集めたりしている。 　必要な道具や材料を計画的に準備している。 　自分たちの生活環境をよりよくするための方法を考えている。	竹炭の魅力や効果を生活のなかに生かし，改善しようとしている。 　先人の生き方や知恵を自分の生活に生かしたり取り入れようとしている。 　活動しながら得た思いを効果的に表現しようとしている。

7．指導計画　　（12時間扱いのうち本時は10時間目）

予想される子どもの活動と内容	教師の手立て
1　昨年度の活動を振り返る。 ・竹が根を張り，竹林が広がっていくことがわかった。 ・竹にはいろいろな種類があり，学校の竹は，真竹だった。 2　校舎内にある竹炭について調べる。 ・図書室の天井に竹炭が飾られている。 ・掃除用具入れの中にもある。 ・男子トイレに竹炭がある。	・昨年の経験を生かして今年の計画が立てられるよう竹に目がいくようにする。 ・卒業生の作品写真を手がかりになるよう提示する。

3　炭について，調べ観察する。 　・色はすべて黒く，手が黒くなる。 　・炭は木や竹がもとで焼いてある。 　・割れ目があり，小さな穴がいているようだ。 　・木炭より，竹炭のほうが穴がたくさん開いている。 　・炭は燃料に使われていたが最近は使われていない。。 　・燃料よりも，においを取るのに使われている。 　・消臭などには，竹炭のほうが多く使われているみたいだ。 4　生活のなかで竹炭が使われている様子を紹介しよう。 　・冷蔵庫の消臭剤　・飲料水の中　・靴箱の中 5　竹炭の効果について調べよう 　・消臭効果，土壌改良，マイナスイオン効果，水質浄化など 7　竹炭の効果を確かめよう 　・水道水と竹炭水を沸かして飲もう。 　・一日おいてみよう。 　・竹炭を混ぜた土で，植物を育ててみよう。 　・トイレや靴箱に竹炭をおいてみよう。 8　竹炭をつくってみよう。 　・卒業生に負けない炭をつくってみよう。　（本時） 　・竹から液が出てきた。竹酢というんだ。 9　竹酢液をつくり，利用の仕方を考えよう 　・竹酢液の効果，活用方法	・虫眼鏡を用意し，細かいところまで観察できるようにする。 ・家庭で使われていることを実感するために消臭剤など用意する ・図書館やインターネットを活用し調べやすいようにする。 ・衛生面に気をつけるようにする。 ・いろいろな発想をなるべく生かすことができるよう支援する ・安全面に気をつけてできるように理科室を使用する。 ・実現可能な実験計画を立てるようにする。

8．本時目標

　　自分たちでつくった竹炭と卒業生のつくった竹炭の様子を比べ，竹の焼き方の改善方法を考え，よりよい竹炭をつくる計画を立てる。

9．本時の展開

予想される子どもの活動と内容	支援（○）と評価（☆）
1．本時の学習問題について確認する。 　　　卒業生の竹炭に負けないものをつくるにはどうしたらよいだろう。 2．前に焼いた竹炭の焼き方を卒業生の竹炭と比べる。 　　　・重さがちがう。　・音もちがうよ。　・色が薄いような気がする。 3．グループの仕上がりの様子や気づいたことをワークシートに書き，発表する。 　　　・焼き方が足りないような気がする。 　　　・焼きすぎたのか，ぼろぼろになってしまった。 　　　・焼くと軽くなった。 　　　・液体が出ているよ。何だろう。 4．満足いく，焼き方の改善方法を相談する。 　　　・時間を考えて，短く（長く）しよう。 　　　・火力が弱いかもしれなので，バスバーナーで熱しよう。 　　　・アルムホイルで包むとやりやすいのではないか。 5．次回の活動確認をする。 　　　・ほかのグループのよさを取り入れてよりよいものにしよう。 　　　・次回もやけどや火災に気をつけて竹炭をつくろう。	○前回までに焼いた竹炭を用意しておく。 ○卒業生の竹炭を各グループに用意しておく。 ○比べる用具（秤，虫眼鏡）を準備し使えるようにする。 ○ワークシートの拡大したものを黒板に掲示し，書き込めるようにする。 ☆グループの竹炭の様子を観察し，焼き方の改善方法を相談している。（問題解決力） ○ほかのグループのよい方法も取り入れられるよう助言する。

小学校（3年）道徳学習指導案

　　　　　　　　　　　　　　　　　　　　　　　　　　指導教諭　　　　　　　印
　　　　　　　　　　　　　　　　　　　　　　　　　　教育実習生　　　　　　印

1．日　時　　平成　　年　月　日（　）第　校時
2．学校名・学年・組　　　　市立　　　小学校　第3学年　　組　　名
3．主題名　　「みんなのものは」　　中　4－（1）
4．資料名　　「水のみ場」　　　　出典：文渓堂
5．主題設定の理由
（1）ねらいとする価値について
　　　　本時で扱う内容項目は，中学年4－（1）「約束や社会のきまりを守り，公徳心をもつ」である。児童は，社会や集団のさまざまな規範を身につけながら成長してく。その過程で自分だけよければという考えを捨て，みんなのことを考えた行動がとれるように公共心や公徳心を養う必要がある。この期の児童は，流し場やトイレなどみんなで使う物や場所を大切にしようとする気持ちが足りない面が見られる。そこで，みんなで使う物や場所を使うときの約束やきまりをみんなで守っていこうとする態度を養うことが必要となる。さらに，この態度を養うことが社会生活を楽しく豊かにすることにつながることを理解させていくのである。
（2）児童の実態と指導の方向性について
　　　　本学級の児童は，教室や廊下の掃除や，1年生の流し場の掃除など，自分の分担の箇所を熱心にやったり教師に頼まれると教室内の汚れた所を念入りにきれいにしたりする姿も見られる。しかし，汚れた所があってもそのままでも平気でいて，教室内で紙くずや消しゴムのカスを平気で落としたり，絵具の水をこぼしてもそのままにしたりする姿も見られる。また，ほかの学級と共同で使う流し場に，給食の時間に床に落としたものを捨てて注意を受けた児童もいる。これは，「つい汚してしまったけれど，めんどうくさいからそのままにした」「汚したけれど誰かがやってくれるだろう」「別に自分が困るわけではない」など，自分さえよければという気持ちがあり，みんなで使う物や場所を自分の物と同じように大切にしようとか，ほかの人が気持ちよく使えるようにしようという考えが足りないからである。
　　　　そこで，集団生活のなかで気持ちよく生活するために，一人ひとりが約束を守って，みんなで使う物や場所を大切に使っていこうとする心がけが必要であることを理解させたい。
（3）資料の取り扱いについて
　　　　本資料は，使い方が悪いために水があふれそうになっている水のみ場を見て，よしお君は使うのをやめ，ひろ子さんはいやがらずにきれいにしたという話である。このよしお君とひろ子さんの行動や考え方のちがいを通して，みんなで使う物や場所は約束を守って次に使う人のことを考えて使おうとする態度を養いたい。
6．ねらい
　　　みんなで使う物や場所の大切さに気づき，約束を守って気持ちよく使おうとする態度を養う。

7. 展　開

過程	学　習　活　動　と　内　容	指導上の留意点
導入	1　みんなで使う場所がきれいに使えないことについて話し合う。 　　○　みんなで使う教室や廊下が汚くなってしまうのは，なぜでしょう。 　　　　みんなで使う場所がきれいに使えないのは，今の自分にどんな気持ちが足りないのでしょう。	・教室や廊下をきれいに使えなかったことがあったことを話し合う。
展開	2　資料「水飲み場」を読んで，ひろこさんとよしお君の水飲み場の使い方のちがいについて話し合う。 　　○　水を飲みながら，ひろ子さんは，どんなことを考えたでしょう。 　　　・きれいになって気持ちがよい。 　　　・水がおいしい。 　　○　ひろ子さんは，よしお君のようにもどらずに水飲み場の掃除をはじめたのは，どうしてでしょう。 　　　・放っておけない。 　　　・もっとつまると大変だから。 　　◎　みんなで使う物や場所について，よしお君とひろ子さんの考え方は，どのようにちがうでしょう。 　　　（よしお君） 　　　・汚くて気持ち悪いなあ。 　　　・汚いからよそへ行こう。 　　　（ひろ子さん） 　　　・みんなもこまるから。 　　　・人が汚した所でもきれいにすると気持ちよい。 　　　　「本時で学んだこと」みんなで使う物や場所は，約束を守ってきれいに使うことが大切だ。 3　学校の物や場所の使い方について，これまでの自分の考えや態度について話し合う。 　　○　学校の物や場所を，みんなのことを考えて大切に使ったことや，大切に使えずにみんなに迷惑をかけたことを思い出し，そのわけについても話し合いましょう。	・どのような思いがあって掃除していたか考えさせ，まず，使う人が汚さないことが大切であることをおさえる。 ・みんなで使う物や場所を使うときはどんな気持ちが大切なのか考えさせる。 ・これまで自分のことだけを考えて行動していたことにも気づかせる。
終末	4　教師の説話を聞く	

小学校（４年）学級活動指導案

　　　　　　　　　　　　　　　　　　　　　　　　指導教諭　　　　　　　印
　　　　　　　　　　　　　　　　　　　　　　　　教育実習生　　　　　　印

1．日　時　　　平成　　年　　月　　日（　）第　　校時
2．学校・学年組　　　　立　　　小学校　第４学年　　組
3．題材名　　「友だちともっと仲よくなろう」（活動内容２）
4．題材設定の理由

　中学年，とくに４年生になると，交友関係の広がりとともに，仲間意識も強くなってくる。その一方で，交友の幅も狭くし団結を強くしたり，男児，女児の間で摩擦が多くなったり，別々の行動をとったりする傾向が顕れてくる。

　こうした時期に，学級成員が互いのよさを幅をもって見つけあう活動に取り組むことによって，互いのよさを認め合い，思いやりの気持ちをもって協力しあう学級を築いていくことができる。集団が，等質性，閉鎖性のなかで強まっていく傾向にある学年だけに大切な題材と考える。

5．指導のねらい

　友だちのよさを見つける視点に，また相手に偏りがあったことに気づき，もっと幅広く友だちと接していこうとする意欲をもたせる。

6．指導の過程

（1）事前の指導と児童の活動
　① 日常の生活のなかで，友だちのよいところを見つけたら桜の花びらを見立てたカードに記入し，教室壁面に掲示した「みんなのよいところ集めの木」（模造紙に書いた桜の木の枝）に貼っていく。
　② 一人ひとりが各自に用意された「みんなのよいところ集め記録」の用紙にも，カードと同じ内容を１週間程度記入していき授業に臨む。

（2）本時の活動テーマ
　　「友だちのよいところをもっと見つけよう」

（3）本時のねらい
　　友だちのよいところの視点や相手が限られていたことに気づき，もっと幅広く見つけていける視点をもたせる。

（4）本時の展開

	活動のねらい・内容	指導・援助の留意点	備　考
活動の開始	1．司会者の選出。 2．活動内容の確認。 3．各自が記入してきた「よいところ見つけ」の記録を読み返し，どのような記録をしたかを発表しあう。	・今回は教師が司会を務める。 ・友だちのよいところをもっと見つけていくための時間であることを，あらためて共通理解させる。 ・１週間程度記入してきた「よいところ見つけの記録をもって授業に臨ませる。 ・各自が見つけた「友だちのよいところ」を自由に発表させる。 ・たくさんのよさが出たことを皆で喜ぶ。	・教室壁面の桜の木を黒板に貼り替える。

活動の展開	4．グループに分かれて，「友だちのよいところ見つけの記録」を発表しあう。	・「友だちのよいところ見つけ」の活動をしてきて学級がとても仲よくなってきていることを伝える。 ・「よいところ見つけ」の記録の内容はこれで十分なのだろうか，と疑問を投げかける。	・予想されるよさの「視点」と「相手」を短冊に書いて用意しておく。
	5．グループごとに，「よいところ見つけ」の内容を出し合い，整理して分類しあう。	・「よいところ」の内容に偏りはないかという視点を与える。 ・ある程度分類が進んだら，グループごとの観点を発表しあい，教師が黒板にまとめていく。 　・日常生活のなかでのやさしさ 　・授業中の活発さや活躍 　・係の活動や清掃当番でのがんばり 　・登下校中や休み時間でのやさしさ	
	6．グループごとに，「よいところ見つけ」の相手について話し合う。	・「よいところ見つけ」相手に偏りはないかという視点を投げかける。	
	7．グループから出された観点や傾向をもとに，各自の記録の傾向を振り返り発表しあう。	・同じ相手や仲よしの友だちが多い。 ・男の子は男の子，女の子は女の子が多い。 ・同じグループの子や近所の子が多い。 ・「友だちのよさ」をたくさん発見してきていたと思っていたが，その視点や相手に狭さがあったことを認識させる。 ・男女の仲もよくなっていく期待をもたせる。	
まとめ	8．今後の自分の努力目標（視点や相手）を考え，用紙に記入する。	・本時で気づいた「友だちのよさ」の視点や相手がもっと増えていけば，クラスはもっと，よくなることを伝える。 ・「友だちのよいところ見つけ」の活動をもう少し続けることを投げかける。	・新しい「桜の木」を貼り，記録用紙を新たに配る。

（5）事後の指導と児童の活動
　①各自の「よいところ見つけ記録カード」を，自分に不足していた「視点」と「相手」を意識しながら継続して記録していく。
　②教室壁面に掲示した「よいところ見つけの桜の木」のカード貼り活動もしばらく継続し，帰りの会などで内容の変化について話題にしていく。

7．評価の観点
（1）「友だちのよさ見つけカード」の記述を変えていく視点と相手とを新たに見つけ，記録を継続していこうとする意欲をもつことができたか。
（2）「友だちのよさ見つけの桜の木」の活動を今後も継続し，一層仲のよい学級にしていこうとする意欲が高まったか。

小学校（5年）外国語活動学習指導案

　　　　　　　　　　　　　　　　　　　　　　　　　　　指導教諭　　　　　印
　　　　　　　　　　　　　　　　　　　　　　　　　　　教育実習生　　　　印

1．日　時　　平成　年　月　日（　）第　校時（　時　分～　時　分）
2．学校名・学年・組　　　　市立　　小学校　第5学年　組（男　名，女　名，計　名）
3．単元名　　Hi, friends! 1 Lesson 8 I study Japanese.「夢の時間割をつくろう」
4．単元の目標
　（1）時間割について積極的に尋ねたり答えたりしようとする【コミュニケーションへの関心・意欲・態度】
　（2）時間割についての表現や尋ね方に慣れ親しむ【外国語への慣れ親しみ】
　（3）海外の小学校の学校生活に興味をもつ【言語や文化に関する気づき】
5．単元について
　（1）教材観　本単元では，日本と海外の小学校で学習されている教科名を取り上げ，時間割を活用しながら，教科名や時間割の表現に慣れ親しむ。単に時間割を説明したり，教科名を繰り返し練習することにとどまらず，どの教科が好きかなど，児童自身の興味・関心を尋ねたり答えたりさせる。また海外と日本の学校生活を比較することで，共通点と相違的に気づかせる。本単元の最後では，グループでつくった夢の時間割を発表させる。
　（2）児童観　本学級の児童は，明るく活動的で好奇心旺盛な児童が多い。学習や運動のみならず，日常の諸活動にも進んで取り組んでいる。男女の仲もよく，グループ活動も協力して行っている。ALTとの授業を楽しみにしており，英語を話せるようになりたいと憧れを抱いているが，英語で聞いたり話したりすることをむずかしいと感じている児童もいる。
　（3）指導観　本単元では難易度の高い表現があるため，児童が好きなゲームを取り入れ，十分に聞かせることで新しい表現に慣れ親しませる。児童が英語で話す負担感を軽減するため，時間割の発表はグループ単位で行い，どの時間割がどのグループのものか当てるクイズ形式にすることで，児童の興味を持続させる。
6．指導計画（5時間扱い）
　　　第1時　今日の時間割は何だろう
　　　第2時　海外の小学校の時間割を知ろう
　　　第3時　友だちの好きな教科を知ろう
　　　第4時　夢の時間割をつくろう
　　　第5時　夢の時間割を発表しよう
7．本時の学習指導（5時間扱いの2時間目）
　（1）本時の目標
　　・海外の小学校ではどのような教科を学習しているのかを知り，学校生活の共通点や相違点に気づく。
　　・時間割に関する表現を発話しながら，英語の音声やリズムに慣れ親しむ。

(2) 本時の指導計画

過程	児童の活動	教師の支援	留意点，準備物
導入 (5分)	1．あいさつをする。 2．曜日の歌を歌う。 3．今日のめあてを確認する。	◎曜日のカードを指さしながら歌う。	◎笑顔で温かい雰囲気をつくる。 曜日絵カード，CD
展開 (30分)	4．音声を聞き，リズムに合わせて"What do you study?"のチャンツをする。 ・2回音声を聞いたあとに，チャンツをする。	◎1回目は音声を聞かせ，どんな単語がでてくるか，発表させる。 ◎2回目は聞こえてきた教科の単語に合わせて，絵カードを指さしさせる。 ◎3回目は教科の絵カードを黒板に貼り，さしながら，チャンツをさせる。	◎ヒントを英語で添える。 教科絵カード，CD
	5．ビンゴゲームをする。 ・教師が言う教科を聞き取り，その教科名をビンゴシートの好きな枠に書き，ビンゴシートを完成させる。 ・"What do you study?"と担任に尋ね，担任が答える教科名に○をつける。 ・縦，横，斜めの1列で○がついたら，"Bingo"と言う。	◎担任が言った教科をビンゴシートに書かせる。 ◎出てきた教科を黒板に掲示した時間割表に貼っていく。 ◎慣れてきたら，児童にも教科名を言わせる。	◎音声を聞かせたあとに，絵カードを提示することで，聞き取りに集中させる。 ◎ビンゴになった児童も活動に続けて取り組ませるために，2列ビンゴになるまで続ける。 教科絵カード，ビンゴシート，時間割表
	6．海外の小学生の自己紹介と学校生活について聞き，わかったことを発表する。 ・3名の海外の子どもたちについて英語での自己紹介を聞き，わかったことを書き，発表する。 ・オーストラリア・韓国・中国の学校生活について聞いて，わかったことを書き，発表する。	◎ペープサートで3名の小学生の名前，国名，好きな教科について自己紹介する。 ◎2回聞かせて，ワークシートにわかったことを書かせる。	◎日本と海外の学校生活の共通点や相違点に気づかせる。 ペープサート，国旗絵カード，時間割表，ワークシート
まとめ (5分)	7．本時の学習を振り返る。 ・振り返りカードに，本時の気づきについて書き，発表する。 8．終わりの挨拶をする。	◎本時での新しい気づきについて，発表させる。	◎次時の意欲につながるように具体的に児童のよかった点を評価する。 振り返りカード

8．評価の観点

(1) 教科名や時間割についての表現を使って，尋ねたり答えたりしている。

(2) 海外と自分たちの学校生活の共通点や相違点に気づいている。

〈作成上の留意点〉
①聞く活動を十分に行ったあとで話す活動を取り入れる。
②紙面の都合で省略したが，児童の活動，教師の支援の箇所に主な英語表現を記入するとよい。
③留意点に評価の観点を記入する場合もある。
④まとめで歌の活動を行ってもよい。

中学校（１年）国語科学習指導案

　　　　　　　　　　　　　　　　　　　　　　　　　　　　指導教諭　　　　　　　印

　　　　　　　　　　　　　　　　　　　　　　　　　　　　教育実習生　　　　　　印

1　日　時　　平成　年　月　日（　）第　校時（　時　分～　時　分）
2　学校名・学年組　　　　市立　　中学校　第１学年　組（男　名，女　名，計　名）
3　単元名　課題をもって読み，自分のものの見方や考え方を広げよう
　　　　　　　教材名「少年の日の思い出」ヘルマン・ヘッセ，髙橋健二訳（光村図書１）
4　単元の目標
　（1）自分の課題をもって主体的に読もうとする。
　（2）作品の構成（あらすじや展開）をとらえながら，場面や登場人物の描写に着目して読み，自らの課題解決に役立てることができる。
　（3）作品に表れているものの見方や考え方をとらえ，自分のものの見方や考え方を広くすることができる。
　（4）自らの課題について，わかりやすい文章にまとめ，交流することができる。
　（5）語句の辞書的な意味と，文脈上の意味と役割を考えながら読むことができる。
5　評価規準

国語への 関心・意欲・態度	話す・聞く能力	書く能力	読む能力	言語についての 知識・理解・技能
自分の課題をもって主体的に読もうとしている。	自らの課題解決にむけて話し合っている。	自らの課題について，わかりやすい文章にまとめている。	構成・場面・登場人物の描写に着目し，自分の見方や考え方を広げている。	語句の辞書的な意味と，文脈上の意味と役割を考えながら読んでいる。

6　単元について
　（1）教材観　　少年時代の回想を通して，美しく魅力的なものに対するあこがれや，その心情によって衝動的な行動へと進んでしまう少年の心情と心理が見事な筆致で描かれている作品である。また，その行動の意味ともたらされた結果の自覚によって，少年期の成長の一側面が簡潔に語られている。「自分」を意識しはじめる中学生にとって，他者を意識しながら自らの行動を考えるうえで，共感だけではなく，さまざまな考え方にふれながら読み味わうことができる作品である。
　（2）指導観　　作品の構成や場面・登場人物の描写に着目して読み，文学作品の世界を味わわせたい。また，自らの疑問を大切にし，課題としてその解決に迫ることができるような学習展開としたい。
　（3）学級の実態　　融和的な雰囲気の学級であるが，幼さもあり，深く考えずに衝動的な行動をする生徒もいる。平均的な学力は高く，学習に意欲的である。反面，日常の読書習慣がない生徒も多く，文学作品を時間をかけて読むということには慣れていない。本単元を通して，文学作品を自分の課題をもって読むという読み方を学ばせたい。

7 指導計画（全5時間）

次(時)	学習活動	指導上の留意点	評価
一次 (1)	○学習のねらいや進め方をつかむ。 ○通読して，あらすじをまとめながら作品の構成をとらえる。	・学習活動の見通しをもたせる。手引き使用 ・語句の確認を指示 ・ワークシート使用　三場面 　語り手，客の回想（八つか九つのころ，二年たって）	「言語についての知識・理解・技能」 「読む能力」 授業後回収
二次 (2)	○感想と疑問をまとめる。（観点：人物の心情の変化，情景描写，作品の構成，文章表現） ○グループ交流をする。ほかのメンバーの発表を聞いて，新しい発見を確認する。	・あらすじ把握への評価 ・ワークシート使用 　感想，疑問，交流記録 ・グループは4名　司会1名 ・作品の表現に立ち返り，確認。	「読む能力」 机間指導・観察 授業後回収
二次 (3)	○感想や疑問から自らの課題を定め，再読しながら課題追究し，わかりやすい文章で記述する。（ノート）	・前時ワークシートから課題例を提示する。例：友人はなぜ思い出を語ったのか。エーミールはどういう少年か。お母さんは何を考えていたのか。僕は何に苦しんでいるのか。なぜ僕はちょうを押しつぶしたのか。	「書く能力」 机間指導・観察 ノート回収
三次 (4)	○類似した課題ごとのグループで，課題解決に向けた交流を行い，発表の準備をする。 （記録用紙使用）	・前時をふまえ教師がグループ構成する。 ・グループ4名　司会，記録，発表者，タイムキーパー ・作品の表現に立ち返り，確認。 ・発表の仕方を確認する。（本時参照）	「話す・聞く能力」 観察 記録用紙回収
三次 (5) 本時	○グループごとの発表を行い，クラス全体で課題への迫り方を確認し，読みを深める。 ○学習のまとめの感想を書く。	・進行は教師が行い，必要に応じて質問・意見を取り上げて相互の読みを深める。	感想回収

8　本時の学習指導（5時間扱いの5時間目）

（1）本時の目標　・自らの課題を追究した読みを交流することによって，さまざまな視点の読み方があることを理解できる。

（2）本時の展開

過程	学習活動	指導上の留意点	評価
導入 (5分)	1　前時のグループ交流を振り返る。 2　学習の目標と流れを理解する。	・グループ交流で課題解決へ向けての話し合いの評価（記録用紙使用） ・各グループの発表の準備の確認（前時に確認・準備） 　発表：課題を明示，課題解決の骨子，関連する課題，残された問題　など 　提示：骨子を小ホワイトボードに記入	
展開 (35分)	3　グループの発表を行い，課題への迫り方を確認して読みを深める。	・進行は教師が行う。 ・グループ全員が登壇し，発表者が発表。必要に応じて全員を補足させる。・質問，意見を取り上げ，課題への迫り方を確認。	「読む能力」 「話す・聞く能力」 観察
まとめ (10分)	4　本時のまとめ　学習を終えての感想を書く。	・さまざまな読み方，課題への迫り方から学んだことを記入させる。	「書く能力」 感想回収

（3）本時の評価　・自らの課題を追究した読みを交流することによって，さまざまな視点の読み方があることを理解したか。

中学校（１年）社会科（地理的分野）学習指導案

　　　　　　　　　　　　　　　　　　　　　　　　　指導教諭　　　　　　　　印
　　　　　　　　　　　　　　　　　　　　　　　　　教育実習生　　　　　　　印

１．日　　時　　平成　年　月　日（　）第　校時（　時　分～　時　分）
２．学校名・学年・組　　　　市立　　中学校　第１学年　組（男子　名，女子　名，計　名）
３．単　元　名　　世界の様々な地域　第１章世界の姿　第４節地球儀と世界地図の違い
４．単元目標
（１）地球儀や世界地図を活用し，緯度や経度によって地球上の位置が表されることを理解し，主な国の名称や位置などを調べることができる。
（２）世界の地域構成を大観し，大陸や海洋の分布，地域区分などを理解できる。
（３）大陸の位置や大きさ，形状をとらえ，世界の略地図を描くことができる。
５．単元・教材について
（１）中学校における地理的分野の最初の単元であり，小学校で学習した大陸や海洋の学習と関連させて扱うとともに，地理的分野の学習に対する興味・関心を喚起させる。
（２）地理的分野の学習の基本である地球儀や地図帳の活用の仕方を身につけるとともに，それらを身近な資料として常に活用できるようにする。
（３）世界を概観することで，大陸や海洋，主な国や地域の名称や位置を確認し，今後の社会科学習における基礎的知識を身につけられるようにする。
（４）地球儀と世界全図を対比して，それぞれの特色を理解できるようにするとともに，正しい方位の見方や地球上の位置関係を把握できるようにする。
６．評価規準
（１）世界の地域区分や地球上の位置の示し方に関心をもち，意欲的に追究しようとしている。
（２）地域構成や地球上の位置関係を多角的・多面的に考察し，世界の略図を特色をとらえて描いている。
（３）地球儀や世界全図を使って地球上の位置や方位，距離を正しく測っている。
（４）世界の大陸や海洋の分布，主な国々の名称や位置，地域区分などを理解し，その知識を身につけている。
７．指導計画　〈７時間扱いの本時は６時間目〉

時	学　習　課　題	留　意　点　・　着　目　点
1	○地球をながめ，大陸や海洋のようすを知ろう	・小学校での既習事項を活用する。 ・映像や衛星写真を活用する。
2	○主な国とその位置を調べよう	・生徒が知っている国から入る。 ・地図帳を活用する。
3	○国名，国旗，国境の特色を調べよう	・国名や国旗には意味があること，国境の特色に気づかせる。
4	○統計資料を使って主な国のようすを調べよう	・地図帳の統計資料を活用できるようにする。
5	○地球上の位置を緯度と経度を使って表そう	・緯線・経線の意味と役割を気づかせる。
6 本時	○地球儀と世界全図のちがいは何だろう？	・実際の地球儀に触れさせ，世界全図とのちがいに気づかせる。
7	○世界の略図を描けるようにしよう	・各大陸の大きさや赤道との位置関係に着目させる。

8．本時の学習指導
　(1) 本時の目標
　　　○地球儀と世界地図を比較し，その長所と短所を指摘できる。
　　　○世界地図にはそれぞれ特色があることを知り，その特色を生かした活用の仕方を理解する。
　(2) 本時の展開

過　程	学習内容（数字）及び 学習活動（○）	指導上の留意点（・）　　評価（◇）
導　入 （7分）	○　本時の学習課題を知る。 「地球儀と世界地図の違いは何だろう？」 1　日本とアメリカ合衆国の位置 ○　地球儀と世界地図で日本とアメリカ合衆国の位置を探す。	・本時の学習課題を板書する。 ・班ごとに1つ地球儀を用意する。 ・地図帳で各自2つの国を探すよう指示する。 ・次に班ごとに地球儀で2つの国を探させる。 ・班内で協力しあうよう指示する。
展　開 （35分）	2　地球儀と世界全図のちがい ○　地球儀と世界地図を比較し，それぞれの長所と短所を考える。 3　東京から真東の国 ○　東京から真東の国を予想する。 ○　地球儀上で紙テープを使って東京から真東の方向を確認する。 4　世界地図にはそれぞれ特色がある ○　各世界地図の特色を活かした使い道を考える。	・両者の長所と短所を対比できるように板書する。 ・地球儀とメルカトル図法の世界地図でオーストラリアとグリーンランドの大きさを比較させる。 ・ワークシート（シート）に長所・短所を記入させる。 ◇資料を基に二つの長所・短所を説明している。 　　　　　　〈資料活用の技能〉〈思考・判断〉 ・各自が予想したことをシートに書かせる。 ・紙テープで東京の真東をたどらせる。 ・東京中心の正距方位図法を使って東京の真東の方向にある国を探させる。 ・早くできた班には東京から見たニューヨークの方位とおよその距離を測る課題を出す。 ・正積図法・正角図法・正距方位図法を使って，それぞれの地図の長所と使い道を考えさせる。 ◇特色をもった世界全図とその使い道を理解している。 　　　　　　　　　　　　　　　　〈知識・理解〉
まとめ （8分）	5　本時の学習内容の振り返り ○　地球儀と世界全図のちがいと活用の仕方をまとめる。	・シートに意外だった点，驚いた点を書かせる。 ・机間を支援にまわり，個々の質問に応じる。 ・次時は世界の略地図を描くことを伝える。

　(3) 本時の評価
　　　○地球儀と世界全図の長所と短所を指摘することができている。　〈資料活用の技能〉〈思考・判断〉
　　　○世界地図には地図の種類によって特色があり，活用の仕方があることを理解している。
　　　〈知識・理解〉

中学校（1年）数学科学習指導案

指導教員　　　　　㊞
教育実習生　　　　㊞

1　日　時　　平成　　年　　月　　日（　）第　　校時
2　学校名・学級　　　市立　　中学校　1年　　組（男子　　名，女子　　名，計　　名）
3　単元名　　「図形の移動」
4　単元の目標
　① 平行移動・対称移動・回転移動に関して理解し，それらの性質を理解する。
　② 移動の考え方を活用して2つの図形の関係に着目し，中2での図形の合同への素地をつくる。
5　教材観　　本単元の関連では，小学校の図形教材で1つの図形の対称について学んでいる。それを含めて，これまでの多くの場合，図形を固定された静的なものとして観察することが中心であった。一方で，小学校では「ずらす」「まわす」「裏返す」などの操作を考察しており，本単元ではそれを発展させ，図形を移動の対象，移動できるもの，として見直すことで，3種類の基本的な移動（いわゆる合同変換の基本的なもの）があることを学び，それらの性質を理解する。合わせて，それらの図を書こうとすることで，作図に慣れさせる。
6　生徒観　　授業に積極的に参加する生徒が多く，さまざまな課題にも意欲的に取り組む姿勢を見せることが多い。基本的な知識・理解もしっかりしている生徒が多いが，さまざまな考えを巧く言い表すのが得意でない生徒もおり，生徒の発言を集約する段階では丁寧な対応が必要である。
7　指導観　　本単元で扱う3種類の移動そのものはむずかしいものではなく，小学校での経験からもわかりやすいものである。しかし，今回の扱いでは，いきなり定義に入るのではなく，導入にあたる第1時（本時）で一種のクイズ感覚で課題に取り組ませ，移動にさまざまなものがあることを，まず認識させる。また，少し変わった移動を考えた場合でも，頂点の対応を確認することで同じ移動になることがあることを理解させ，逆に，点の対応を考えることが移動の性質の発見につながることを意識させて，3つの移動の性質を学ぶようにした。
8　指導計画（本時は5時間扱いの1時間目）［　　］内は用語

時数	指導項目	指導内容	評価の規準（観点）
1	移動の考え方	移動の意味を理解する 移動が3種あることを理解する	「移動」に関心をもっているか（関） さまざま移動を考えているか（見）
2	平行移動	平行移動の意味と性質を理解する ［直線・線分・半直線］	平行移動・対称移動・回転移動のそれぞれについてどのような性質があるかを考えようとしているか（関） 性質を見つけることができた（見） 移動した図形をかけるか（技） 性質を理解したか（知）
3	対称移動	対称移動の意味と性質を理解する ［対称の軸・垂線・中点・垂直二等分線］	
4	回転移動	回転移動の意味と性質を理解する ［回転の中心・点対称移動］	
5	いろいろな問題	移動を利用して，いろいろな問題を解決する	移動の考え方をさまざまな図形に適用しようとしているか（関） 適用できるか（知）（技）（見）

9　本時の学習
①本時のねらい　・図形を移動の対象として見る見方をもつ
　　　　　　　　・「図形の移動」という考え方を理解する
　　　　　　　　・基本的な移動には，（平行・対称・回転移動の）3種類があることを理解する

②本時の展開

過程	学習活動	教師・生徒の活動	留意点・評価
導入 7分	課題提示	1辺25cm程度の厚紙を用意する。これをなぞるかたちで，図のような2つの正方形を板書し，厚紙をABCDに重ねて置く。 課題：「この正方形をDEFGのところまで動かすにはどのような方法がありますか？」を提示。この図を多くかいたプリント（A，B，C，Dの移動先を書かせる欄を含む）を配布して，できるだけ多くの移動法を考えるようにいう。	同じ厚紙から2つの正方形をかいて，2つが重ねられることを確認する。 課題の意図を分かりやすく正確に伝える。 動かし方のヒントを与えないようにする。 ［知：課題を理解する］
展開 40分	意見の発表	10分ほど考えさせた後，生徒を指名したり，挙手させたりして，いろいろな動かし方を考えさせる。 ［予想される動かし方］ そのほか，正方形を宙返り（一回転）させて重ねる方法などが出ることとも考えられる。 ①②③の考え方はクラス全体のなかで出てくると思われるが，⑤の考え方は出にくいものと予想される。	①平行移動 ②Dを中心とした回転移動 ③線対称移動 ④移動を2つ以上組合す ⑤正方形の外の点を中心とした回転移動 ［関：課題を考えようとする］ ［見：さまざまな移動を見つけることができる］ ［技：点の対応をまちがいなく確認できる］
	意見の発展	さまざまな意見を出させたところで， ・点の対応を確認させ，たとえば，宙返りのような移動は平行移動と同じであることを確認させる。 ・⑤が出ないときには，「②とよく似た動かし方で重ねる方法があるけど，どうだろうか」と発問し，生徒に議論させるなどで，発見を促す。時間が足りない場合には，無理に出させなくてもよい。	［知：対応が同じものは同じ移動であることが理解できる］ ［関：新たな移動を見つけようとする］ ［見：正方形の外を中心とする回転を発見できる］
まとめ 3分	本時の内容を整理する	「このように，図形の形と大きさを変えないで動かすことを，図形の移動と言います。移動にはさまざまな考え方がありますが，今確認したように，基本的な移動には3種類があります。次の時間からは，この3つの移動の性質を考えていきます」	［知：3つの移動があること，移動という用語の意味がわかる］

中学校（1年）理科学習指導案

　　　　　　　　　　　　　　　　　　　　　　　　指導教諭　　　　　　　印
　　　　　　　　　　　　　　　　　　　　　　　　実習生　　　　　　　　印

1．日　時　　　　年　月　日（　）第　校時（　：　～　：　）
2．学校・対象学級　　　　市立　　　中学校　第1学年　組（男子　名，女子　名，計　名）
3．単元名：身のまわりの物質「身のまわりの物質とその性質」
4．単元について
　①教材観　　本単元は身のまわりのさまざまな物質や現象の観察を通して，一見同じように見える物質に対する興味・関心を引き出し，物質を区別するための科学的な思考，実験器具の操作手順，観察，実験結果処理の技能を習得すること，また，発表を通して，物質の性質や状態変化について理解し，物質を基本的な性質にもとづき分類・分離できる能力を育成することがねらいである。
　　　　　　生徒は物質の状態変化については，氷－水－水蒸気を固体－液体－気体として経験的に知っており，無意識に理解しているが，身近な物質の状態変化についてはあまり意識していない。また，同じように見える身近な物質について直接触れたり性質を調べたりする体験は乏しい。そこで授業のなかでできるだけ家庭や身近にあるものを取り上げるなどの工夫が大切である。
　②学習活動観　身近な物質の区別の仕方，見分け方を通して科学的なものの見方や考え方，物事の本質を追究する心を育てることをねらいとする。また，これらの探究過程において，物質に直接ふれて調べる楽しさと意欲を育て，身近な物質に対する興味関心を高め，より高度な探究活動を行うため，目的意識をもち，実験結果の予想などに留意しながら観察，実験の指導を実施する。
5．単元の目標
　　身のまわりの物質についての，実験，観察を通して，固体，液体，気体の性質，物質の状態変化について日常生活と関連づけて理解するとともにさまざまな物質の性質や調べ方の基礎的方法を身につけ，物質に対する興味・関心を高める。
6．評価規準

自然現象への 関心・意欲・態度	科学的思考・表現	観察・実験の技能	自然現象についての 知識・理解
物質の状態変化について関心をもち，状態変化のときに体積や質量がどのように変化するか意欲的に調べようとしている	物質の状態変化についての観察実験の結果から状態変化のときの法則性を見いだしている	実験器具を正しく操作し実験を行い，その結果をグラフ化し沸点のちがいを利用し，物質を分離できる	物質が状態変化するときの規則性や物質の種類によって，融点や沸点がきまっていることを理解している

7．指導計画：身のまわりの物質　　　　　　　　　全23時間扱い
　第1次　身のまわりの物質とその性質　　　　　　5時間扱い
　　1時間　物体を物質で区別するには：いろいろな調べ方にはどんなものがあるか
　　2時間　金属と金属でないものの区別するには：金属光沢とそのほかの調べ方
　　3時間　金属を種類で区別するには：金属が共通にもつ性質の利用
　　4時間　白い粉末の物質を区別するには：白い粉末A，B，C，Dの区別　　　　　　（本時）
　　　　　　基本操作としてのガスバーナーの使い方
　　5時間　プラスチックを区別するには：プラスチックの区別
　第2次　気体の性質　　　　　　　　　　　　　　5時間扱い　　詳細省略
　第3次　水溶液の性質　　　　　　　　　　　　　7時間扱い　　詳細省略
　第4次　物質の姿と状態変化　　　　　　　　　　6時間扱い　　詳細省略
8．本時の指導・（1）本時の目標
　①4種類の白い粉末の物質を区別でき，その方法について考察ができる。
　②実験の基本操作としてのガスバーナーを正しく使うことができる。
　③計画的に実験ができ，実験結果を表にまとめることができる。
　④実験結果から4種類の白い粉末が何であるか推察できる。

(2) 本時の展開

過程	学習内容と予想される反応	指導上の留意点・教師の支援と[評価規準・方法]	資料・準備
導入 7分	前時までの内容の復習。 [予想] ・物体と物質のちがい ・金属の区別の仕方・金属光沢 ・質量，密度の測定 ・電流が流れるかどうか	・今までの学習内容をできるだけ思い出させる。 ・上皿てんびん，ガスバーナーの使い方についてもまとめさせる。 ・4人班で実験をすることを伝える。 ・できるだけたくさんに指名する。 　　[関心・意欲・態度] [発言]	・実験計画書配布 ・ワークシート ・本日使用するガスバーナーと使用しないが上皿てんびんも準備する。
展開 35分	課題の提示と把握 　問題提示 　4つの白い粉末が何か考えよう ・4つの白い粉末を区別するにはどんな方法があるか班で考える。各自でまとめる ・におい，見た目や手ざわり ・水に溶ける様子 ・熱した時の様子 ・ガスバーナーを準備し安全に操作できる ・計画的に実験を行い，未知の4つの白い粉末を実験器具を使って調べる実験方法を実験計画書・ノートにまとめて記入する。 ・ガスバーナーの使用方法について ・実験の結果を班で話し合い，白い粉末が何であるか推定する。	見ただけでは区別できないものを区別するためにはどのような方法があったか。 経験をもとに班のなかで発表ができているかどうか。 [関心・意欲・態度] [発表のしかた] ・手ざわり，におい， ・電流が通るか通らないか ・熱する，燃やす ・水に溶けるか溶けないか　ほか 　実験の結果の書き表し方について指導する。 　　[実験・観察の技能] [知識・理解]	・4つの白い粉末を準備 ・白砂糖 ・デンプン ・食塩 ・グラニュー糖 ・薬包紙に包み班に配布する。 ・中身をまちがわないように包装紙の表面に入っているものを明示する。A, B, C, Dと記入しておく。
		結果の記入・わかりやすく簡潔に記入 | 実験方法	粉末A	粉末B	粉末C	粉末D
---	---	---	---	---
見た目や手ざわり におい				
水に溶ける様子				
熱したときの様子　ほか						
		・ガスバーナーを安全かつ正しく使用することができるように指導する。 　　[観察・実験の技能] [行動観察] ・机間指導の徹底をはかる。	・上皿てんびんについてはこの実験では使用しないことを伝えておく。
まとめ 8分	本時のまとめ ・各班の結果を発表する。 ・4つの未知の白い粉末を区別することができることを知る。 ・計画的に実験ができ，結果を表にまとめることができる。 ・次時の予告を確認する。	・実験器具の片付けの際，協力して片付けることを伝える。 　　[観察・実験の技能] [記述内容]	ワークシートの記入と回収

中学校（1年）英語科学習指導案[*1]

指導教諭　　　　　　　　印
教育実習生　　　　　　　印

Ⅰ　日時　平成　　年　　月　　日　　曜日　第　校時
Ⅱ　学校・学級　　　立　中学校　1年　1組　（男子15名　女子17名）
Ⅲ　教科書　Sunshine English Course 1 （開隆堂）
　　　　　　Lesson 3　ウッド先生がやってきた　p.30〜33
Ⅳ　時間配当　（4時間扱い）
　　　第1時間目　p.30, p.31　一般動詞を使った肯定文を理解する。——本時
　　　第2時間目　p.32　一般動詞を使った疑問文，質問文を理解する
　　　第3時間目　p.33　一般動詞を使った疑問文，質問文を理解する
　　　第4時間目　p.34　これまでに出てきた動詞やアクションタイムの動詞を使い，相手のことを聞いたり，自分のことを伝えたりできるようになる。
Ⅴ　単元の目標　（1）一般動詞を使った肯定文を理解し，運用できるようにする。（主語は一，二人称のみ）
　　　　　　　　（2）一般動詞を使った否定文を理解し，運用できるようにする。（主語は一，二人称のみ）
　　　　　　　　（3）一般動詞を使った疑問文とその答え方を理解し，運用できるようにする。（主語は一，二人称のみ）
Ⅵ　本時の評価規準

コミュニケーションへの関心・意欲・態度	外国語表現の能力	外国語理解の能力	言語や文化についての知識・理解
ペアワークにおいて，聞き手にわかりやすい音量で，まちがいをおそれず積極的に話そうとしている。授業中の教師の英語を積極的に理解しようとしている。	一般動詞の用法を正しく理解し，話したり，書いたりできる。	一般動詞の用法を正しく理解し，本文を正しく読み取っている。アクティビティーにおいて，友だちの発言を正しく聞き取ることができる。	新出単語や新出文法（一般動詞の用法）を理解している。

Ⅶ　本時の目標　（1）一般動詞の文（肯定文）を用いて，自分が好きなことや普段することが言えるようになる。
　　　　　　　　（2）一般動詞を使った肯定文を理解し，それを用いて自己紹介ができるようになる。
　　　　　　　　（3）一般動詞の現在形を使った文の，習慣的意味合いを理解する。
　　　　　　　　（4）新出語句の発音と意味を理解する。
Ⅷ　視聴覚教材　CD，ピクチャーカード（PC），フラッシュカード（FC），お面
Ⅸ　本時の教材　Hello everyone. I'm Kate wood.Nice to meet you. I'm new here.I'm fromCanada. I speak English and French. I like music very much. I Play the piano.
Ⅹ　指導過程

指導課程	学習内容	学習活動	指導上の留意点
挨拶，ウオーミングアップ（3分）	挨拶，ウオームアップ[*2]	生徒とのinteractionを通して，天気，日付，曜日欠席者の有無などを聞くほか，状況にあった簡単な会話によりウオームアップを図る。これまでのアクションタイムの単語からとくに本時にて使う動詞を中心に，Simon saysを行う。	教師は元気よく。生徒が授業で臆さず発話しやすくなるよう英語の授業の雰囲気をつくる。アクションタイムの動詞の復習は，本時の導入にもつながるので，しっかり思い出させる。

復習 (3分)	復習	前課のまとめ	オーラルインタラクションで前課の復習をする。
導入 (4分)	オーラルイントロダクション*3	お面をつけることにより何人かの有名人になりきり、既習の文法に加えて、これまでにアクションタイムで出てきている動詞やlikeを用いそれぞれ自己紹介をする。また、生徒とのインタラクションにより、理解を助ける。	三人称にならないためにお面を用いる。動詞を使った文の意味が推測しやすいよう、わかりやすい人物になりきる。ゆっくり、繰り返しを多くして、反応を見ながら発話。
展開 (38分)	文法の説明 (4分＋ノートテイキング3分)	これまでに出てきたBe動詞の文と一般動詞の文との違いを意識させる。一般動詞の現在形の文のもつ習慣的意味合いも理解させる。	生徒が説明を聞く時間と、ノートをとる時間を明確に分ける。
	新出文法定着のための活動（10分）	1. p.30 聞いてみよう、いってみようを行う 2. Picture Cardを用いたパターンプラクティスによる定着 3. 条件作文による定着。すらすら言えるようになったら、パターンプラクティスで口頭練習した文章をいくつか書かせてみる。	機械的な練習になるのを防ぎ、意味を認識させるためPCを使う。パターンプラクティスはテンポよく。できるだけたくさん言わせる。動詞は、likeのほか、アクションタイムの動詞（eat play drink speak など）を用いる。目的語の部分は、できるだけ生徒になじみの深いものを用いる。ここでの作文は、文法定着の確認が目的なので、簡単なものを指定する。
	教科書の理解 (7分)	・FCを用いた新出単語の導入	FCの提示はテンポよく行うほか、単語が頭に残るよう提示の仕方など工夫する。
		・教科書CDを聞いてリピート ・本文内容を質疑応答の形で確認 ・難しい箇所の説明、理解の確認	意味を考えながら読ませる。逐語訳は避け、むずかしい箇所だけ確認する。
	教科書の音読練習 (4分)	・教師の後についてリピート ・音読練習（一斉読み、buzz reading、read and look up、一行読み、1分読み、個人指名読み、Chunkシートなどの中から何種類か選択）	音読にあたって、生徒が退屈しないようさまざまな読みの方法を取り入れる。
	新出文法を用いた活動（10分）	・自己紹介文をプリントに書き、ペアと言い合う。 ・何組かのペアを指名し、発表させる。 ・友だちの自己紹介を聞いてプリントに書き込む。	あらかじめ生徒が使いそうな単語はリストにしてプリントに載せておき、意味と発音を一通り確認してから活動に入る。まちがえたまま発話練習してしまうことがないよう、机間巡視によって、プリントの作文をチェックする。最後にプリントは回収。
まとめ (2分)	本時の学習内容の整理	・板書内容のおさらい ・宿題の提示：「おぼえよう！」(p.30)を覚え、書けるようにしてくること。次回小テスト。	

＊1 指導案には略案と細案がある。ここでは紙面の都合上略案を示したが、細案の書き方もよく研究しておくこと。また、指導案の書き方はさまざまな形態があるので、教育実習では、指導教諭の指導に従うこと。

＊2 そのほか、チャンツや歌などもウオームアップとして使うことができる。その場合、その課において学習目標である文法事項を含むものを選ぶこと。

＊3 オーラルイントロダクションは、ここで示したような文型を中心としたものと、本文の内容をやさしく言い換える内容中心のものがある。内容中心のオーラルイントロダクションを行った場合は、展開において教科書から入ったほうがわかりやすい。

中学校（2年）道徳学習指導案

　　　　　　　　　　　　　　　　　　　　　　　　　　　　指導教諭　　　　　　　印
　　　　　　　　　　　　　　　　　　　　　　　　　　　　教育実習生　　　　　　印

1. 日　　時　　　平成　　年　月　日（　）第　校時
2. 学校名・学年・組　　　市立　中学校　第　学年　組　　名
3. 主　題　名　　「適切な言葉」　　　　内容項目　2−（1）
4. 資　料　名　　「タカ菜漬け」　　　　出典：「きらめき2」神奈川県道徳教育部会
5. 主題設定の理由
（1）ねらいとする価値について

　　　内容項目は，2−（1）は「礼儀の意義を理解し，時と場に応じた適切な言動をとる」である。
　　　礼儀とは，相手を尊重し，敬愛する気持ちを具体的に示すことである。しかし，この時期の生徒は，周囲の状況によって恥ずかしがったり照れたりして，素直に自分を表現できずにいる生徒が見られる。そこで，日常生活において，礼儀をふまえた，時と場に応じた適切な言葉遣いや行動ができるような態度を育てることが大切である。また，言葉が相手に与える影響も視野に入れていく必要がある。

（2）生徒の実態と指導の方向性について

　　　本学級の生徒は，全体的に明るく素直で，自分の考えや意見を率直に言うことが多い。しかし，周りの雰囲気に合わせて表面上の意見を言ったり，友人の気持ちを深く考えず自己本位の話で盛り上がったり，ただ楽しんで発言したりしてしまうことが多い。それは，自分の思っていることは，そのまま言動に表すことが当然と考えている傾向があるからである。
　　　そこで，職場体験活動を控え，一人ひとりの意識は体験学習に向かっているが，この機会に，礼儀正しく人と接すると，人間関係が円滑になることを理解させ，実践しようとする心情を育てたいと考えた。

（3）資料の取り扱いについて

　　　本資料は，ある日父から送られてきたタカ菜漬けに対する「姉」の反応は，批判の対象になるだろう。もう少し思いやりのある言葉を使うべきだという意識をもたせたい。次の「弟の嫁」の反応で意見は分かれるように思う。批判論が多いだろうが，すっぱくて食べられないようなものを舅から送られてきた嫁の立場を考えると同情論も引き出せるはずである。そして，最後の「妹」からの手紙。どんな言葉が父を傷つけ，どんな言葉が父の心を元気づけたかを，しっかりとらえさせたい。

6. ねらい

　　礼儀正しく人と接すると，人間関係が円滑になることを理解させ，時と場に応じた言動をとろうとする心情を育てる。

7. 展 開

過程	学習活動と内容	指導上の留意点
導入	1　自分の言葉遣いや行動で人を喜ばせたり，怒らせたり，傷つけたりしたことはあるか話し合う。 　　・失敗してしまった友だちに「どんまい」と声をかけた。 　　・軽い気持ちで使った言葉で，相手を傷つけてしまった。 　　人の心を傷つけないために，今の自分の言葉の使い方で気をつけなければならないことを考えよう。	・意見がでないときは，具体的な事例を出して発言しやすい雰囲気をつくる。
展開	2　資料「タカ菜漬け」を読んで言葉の使い方について話し合う。 　　○「姉」からの電話についてどう思うか。 　　・言葉は強いが実の親子だから多少はよい。 　　・親子でも「処分に困る」はひどすぎる。 　　・温かみがまったくない。 　　○「弟の嫁」の手紙についてどう思うか。 　　・何か嘘っぽい気がする。 　　・嫁の立場だからしょうがないが，形式だけ。 　　・舅への思いやりがありそうだが，不審な点がある。 　◎元気をなくした父が再び畑に出たのはなぜか。 　　・「姉」や「弟の嫁」の言葉に傷ついたが，「妹」の手紙に元気づけられた。 　　・「妹」の手紙に，お父さんや亡くなったお母さんへの思いが込められていたから。 　　・「少し漬かりが浅かったけれど」という正直な言葉のなかにも温かさがある。 　　「本時学んだこと」相手の気持ちを考えて，時と場にふさわしい言動が大切である。 3　今日学んだことをもとに自分を振り返り，今の自分を見つめる。 　　○今の自分の言葉の使い方について思ったことを話し合う。 　　・相手に対して，自分に言葉が足りないところがあった。 　　・普段から言葉遣いには気をつけている。	・時に真実をストレートに伝えることが，相手を傷つけることになることを伝える。 ・形式だけの思いやりが，逆に人を傷つけることもあるということを考えさせたい。 ・言葉には，発する側と受け止める側の両方の存在があることを気づかせたい。 ・授業のはじめの自分と，友だちの考えを聞いたあとの自分の考えを比較の場として振り返る。
終末	4　教師の説話を聞く。	

中学校（2年）学級活動指導案

　　　　　　　　　　　　　　　　　　　　　　　　　指導教諭　　　　　　　印
　　　　　　　　　　　　　　　　　　　　　　　　　教育実習生　　　　　　印

1．日　時　　　平成　　年　　月　　日（　）第　　校時
2．学校・学年組　　　　立　　　中学校　第2学年　　組
3．題材名　　　「自分を知る」（活動内容2・3）
4．題材設定の理由

　中学校2年生に進級すると，これまでは友だちと比較することで自分をとらえていたが，自我の発達につれて，「自分は気が弱いのではないか」とか「自分は根気強さに欠けるのではないか」などと，自分の内面を客観的に見るような目が育ってきている。それにともなって，自身が考えている自分と，他人の目に映っている自分との間にギャップを感じたり，またそれを受け入れたりなどして自分を深く見つめていくが，心が不安定になってしまうこともある。

　それだけに，この時期に自分の長所や他人にはないよさを中心に，自分のよい特性を認識させ，自己を受け入れる方向に向けて支援することが大切であると考える。

　そして，これを機に，生徒自身が自主性，自立性の内面形成を深めるとともに，意欲的に自己を充実させていこうとする態度を育成していきたい。個々で学習したことが，今後の進路指導の進展のなかで，自己実現に生かされる素地をつくってやりたい。

5．指導のねらい

　自分の長所を中心に自分の特性を理解し，意欲的に自己実現を図っていこうとする態度を育てる。

6．指導の過程

（1）事前の指導と生徒の活動

　「自分を知る」というテーマで学級活動を行うことの意義を学級活動計画委員会に理解させ，委員会を通じて，「私は誰でしょう」（資料）に記入させる。（活動は放課後に行う）

（2）本時の活動テーマ

　「友だちの意見も参考にしながら，自分について考えよう」

（3）本時のねらい

　自分を振り返り，友だちの意見も参考にしながら自分を見つめ直し，自分をどう伸ばしていくかについて考える。

（4）本時の展開

	活動のねらい・内容	指導・援助の留意点	備　考
活動の開始	1．司会者の選出。	・今回は学級活動委員のなかから司会者を出す。	
	2．活動内容の確認。	・「自分について考える」ことについて，あらためて共通理解させる。	
	3．人についての見方があることを知る。 　用意された「私は誰でしょう」の1枚について誰であるかを当てさせる。	・班で話し合わせ，班として誰であるかを考えさせる。その際，理由も述べる。また，意見が大きく異なった場合には，複数で答えさせる。（ここでは，誰であるかの正解は発表しない。）	・資料を使用する。 「自分の長所や特徴と思うことを記入した紙。（無記名）」

活動の展開	4．「自分は気がついていないが他人は知っている自分。自分も他人も知らない自分がある。」ことについて教師の話を聞く。	・「自分のことは，自分がよく知っている。」と思っているが，果たしてそうかどうか，疑問を投げかけ，今までとは異なった視点で自分を見つめ直そうとする気持ちをもたせる。	○資料「ジョハリの窓」 ・自分も知っているし他人も知っている窓 ・自分は知っているが他人は知らない窓 ・自分は知らないが他人は知っている窓 ・自分も他人も知らない窓
	5．「私は誰でしょう」のゲームを班のなかでやる。	・ゲームがだらだらと長くならないように配慮する。終了後，3の活動の正解を発表する。	
	6．友人の長所，特徴について話し合う。	・教師の話が生かされるような話し合いになることと，他人を傷つけるような言い方をしないよう指導する。	
	7．自分について，班員から知らされたことについてまとめ，「ジョハリの窓」の紙に記入する。		○資料「ジョハリの窓」記入用。
	8．「自分は知らないが他人は知っている窓」に記入した生徒何人かに発表させる。		
まとめ	9．今後の自分の努力目標を考え，用紙に記入する。	・自分を伸ばそうとする意欲を高めるとともに，「自分も他人も知らない」未知の自分の開発に励むにはどうしたらよいかも考えるよう支援する。	・記録用紙

(5) 事後の指導と児童の活動
　①今回の指導が負の方向に働かないように，さらに自分を伸ばしていこうという意欲に燃えるよう個別指導により援助する。
　②今回は自分の長所を中心に，自分の特性を考えさせたが，さらに「自分を見つめる」という機会を増やし，さらに細やかな分析もさせ，「個性を生かす進路」につなげたい。

7．評価の観点
(1) 友人の意見も参考にしながら，自分を見つめることができている。
(2) 自分をさらに伸ばすための意欲をもつことができている。

中学校（1年）総合的な学習の時間学習指導案

指導教諭　　　　　　印
教育実習生　　　　　　印

1. 日　時　　平成　年　月　日（　）第　校時（　時　分～　時　分）
2. 学校名・学年・組　　市立　中学校　第1学年　組　（男　名，女　名，計　名）
3. 単元名　　「〇区再発見！みんなで考え，みんなで創る〇区の未来！」
4. 単元目標

　　自然教室（新潟）のアルバムづくりを通して，環境への関心を高め，表現力を培うとともに，その体験を生かし，自分たちの区の環境を調べ，自分たちの住む地域をよくしていきたいという意識をもつことができる。

5. 単元について
　①教師の願い

　　今回，「〇区の未来を住民とともに考え創る」ことを推進している〇区役所の福祉保健課と連携し授業を協働することで，生徒たちが〇区の未来を考え，将来，よりよい地域づくりに貢献する実践的態度が身につくことにつながればとよいと考えた。また，自然教室で体験した内容を，アルバムづくりにじっくりとまとめていく取り組みを通して，情報収集，その処理および表現の力を育て，その力を活用し〇区について考えさせたいと今回の単元を設定した。

　②生徒の実態

　　第1学年の生徒は，4月から「環境」というテーマのもと，わがまち〇区と自然教室の実施場所である新潟の比較学習を行って「環境」への関心を高めてきた。その学んだ成果を学年発表会で取り組むなかで，発表形態を工夫するなど，少しずつ表現力が身についてきた。

　　9月には，実際に自然環境豊かな新潟での自然教室を体験し，生徒一人ひとりがえがたい経験を積み重ねることができた。しかし，自分の住む地域に対しての思いは十分に深まったとはいえない。

　　また，学習意欲に生徒の個人差はあるが，全体的に受身がちであり，考えを深めたり根気強く取り組むことが苦手な生徒が多く，その解決のためのスキルが十分に身についていないように思われる。

6. 評価規準

関心・意欲・態度	思考・判断	技能・表現	知識・理解
①地域をよく変えたいという意識をもって活動している。 ②自分から進んで，意欲的に取り組んでいる。	①友だちのよいところ，学ぶところを進んで見つけている。 ②今までの自分と関連させて地域のなかでの自分のあり方を考えている。	①今までの学習の足跡をわかりやすく整理して表現している。 ②グラフを正しく読み取っている。	①地域の諸課題について理解を深めている。

7. 指導計画　　（14時間扱いのうち本時は14時間目）

学習活動と内容	教師の手立て
1．自然教室アルバムをつくる［9］ 　①アルバム計画書を作成する（2） 　　・今までの学習の足跡をわかりやすく整理するとよい。 　②アルバムをつくる　　　（7） 　　・見やすいように写真を貼ろう 　　・世界で1つのアルバムをつくるぞ 　　・見出しをつけよるとわかりやすい	・今まで体験した内容を分かりやすく順序よく整理できるよう助言する。 ・今まで調べたり体験した内容をわかりやすく工夫したり順序よく整理できるよう助言する。

2．アルバムの相互評価をしよう［1］ 　・○○のところがわかりやすくてよいところだ 　・色彩豊かで，活動したことがはっきりわかるね 3．○区再発見，みんなで考えみんなで創る○区の未来［4］ 　①アルバム相互評価の結果を表したグラフを読み取る 　　・グラフにあらわすとよくわかるね 　②3年生の代表が参加した区主催の「みんなで考え，みんなで創る 　　○区の未来」のビデオから地域に生きる人たちの話を聞き，その 　　考え方にふれる 　　・地域をよくしたいと思っている人がいるんだ 　③今までの活動を振り返り○区の標語を考える 　　・誰にもやさしい区になるといいな。 　　・新潟と環境はちがうけれど地域への思いは同じだ 　④ゲストティーチャー（○区役所の職員）の話を聞き，グループ討 　　議をする（本時） 　　・地域にはたくさんの課題があるんだな。 　　・今までの自分は○区のことそんなに考えていなかったけれど， 　　　友だちの意見を聞いて考え直そう	・公正に評価ができるよう助言する。 ・アルバム作成の相互評価の結果グラフが読み取れるよう助言する。 ・3年の先輩が生き生きと発表しているビデオを見せ，意欲が高まるよう支援する。 ・こんな○区であったらとの自分の思いを重ねながら標語をつくるよう助言する。 ・自分たちが調べた○区の諸課題について理解できるよう助言する。 ・積極的に討議に参加できるよう助言する。

8．本時目標

　区役所の健康福祉課の職員を招き，区の地域福祉保健計画についての話を聞くことを通して地域の諸課題についてグループ討議し，自分たちの区の未来について考える。

9．本時の展開

学習活動と内容	支援（○）と　評価（☆）
1　区役所健康福祉課の人に話を聞こう。 　・区ではめざす姿を6つの目標を立てて示している。 　　①安全が確保され，安心なまち 　　②活気にあふれ，健康なまち 　　③一人ひとりの個性を認め合い，みんなが共存するまち 　　④地域全体がつながりをもつまち 　　⑤子どもが健やかに成長できるまち 　　⑥必要な情報が正確に伝わるまち	○区役所の職員を紹介し，和やかに話せる雰囲気をつくる。 ○6つの目標を立てていることに着目させるように表示をする。
2　感想を発表する。 　・たくさんの課題があるが，目標を立てて未来を考えている 　・高齢者が多い区では福祉に関することがある 　・交通は便利だが，狭い道路に大型車が通る 　・よいところ，不便なところがある	○メモをもとに発表できるようにする。 ☆地域の課題について理解し深めている。
3　自分たちでできることを考えよう。 　　　自分たちの区の未来についてグループで討議しよう 　・みんなが挨拶できると気持ちよいまちになる。 　・ゴミ拾いをすればきれいなまちになる。 　・高齢者が多い地域なので，交流を盛んにするとよい。 　・交流を盛んにして，みんなが仲がよい区にしていきたい。 4　今の自分たちにできることは何か，感想を書く。 　・中学生ができることは，まちのよさを発見し伝えることかな。 　・学校のなかから挨拶を広げていくことかな。 　・しっかり勉強して未来のまちに役立つような人になりたい。	○未来の区について，自分たちができることを身近なところから考えるように助言する。 ☆今までの自分を振り返り，地域のなかでどのように行動したらよいか考えている。

高等学校　国語科（古典Ａ）学習指導案

　　　　　　　　　　　　　　　　　　　　　　　　　指導者 指導教諭　　　　　印
　　　　　　　　　　　　　　　　　　　　　　　　　教育実習生　　　　　　　印

1　指導日時　平成　年　月　日（　曜）　時
2　指導場所　　　県立　　　高等学校　2年　　組（自教室）
3　単元名　平安文学
　　　　教材名　『枕草子』（角川書店）
4　単元について
　　本単元では，「伝統と文化に対する理解を深め，生涯にわたって古典に親しむ態度」を養う。また，古典の解釈・鑑賞は一つのみが正しいということはなく，原文に即した範囲で自由にできることを，現時点での国文学研究の成果・定説に触れて理解させたい。
5　単元の目標
　①古典にふれ，わが国の伝統的な言語文化に対する理解を深めようとする。
　②古典に表れた思想や感情を読み取り，人間，社会，自然などについて考察することができる。
　③古典を読んで，言語文化の特質やわが国の文化と中国の文化との関係について理解すること。
6　教材について
　　『枕草子』の内容は，「もの型類聚」や「は型類聚」，日記，随想などさまざまで，一つの「随筆」として書かれたものとは考えにくい。本単元では，「春はあけぼの」「うつくしきもの」「雪のいと高う降りたるを」の三つの章段をみていくことで，『枕草子』の意図を幅広く考えさせたい。また，『枕草子』のもつ性格，独自性などを理解させるとともに，平安の宮廷生活の息吹を感じさせ，古典は単に古いものではなく今日的な意味に富んだ味わいの深いものであることを併せて学習させたい。
7　生徒の実態（男　名，女　名，計　名）
　　生徒は，昨年度来，古典の原文を音読する学習を積んできている。そのなかで，動詞，助動詞，助詞などの基本的文法学習は修めているので，内容の理解にさほどの抵抗はない。
8　指導計画（8時間）
　◎「春はあけぼの」から本章段の特徴をとらえさせる。
　◎「うつくしきもの」「雪のいと高う降りたるを」を精読し，それぞれ「春はあけぼの」とは異なる性格の文章であることに気づかせる。
　○「をかし」「うつくし」「らうたし」など多様な形容詞表現を押さえながら，章段の特徴および清少納言の観察力を読み取る。
　○後宮の文化を，人物関係を確認しながら押さえる。
　◎これまで発見してきた事柄から，随筆文学には収まらない『枕草子』の特徴を推察し，暫定的にでも結論づけさせる。
　○『枕草子』の三者三様な章段を俯瞰し，古典そのものに親しんでいく姿勢を身につける。

○「枕草子は随筆である」という通説とは異なる学説を知り，多様な解釈ができること，主体的に古典にふれていこうとする姿勢を身につける。

○『枕草子』のほかの章段について調べ，諸学説の内容や根拠，古典に親しむ姿勢を身につける。

9　本時の学習指導（5/8）

（1）目標　『枕草子』の多様な解釈を理解し，進んで古典に親しもうとする。

（2）展開

◎指導内容　○学習活動	留意点・◇評価
◎前回までの学習を確認する。	・範読後，音読させる。
○音読する。	・音読後，概要を押さえる。
◎「雪の…」を音読・精読する。	・範読後，音読させる。
○使役表現，最高敬語，『白氏文集』を援用した清少納言の機知などを，文意を確かめるなかで押さえる。	・音読後，概要を押さえる。
○指示語が具体的に何をさすのか考える。 　・さること・此の宮・さべき	
◎「なほ，此の宮の人には，さべきなめり」とは清少納言のどういうことからいっているのか考える。	
○グループワーク	
《予想される考え》 　・定子と女房たちが戯れている雅な様子 　・清少納言が漢籍の知識をひけらかしている様子 　・定子の語りかけに当意即妙に答える様子 　・降り積もっている雪を清少納言自身も見たく思い，わざわざ御簾を高く上げたお茶目な様子　など	
○グループの意見をまとめ，理由とともに発表する。	・即板書する。
○同じ箇所からいろいろな解釈が生まれる可能性に気づき，懐疑的・多角的視野をもって古典を楽しむ。	◇「さべきなめり」から多様な解釈を引き出せたか。
○板書内容をノートにまとめる。	◇諸学説を援用して生徒の意見を包括する。解釈に整合性が備わっていれば，そのような解釈の可能性があることを明言し，主体的に古典を読み解こうとする姿勢に誘う。
◎『枕草子』の性格を考える。	
○当時の後宮の状況をふまえながら古典に親しむ。	
○考えたことをノートにまとめる。	

《参考文献》

・松尾聰・永井和子『新編日本古典文学全集　枕草子』（小学館）

・渡辺実『新日本古典文学大系　枕草子』（岩波書店）

・萩谷朴『新潮日本古典集成　枕草子』（新潮社）

・池田亀鑑・岸上愼二・秋山虔『日本古典文学大系　枕草子』（岩波書店）

・土方洋一『日記の声域』（右文書院）

・岡崎真紀子・土方洋一ほか『高校生からの古典読本』（平凡社）

130　第 6 章　学習指導案

高等学校　地理歴史科（世界史B）学習指導案

　　　　　　　　　　　　　　　　　　　　　　　　　　　　　　指導教諭　　　　　　　印
　　　　　　　　　　　　　　　　　　　　　　　　　　　　　　教育実習生　　　　　　印

1．日　　時　　　　　　　年　月　日　第　校時（　時　分～　時　分）
2．学校・学年・学級　　　高等学校　　年　組（　　名）
3．使用教材　　　　　　『詳説 世界史B』（山川出版社），『最新世界史図説 タペストリー』（帝国書院）
4．単元名　　　　　　　「近代ヨーロッパの成立」
5．単元の目標
　16世紀から18世紀のヨーロッパ世界の動向（ルネサンス，宗教改革，主権国家体制の確立，世界各地への進出と大西洋世界の形成）について，社会や文化の特質，およびアメリカ・アフリカとの関係も含めて多面的・多角的に考察・把握する。
6．指導計画　　　　　　「ヨーロッパ世界の拡大」（1時間），「ルネサンス」（1時間），
　　　　　　　　　　　「宗教改革」（1時間…本時3／5時間），「主権国家体制の形成」（2時間）
7．本時の主題　　　　　「宗教改革」
8．本時の目標
　（1）宗教改革をめぐる政治的・社会的背景について把握する。
　（2）ルターやカルヴァンによる宗教改革，カトリックによる対抗宗教改革をめぐって，その目的，主要な取り組みについて把握する。
　（3）宗教改革が宗教面に留まらず政治や社会情勢にも影響を及ぼしたこと，および宗教改革の歴史的意義について，参照資料を活用して考察・把握する。
9．評価の観点　（以下，本時の目標に対する評価）
　（1）宗教改革をめぐる政治的・社会的背景について把握できている。［知識・理解］
　（2）ルターとカルヴァンによる宗教改革，カトリックによる対抗宗教改革をめぐって，その目的，主要な取り組みについて把握できている。［知識・理解］
　（3）宗教改革が宗教面に留まらず政治や社会情勢にも影響を及ぼしたこと，および宗教改革の歴史的意義について，参照資料を活用して考察・把握することができている。［思考・判断］［知識・理解］［資料活用の技能］

10．本時の展開

	学習内容	学習活動	留意点・参照資料等
導入 （3分）	（1）本時の学習に向けた動機づけ 「この作品で十字架を握っている人物は本時で学習する宗教改革の立役者ルターです。冠が落ちそうな人物は教皇で，動物の顔をした人たちはカトリック神学者です。この作品が表現しようとしているメッセージは何でしょうか？」 （問いかけのみ，まとめの時に再度発問する）		参照資料① 「ルターの首引き猫」 ※この木版画は，ルターの宗教改革に対する民衆の理解を広く得ることを目的に描かれたもので，「首引き猫」という遊びを表現手段とし，ルターの勝利を暗示する一方で，教皇や神学者は揶揄して描出（まとめの時に解説）。
展開A （15分）	（2）ルターによる宗教改革 ○1517年，ルターは福音信仰（キリストの伝えた福音のみに救済の根拠があるとして，聖書にもとづく信仰を強調）から，贖宥状（免罪符）販売を批判する九十五カ条の論題を発表。 ○1521年，教皇から破門され，ヴォルムス帝国議会に召喚されて自説の撤回を求められるが拒否。 ○ザクセン選帝公の保護の下，新約聖書のドイツ語訳を完成。	教師の発問① 「なぜ，ルターは聖書のドイツ語訳を行ったのでしょうか？」 （正答が出ない場合，ルターの福音信仰を確認する内容の補助発問を提示） 教師の発問② 「ルターによるドイツ語訳の聖書の普及に不可欠であった，ルネサンスの三大発明に該当するものは何でしょうか？」	参照資料② 教科書〇〇ページ，贖宥状販売の図，九十五箇条の論題を参照し，これらに関して説明。 ※聖書は，4世紀末に，ギリシア語写本からラテン語に翻訳，当初これを読めるのは一部の聖職者・知識人のみであったが，宗教改革前後に各国語（ドイツ語・英語など）に訳されるようになり，活版印刷が普及したのも関係して，万人が聖書を読むことが可能に。 　ルターは万人が聖書を読めるようにする目的で，初歩的なドイツ語や宗教教育も提唱。

展開A	(3) ドイツ農民戦争 ○1524～25年，ルターに影響を受けたミュンツァーが指導し農奴制の廃止などを要求，ルターは当初これに同情的であったが変節し，弾圧する諸侯側に回る。 (4) シュマルカルデン戦争 ○1546～47年，旧教徒（カトリック）と新教徒（プロテスタント）との争い。 (5) アウグスブルクの(宗教)和議 ○1555年，諸侯はカトリック派とルター派のいずれも採用可とし，領民は諸侯の宗派に従うとの原則を確立。		※当時のドイツは300前後の大小さまざまな領邦国家であり，教会領や独立権をもつ帝国都市が分立しており，こうした政治的分裂状態ゆえに教皇庁の最も重要な財源とされ，教会組織を通じて富はローマに吸い上げられていたので，「ローマの牝牛」と呼ばれる。 　こうした搾取に対し，諸都市の中小商工業者や農民層は不満を募らせており，ルターによる宗教改革は彼らの感情や利害とも一致。 ※アウグスブルクの(宗教)和議は，ルター派の諸侯に信仰の保持を容認し，「領主の宗教がその領土で行われる」との原則を確立。 　ルター派はドイツ，および北欧諸国に波及。
展開B (15分)	(6) カルヴァンによる宗教改革 ○カルヴァンは神の絶対主権を強調する厳格な禁欲主義で，一種の神権政治が展開。 ○長老主義（牧師と信者代表の長老が教会の信仰指導・管理・運営にあたる）を採用。 ○予定説（魂が救われるかどうかはあらかじめ神によって決定されている）を主張し，禁欲的に世俗の職業に従事することが神から与えられた地上における使命（天職=calling）を果たし，救いを確信することになるとして，世俗的職業に宗教的意味を与えたため，ヨーロッパの中産的市民・知識階級に受容。 ○16世紀後半，カルヴァン派はフランス・ネーデルラント・イングランドなどにも波及。 (7) イギリスにおける宗教改革 ○ヘンリ8世の離婚を認めない教皇との対立が発端で，1534年，ヘンリ8世は国王至上法（首長法）を発布，国王がイギリス国内の教会（国教会）の首長であると宣言し，ローマから分離したイギリス国教会が成立。 ○エドワード6世の時に教義面の改革が進行。 ○1559年，エリザベス1世は統一法を発布，イギリス独自の教会体制を最終的に確立。	教師の発問③ 「カルヴァンの教えは西ヨーロッパの商工業者に広く普及したといわれています。それはなぜでしょうか？」 （正答が出ない場合，カルヴァンによる予定説などを確認する内容の補助発問を提示）	※ルターやカルヴァンは，聖書から直接神の言葉を学び，信仰によってのみ神の恩寵が得られると主張し，神と人との間にカトリック教会が介在するのを否定。 　こうした万人司祭主義は，カトリック教会の権威を否定し，信仰の純粋化・内面化・個人化を促進。 　教皇の権威から独立した諸国家の支配者は国内・領内の教会を支配下において絶対的権力を掌握し，知識人や市民は新たな秩序を求め，農民は領主に反抗する根拠を聖書から導出。 　このように宗教改革は，カトリック教会を否定することにより，教皇を頂点とする全ヨーロッパ的なキリスト教世界の秩序や，教会が支えていた古い社会的秩序を根底から揺るがす歴史的意義をもつ。 ※イギリス国教会は，教会組織としてはカトリックから独立していたが，教義や儀式などの面でカトリックの伝統を残存。
展開C (10分)	(8) カトリックによる対抗宗教改革 ○1545～63年，トリエント公会議が開催，教皇の至上権の再確認，禁書目録の作成，宗教裁判所による異端取り締まり強化などが決定。 ○1534年，新教に対抗する目的でイエズス会が結成，厳格な規律と組織の下，ヨーロッパ以外でも積極的な宣教・教育活動を展開。 ○対抗宗教改革によって旧教徒と新教徒の対立が激化して社会的緊張が高まり，ヨーロッパ各地で宗教戦争が勃発するとともに，魔女狩りも横行。	教師の発問④ 「1549年，日本に来航したイエズス会の宣教師は誰でしょうか？」	※カトリックによる海外での宣教活動は，「大航海時代」の世界の通商・植民活動と連動しており，日本に来航したザビエル（シャヴィエル）もその一環。 　現在，アジアや中南米でカトリック教徒が多いのはそうした活動が一因。 ○各宗教戦争については後日改めて扱うので深入りしない。 参照資料③ 副教材○○ページ，魔女狩りの図を参照し，魔女狩りについてエピソードを交えながら若干説明。
まとめ (7分)	(9) 本時の要点整理 ○ルター・教皇・カトリック神学者の関係性 ○旧教と新教各派の概要	教師の発問⑤ 「授業の冒頭で紹介した『ルターの首引き猫』の作品のメッセージは何でしょうか？」 （正答が出ない場合，ルター，教皇，カトリック神学者の関係性を確認する内容の補助発問を提示）	参照資料④ 副教材○○ページ「旧教と新教各派の比較」を参照し，各宗派の概要について整理。

(主要参考文献：木下康彦・木村靖二・吉田寅 編『詳説 世界史研究』山川出版社）

高等学校　公民科（現代社会）学習指導案

　　　　　　　　　　　　　　　　　　　　　　　　　指導教諭　　　　　　　　印
　　　　　　　　　　　　　　　　　　　　　　　　　教育実習生　　　　　　　印

1. 日　　時　　　　　　年　月　日　第　校時（　時　分～　時　分）
2. 学校・学年・学級　　　高等学校　　年　組（　　名）
3. 使用教材　　　　　　『現代社会』（東京書籍），『フォーラム 現代社会』（とうほう）
4. 単元名　　　　　　　「豊かな生活の実現」
5. 単元の目標
　　現代の経済社会，および経済活動のあり方に関して，消費者問題，雇用・労働問題，社会保障などの多様な観点から，自己の生活と関連づけ，考察・把握する。
6. 指導計画
　　「自立した消費者への道」（1時間…本時1／5時間），「公害の防止と環境保全」（1時間），「労働者の権利」（1時間），「現代の雇用・労働問題」（1時間），「社会保障の役割」（1時間）
7. 本時の主題　　　　　「自立した消費者への道」
8. 本時の目標
　（1）消費者問題について自己の生活と関連づけて把握する。
　（2）消費者の権利の尊重，消費者保護の重要性，消費者に対する企業や国の責任について把握する。
　（3）自立した消費者となるために留意すべき点について参照資料などを活用して考察し，自身の意見を簡潔に示す。
9. 評価の観点　（以下，本時の目標に対する評価）
　（1）消費者問題について自己の生活と関連づけて把握することができている。［関心・意欲・態度］
　（2）消費者の権利の尊重，消費者保護の重要性，消費者に対する企業や国の責任について把握することができている。［知識・理解］
　（3）自立した消費者となるために留意すべき点について参照資料などを活用して考察し，自身の意見を簡潔に示すことができている。［思考・判断・表現］［資料活用の技能］

10. 本時の展開

	学習内容	学習活動	留意点・参照資料等
導入 (10分)	（1）本時の学習に向けた動機づけ ○現代社会は無数の商品（もの・サービス・情報）が大量に消費される社会であり，消費活動は日常的行為と化しており，これなしに生活することは難しい。 　またその際，消費に伴うトラブルに遭遇してしまう可能性もある。そうしたトラブルに巻き込まれることなく，自立した消費者として消費活動をするには，どのような点に留意する必要があるか？	教師の発問① 「皆さんが商品を購入する時，安全性に配慮して商品を選んでいますか？」 予想される生徒の答え 「安全性に配慮して商品を選んでいる」，「安全性に配慮して商品を選んでいない」，「商品によって安全性に配慮したりしなかったり」…	参照資料① 福島第一原子力発電所事故による放射性物質に汚染された食品に関わる新聞記事参照。 （概要のみ確認，展開Bの箇所でも再度取り上げる）
展開A (10分)	（2）消費者主権 ○消費者が自分の意思と判断にもとづいて商品を購入するとの考え方。 （3）消費者主権を阻む生産者による需要創出活動など ○依存効果（広告・宣伝などにより消費者の欲望を増幅） ○デモンストレーション効果（他の消費者につられて自身も同じ商品を購入）	教師の発問② 「これら新聞の折込み広告の中で，皆さんの購買欲が高まる広告はどれですか？それはなぜでしょう？」 予想される生徒の答え 「特価や半額などのお得な情報が記載されている」「カラー刷り」「活字が目立つ」「インパクトのあるレイアウト」「有名なタレントやモデルを起用している」…	参照資料② 新聞の折込み広告数種 （班ごとに比較検討） ※消費者主権の観点から各人の必要性や懐具合にもとづく主体的な商品選択が求められる。 　だが，実際のところは広告・宣伝・流行などが消費行動を左右し，商品を受動的に消費するケースも少なくない。

展開B (10分)	(4) 消費者問題の発生 ○消費者に十分な知識・情報が与えられていないため、有害商品や欠陥商品の被害を受ける問題が発生。 ○日本では、大量生産・大量消費が進んだ高度経済成長期に、食品による健康被害・薬害・家庭電化製品や自動車などの製品欠陥による事故が多発。 (5) 消費者運動 ○消費者問題をめぐる被害の拡大に伴い、消費者は自らの保護を目的に消費者団体を結成して消費者運動を展開し、次第に消費者固有の権利を確立。	教師の発問③ 「先ほど参照した福島第一原子力発電所事故による放射性物質に汚染された食品の場合、消費者自らの取り組みとしてどのようなことが考えられるでしょうか？」 予想される生徒の答え 「消費者団体が食品が安全かどうか測定機器などを用いて独自に調査を行い、そのデータを公表する」…	参照資料③ 副教材○○ページを参照し、製品欠陥による事故の事例を紹介。 (製品欠陥による事故の事例については深入りせず概要を押さえるにとどめる) ※「情報の非対称性」ゆえに、消費者の権利は尊重され、消費者保護が重視。
展開C (10分)	(6) 行政の対応 ○消費者運動先進国のアメリカでは、1962年にケネディ大統領が消費者の4つの権利：「安全である権利」・「知らされる権利」・「選ぶ権利」・「意見を聞いてもらう権利」を明確化し、それは他国の消費者行政にも影響。 ○日本でも、高度経済成長期の消費者問題の発生を契機として消費者運動が高揚、これを受けて政府も消費者保護に着手。 ex. 消費者基本法（2004年改正、消費者保護の基本的枠組みを規定）、クーリングオフ、製造物責任法（PL法、1994年）、消費者契約法（2000年）、消費者庁の設置（2009年）	教師の発問④ 「皆さんが街を歩いている時、セールスマンに呼びとめられ、そのトークに圧倒されてタレント養成教室に通う契約を結んでしまったのですが、この契約を取り消したいとします。それは可能でしょうか？」 予想される生徒の答え 「契約取り消し可能」「契約取り消し不可」…	○時間に余裕があれば、国際消費者機構（CI）が、4つの権利に加えて、「基本的ニーズが保障される権利」・「救済の権利」・「消費者教育の権利」・「健全な環境の権利」を提唱している点にも言及。 参照資料④ 副教材○○ページを参照し、行政側の具体的対応策について説明。 ※契約が不完全な意思表示で行われた場合、一定期間内に限って契約の無効や取り消しが可能であることを強調。
展開D (5分)	(7) 現代の消費者問題 ex. 契約をめぐるトラブル（路上でのキャッチセールスなど）、詐欺まがいの商法（マルチ商法など）、架空請求被害、代金支払いをめぐるトラブル（ネット取引など）、食の安全性や信頼性への不安（BSE、鳥インフルエンザ、福島第一原子力発電所事故による放射性物質に汚染された食品など）	教師の発問⑤ 「そうした行政の対応策によって消費者保護は実現しているでしょうか？」 予想される生徒の答え 「完全には実現していない」… 教師の発問⑥ 「私たちの身の回りにある消費者保護を阻む問題にはどのようなものがあるでしょうか？」 予想される生徒の答え 「放射性物質に汚染された食品」「キャッチセールス」「ネット上での架空請求や商品購入に絡むトラブル」「高金利のローン」「多重債務」…	※消費者教育を総合的・一体的に推進し、国民の消費生活の安定、および向上に寄与することを目的とした「消費者教育推進法」が成立・施行（2012年）された点も踏まえ、生徒の生活実態に引きつけて考えさせることに留意。 　生徒の日常に即した補助発問を提示しながら消費者問題に関わる事例が幅広く挙がるよう促す。 ※近年消費者問題は多様化・複雑化・深刻化しており、ゆえに消費者の権利の尊重と自立支援が不可欠。
まとめ (5分)	(8) 本時の要点整理 ――自立した消費者となるには？――	教師の発問⑦ 「私たちが自立した消費者となるためには、どのような点に留意する必要があるでしょうか？」 予想される生徒の答え 「宣伝・流行・友達の意見を鵜呑みにせず、自身で吟味して商品を購入するか判断する」「トラブルに巻き込まれてしまったら、クーリングオフなどを活用する」…	※自立した消費者として消費活動を行うためには、広告・宣伝・流行などを無批判に受け入れるのではなく、私たち一人ひとりが商品の価値・品質・安全性などに関する十分な知識を備え、自主的・合理的な判断をすることが重要。 　また、万一消費者問題に巻き込まれてしまった場合には、クーリングオフなどの消費者保護制度を活用することも重要。

高等学校　数学科学習指導案

　　　　　　　　　　　　　　　　　　　　　　　　　　指導教員　　　　　　　　印
　　　　　　　　　　　　　　　　　　　　　　　　　　教育実習生　　　　　　　印

1　日　時　　平成　　年　　月　　日（　）第　　校時
2　学校・学級　　　　県立　　高等学校　1年　組
3　題材と観点　　題材「2次関数　1節　関数とグラフ」
（1）単元の目標　一般の2次関数とそのグラフについて理解し，2次関数を用いて数量の関係や変化を表現し，それらの有用性を認識するとともに，それらを事象の考察に活用できるようにする。
（2）指導計画(13時間扱い：本時は第1時)
　　　第1時（本時）　　2次関数の導入
　　　第2時　　　　　　関数とグラフ，2次関数の定義
　　　第3・4時　　　　2次関数 $y=ax^2, y=ax^2+q, y=a(x-p)^2, y=a(x-p)^2+q$ のグラフ
　　　第5時　　　　　　2次関数 $y=ax^2+bx+c$ の平方完成とグラフ
　　　第6～9時　　　　2次関数の値の変化と最大・最小
　　　第10・11時　　　2次関数の決定
　　　第12時　　　　　2次関数の利用
　　　第13時　　　　　問題
（3）教材観　2次関数については，中3で関数 $y=ax^2$ を扱っており，その基本的な性質については学んでいる。この数学Ⅰでは2次関数を一般形 $y=ax^2+bx+c$ に拡張して関数概念の理解を深め，それらを処理してグラフや値の変化を考察するとともに，変化の本質は $y=ax^2$ と同様であることを理解する。また，具体的な事象に2次関数を利用できることを体験させて，2次関数を学ぶことのよさを認識させるとともに，積極的に活用しようとする態度を養う。
（4）生徒観　基本的な知識・理解については問題なく，さまざまな課題に積極的に取り組む雰囲気をもった学級であるが，こみ入った計算等の処理に困難を感じる生徒が多い。したがって，本単元ではとくに，平方完成などのこみ入った計算処理の部分は，丁寧に指導する必要がある。
（5）指導観　関数分野は，式やグラフの処理が中心となるため，ともすれば技能の部分が強調されやすいこともあり，具体的な事象への適用がわかりきったものになってしまう傾向があるのは否めない。今回の指導では，通常は2次関数の応用として扱われることが多い「雨どい」の問題を，課題学習的に単元の導入に用い，2次関数を学ぶ意義を感じさせるとともに，単元への意欲をもたせるように指導を展開する。
（6）評価の規準
　　　［関心］式・表・グラフを用いて数量の関係を調べることの有用性を認識し，2次関数などを具体的な事象に活用しようとする。
　　　［見方］2次関数の概念を理解し，関数のグラフの意義など，さまざまなかたちで数量の関係を調べることができる。
　　　［技能］2次関数の平方完成を用いてグラフを描いたり，グラフを利用して2次関数の変化や最大・最小を考えることができる。
　　　［知識］2次関数の意味を理解し，関連する用語やグラフの平行移動を理解する。

4　本時の指導
（1）内　容　　2次関数の導入（雨どいの断面積）
（2）目　標　　・課題となる数量関係を，表・グラフ・式など，さまざまな方法で考えようとする。
　　　　　　　・課題の解決が，既習の関数 $y=ax^2$ に類似していることを理解する。

(3) 展　開

過程	学習活動	発問・生徒の活動	留意点
導入 5分	課題を提示する	課題「幅25cmの金属の板の両端を折り曲げてコの字型の雨どいをつくる。断面の長方形の面積を最大にするには，どう折ればよいか」を提示する。	2次関数の学習であることは，あえて伝えない。
展開1 20分	課題を考察する	最初は，個人レベルでこの問題へのアプローチを考えさせ，さまざまな手法を考えさせる。 5分程度個人で考えさせた後，グループをつくらせ，そのなかで，それぞれの考え方の適否を検討させる。	個人で考えられない生徒への支援。 グループとして意見をまとめる必要はない。
展開2 20分	考察を集約する	各生徒が考えた方法をなるべく多く発表させる。 [予想される考察] A：折り曲げる長さを具体的に考える A①1cm毎に面積を考え，6cmが最大と考える A②①に加えて0.5cm毎に考え，6cmと6.5cmが最大と考える A③②に加えて，0.1cm毎，0.05cm毎に考え，(正解となる)6.25cmが最大と考える A④②の段階で，6cmと6.5cmで同一の値を取ることから，その中間の6.25cmで最大と考える B：折り曲げる長さを$x$cm，断面積を$y$cm^{2}としてx, yの関係を式$y=x(25-2x)=-2x^2+25x$と表現して考える B①この式のxにさまざまな値を代入する(Aを式の形で行う) B②式が$-2x^2$を含んでいることから$y=-2x^2$と同じ性質をもつと予想する C：なんらかのかたちでグラフを描いて考える C①整数の点を取り，6cmが最大と考える(A①) C②整数の点の位置などから，全体が放物線になるものと予想する D：折り曲げが0cmのときと，12.5cmのときに面積が0cm^{2}となることから，その中間で最大になると予想する B②またはC②の考え方が出るように導く。このことで関数$y=ax^2$につながることが予想できる。	正解は，6.25cm折り曲げたときである。 A①②は正しくない。 A③は正解にたどりついているが，具体例で最大と言えるか，を考えさせる。 A④も予想なので，本当にそうなるかの確認が必要。 Aと同じであることを，一応確認する。 C①が出たときには，②につながるような支援を行う。 Dは直感的過ぎるが，放物線であるとわかれば有効なので，確認はしておく。
まとめ 5分	まとめと予告	「みんなが思っているように，最大になるのは6.25cm折り曲げたときです」 「今出たように，このx, yの関係は関数$y=ax^2$の性質に似ているようです」 「次回からは，$y=x(25-2x)=-2x^2+25x$のもつ性質が関数$y=ax^2$の性質とどう結びついていくかを考えていきます」	

(4) 課題の留意点　幅を25cmとしたことで，整数の範囲では最大にならない。そのため整数で最大を考える誤答が出やすく，それを吟味することによって議論を発展させることができる（上記）。

(5) 評価　・最大となる場合を予想しようとする（関心）
　　　　　・何らかの方法で，最大となる場合を予想する（見方）
　　　　　・関数の式 $y=x(25-2x)$ を求める，あるいは，理解することができる（技能）
　　　　　・関数 $y=ax^2$ の性質を理解して，本課題に利用できる（知識）

高等学校　理科（物理）学習指導案

　　　　　　　　　　　　　　　　　　　　　　　　　　　指導教諭　　　　　　　　印
　　　　　　　　　　　　　　　　　　　　　　　　　　　実習生　　　　　　　　　印

1．日　　時　　　年　月　日（　）第　校時（　：　～　：　）
2．学校・対象学級　　　立　　高等学校　第2学年　組（男子　名，女子　名，計　名）
3．単元名：波動
4．単元について
　　①教材観　　波動は生徒にとって身近で経験として語りやすい対象である。池に小石を投げ入れると投げ入れたところを中心として波が発生する。水面の離れたところに浮かんでいる物体は波が通過すると揺れるが，その位置は変化しない。このことから水面の波は水の流れではなく水面の振動がまわりに伝わっているだけであることがわかる。波動は媒質の振動状態やエネルギーが伝播する現象であり，媒質は一点で振動しており，空間を移動しているわけではないことを理解することが大切である。いままで力学的な分野で取り扱ってきた物体の運動などの現象とは決定的に異なる。
　　　この波動については，中学校ではほとんど取り扱っておらず，生徒はこの単元で初めて波動現象について学ぶことになる。これから学ぶ音波や光の波動性（光波）についてのより深い理解のための基礎となる。
　　②学習活動観　　波動については，実験，観察を通して考察を深め，視覚的にすぐれる作図で具体的なイメージをつかみ現実の媒質の動きをイメージできることが大切である。そのため，生徒の興味関心を高めていけるように実物を提示し工夫して学習展開をすることが大切である。実物が見にくい場合についてはコンピュータを用いて媒質の動く様子を観察させるなど工夫が必要である。
5．単元の目標
　（1）身のまわりの波動現象に興味・関心をもち科学的に探究できる。
　（2）波が「振動の伝播」という性質を理解し，音波や光波などの波動現象全般の法則性について理解できる。
　（3）観察，実験，作図により波動現象全体を科学的に調べ表現できる。
　（4）身のまわりの波動現象を科学的手法で，判断・分析できる。
6．本単元の指導計画：波のある世界　　　　　　　全19時間扱い
　　第1次　波の性質　　　　　　　　　　　　3時間扱い
　　　1時　波の成り立ち・波の伝わり方…実験含む　　　　　本時
　　　2時　波の要素
　　　3時　波の種類
　　第2次　重ね合わせの原理と干渉　　　　　　2時間扱い
　　第3次　波の反射・屈折・回折　　　　　　　2時間扱い
　　第4次　音波　　　　　　　　　　　　　　　6時間扱い
　　第5次　光波　　　　　　　　　　　　　　　6時間扱い
7．評価規準

関心・意欲・態度	思考・判断	観察・実験の技能・表現	知識・理解
自然界のいろいろな波動現象について関心をもち，意欲をもって探究する科学的態度を身につけている	自然界のいろいろな波動現象のなかに課題を見いだし，それらの現象を論理的に考え分析し科学的に判断できる	自然界のいろいろな波動現象を観察し，実験を計画でき，基本的な操作ができる。結果を記録し，自らの考えを表現できる	自然界のいろいろな波動現象についての基礎的な概念や法則を理解し，知識を身につけている

8．本時の指導・（1）本時の目標
　　①身近な波動現象に興味関心をもち，科学的に調べることができる。
　　②波動は媒質の移動ではなく，振動状態が伝わることを理解できる。

（2）本時の展開

過程	学習内容と生徒の活動 予想される反応	指導上の留意点・ 教師の支援と評価	資料・準備
導入 8分	◎身近な波にはどんなものがあるか。 ［予想］ ・海の波，川の波 ・ひものつくる波　ほか 波にはどんな性質があるか考える。	・中学校では，ほとんど学んでいないため身近な経験から答えさせる。 ・用意した写真などを使ってイメージさせる。 ・音波，地震の波，競技場のウェーブなど。 ・深入りはしない。 ・ノートにまとめさせる。 ・発表させる。 　　　　　［関心・意欲・態度］	・海水浴やプールの写真 ・縄跳びの縄を使っての波の写真　ほか
展開 37分	◎波の伝わり方について考える。 ◎単振動と正弦波についての伝わり方について考える。 　グループ実験をする グループで行う。 ・波が伝わる様子を観察し，記録用紙に各自記録する。 ・波の形と赤青の玉の移動について確認する。 ・正弦波の発生と伝わり方 ・単振動と正弦波の関係について理解する。 ◎映像を見る。 ・用語を理解する	単振動については思考実験をさせる。演示実験をして助けとする。 　等速円運動と単振動についての確認と用語の解説をする。 長いつるまきバネのなかに赤い玉と青い玉の入ったものを用意し，グループで実験させる。 ・つるまきバネは伸びやすいので取り扱いには注意するよう指導する。 ・簡単な実験だが読み取りにコツがいるので指導する。 ・記録用紙に記入させる。 ・赤い玉と青い玉がどのように移動するのか確認し，記録紙に書かせる。 ・単振動が少しずつ伝わると正弦波になること理解させる。 ・各グループでまとめさせる。 　　　［技能］［思考・判断・表現］ ・波動，媒質，周期，振動数，振幅，波長，単振動，円運動，正弦波 　　　　　　　　［知識・理解］	つるまきバネ 長いつるまきバネ 　中に青と赤の玉 バネを固定するピン 画用紙 実験記録用紙配布（記録用） 実験や演示が見にくかったりして確認ができないことを予測して，最後に映像を見せる。 　資料映像 ・ワークシートを活用する。
まとめ 5分	本時のまとめ ・各班の結果を発表する。 ・次時の予告を確認する。	中学校ではあまり学ばなかった，波の具体的な性質や，音波，光波について学んでいくので身近な波動現象についても興味をしっかりもつことを確認する。	

高等学校　理科（化学）学習指導案

　　　　　　　　　　　　　　　　　　　　　　　　　　指導教諭　　　　　　　　印
　　　　　　　　　　　　　　　　　　　　　　　　　　実習生　　　　　　　　　印

1．日　　時　　　　年　月　日（　）第　校時（　：　～　：　）
2．学校・対象学級　　　　立　　　　高等学校　第2学年　　組（男子　　名，女子　　名，計　　名）
3．単元名：酸化還元反応
4．単元について
　①教材観・指導観　　「酸化還元反応」については，中学校では「化学変化と原子分子」のなかの「酸素がかかわる化学変化」で酸化によってできた物質を酸化物として学び，酸素と水素の授受反応としてとらえている。この単元では電子の授受としてとらえ理解できるように指導する。また，酸素の授受は「酸化物から酸素をとる」で酸化銅から金属銅を取り出す還元実験などで反応物と生成物を観察することから理解できる。さらに原子の酸化還元状態が示す「酸化数」を使って，反応の前後での酸化状態の変化を調べることで理解を進めることができる。
　　　また本単元の「酸化還元反応」では化学的な事象をより身近に感じ，物質に対する関心を高め化学的に物質を探究する方法を身につけさせたい。実験・観察と結果の整理をし，自ら酸化還元の概念の形成ができるような指導の工夫が必要である。
　②学習活動観　　中学校での学習内容に加え，断片的かつ定性的な知識を増やすのではなく，酸化還元反応の背景にある論理的，系統的な考え方を理解させ，定量的な実験・観察を実施することで基本的な概念の構成・学習が可能な教材である。また，時間の有効な活用のため適切な課題ワークシートなどを使用し授業時間の有効活用を図る。
5．単元の目標
　（1）意欲的に実験観察に取り組み，電子の移動を伴う現象に興味関心をもてる。
　（2）酸化剤，還元剤の働きを理解し，酸化数の変化を活用し，酸化剤と還元剤の量的関係について考察し問題解決ができる。
　（3）酸化数と還元剤を調べる実験を正確に行う技能と観察結果を酸化数の変化と関連付けて表現できる。
　（4）酸化と還元は電子の授受による反応であり，酸化・還元反応と電池，電気分解との関連，ファラデーの法則についても理解できる。
6．単元の指導計画：酸化還元反応　　　　　　　　　　　全10時間扱い
　　第1次　酸化と還元　　　　　　　　　　　　　　　　2時間扱い
　　第2次　酸化剤と還元剤　　　　　　　　　　　　　　3時間扱い
　　　1時　酸化剤と還元剤
　　　2時　酸化還元反応式のつくり方　　　　　　　　　　　　　　　　本時
　　　3時　実験（酸化・還元）
　　第3次　金属の酸化還元反応　　　　　　　　　　　　2時間扱い
　　第4次　電気と電気分解　　　　　　　　　　　　　　3時間扱い
7．評価規準

関心・意欲・態度	思考・判断	観察・実験の技能・表現	知識・理解
・電池や電気分解の実験に意欲的に取り組んでいる ・水溶液に電流を通じるといろいろな物質が生じることに興味をもつ	・電池と電気分解について酸化還元反応と関連づけて考えることができる ・水溶液の電気分解するときの反応をイオン化傾向のちがいから判断できる	・イオン化傾向を調べる実験結果をまとめることができる ・ダニエル電池をつくりモーターを回転させられる ・電気分解での電気量との量的関係が実験・表現できる	・酸化還元反応は電子の授受の反応であることを理解する ・電気分解での電気量との量的関係を計算で求めることができる

8．本時の指導・（1）本時の目標

①電子の授受にもとづき酸化剤・還元剤の働きを酸化数の変化から判断できる。

②酸化剤と還元剤の働きが反応式で表現できることを理解する。

（2）本時の展開・指導と評価

過程	学習内容と生徒の活動 予想される反応	指導上の留意点・ 教師の支援と評価	資料・準備
導入 5分	前時の復習 ◎酸化剤・還元剤の働きについて思い出す。 ・どんなものがありましたか。 ［予想］ ・過酸化水素	・酸化，還元についても確認をし，あわせて，酸化物についても思い出させる。 ・酸化剤はほかの物質を酸化することができる物質。 ・還元剤は還元できる物質。 ・電子の授受と受けるほうともらうほうの両方の酸化についても確認。 ［関心・意欲・態度］	ワークシート
展開 40分	◎酸化水素の性質 ・過酸化水素が酸化剤として働く様子を観察する。 ・化学反応式で表す。 ・ワークシートに記入する。 ・酸化数の変化を確認する。 ・過酸化水素が還元剤として働く様子を観察する。 ・化学反応式で表す。 ・発表する。 ◎酸化剤と還元剤の働きを示す化学反応式のつくり方 ・酸化剤が電子を奪い，還元剤が電子を放出するところを反応式で表す。	演 示 実 験 ・酸化数についての確認をする。 ◎過酸化水素とヨウ化カリウムとの反応を実物投影機を使いスクリーンに映し出す。 ・ヨウ化カリウム水溶液に硫酸を加えると溶液は無色から赤褐色に変化する。 ・ここにデンプン溶液を加えるとヨウ素デンプン反応。 ・ヨウ化物イオンが酸化されヨウ素分子になる。 ・過酸化水素がヨウ化物イオンになる。 ◎発表させる。　［知識・理解］ ◎同じ過酸化水素が酸化剤としても還元剤としても作用することを確認する。 　電子の授受に着目して反応式の係数を決めることを理解させる。 ・ワークシートに記入させる。 ・発表させる。 ・化学反応式についての説明をする。 ［知識・理解］	実物投影機 スクリーン 実験記録用紙配布（記録用） ワークシート 　演示実験を見せながらワークシートを完成させる。 ・ワークシートにまとめる
まとめ 5分	本時のまとめ ・各班の結果を発表する。 ・反応式で表現できる。 次時の予告を確認する。 ・酸化・還元の実験の予告	◎酸化数が減少すると還元され，酸化剤として働いた。 ◎酸化数が増加すると酸化され，還元剤として働いた。 ◎酸化数に着目して酸化剤と還元剤の反応式を組み合わせることにより反応式ができることを確認させる。 ［思考・判断・表現］	ワークシートを集める。

高等学校（1年）英語科学習指導案[*1]

　　　　　　　　　　　　　　　　　　　　　　　指導教諭　　　　　　　印
　　　　　　　　　　　　　　　　　　　　　　　教育実習生　　　　　　印

Ⅰ　日　時　　　平成　　年　　月　　日　　曜日　第　　校時
Ⅱ　学校・学級　　　立　　中学校　1年　組（男子15名　女子17名）
Ⅲ　教科書　　Prominence Comunication English（東京書籍）
　　　　　　　Lesson 3 You are smarter than you think
Ⅳ　時間配当[*2]　7時間扱い
　　　　第1時間目　Part1（p.29,30,31）―本時　　第2時間目　Part1（p.30,31）
　　　　第3時間目　Part2（p.32,33）　　第4時間目　Part2（p.32,33）
　　　　第5時間目　Part3（p.34）　　第6時間目　Part4（p.35）
　　　　第7時間目　Part4（p.35,p.36）
Ⅴ　単元の目標
　（1）中学校で学習したSVO（Oはwhatなどで始まる節）を確認し，理解を深め運用できるようにする。
　（2）中学校で習った関係代名詞を確認し，理解を深め運用できるようにする。
　（3）中学校で習ったSVO1 O2（O2＝howなど＋to不定詞）を確認し理解を深め，運用できるようにする。
　（4）新出単語，熟語を理解し，正しく運用できるようにする。
　（5）Dr.GardnerのMI理論にもとづき，友だちの賢さについて具体的に考え英語で表現する。人間一人ひとりの知能の型のちがいに気づかせ，一人ひとりが得意なことを生かしての助け合うことの必要性を確認する。
Ⅵ　本時の評価規準

コミュニケーションへの関心・意欲・態度	外国語表現の能力	外国語理解の能力	言語や文化についての知識・理解
MI理論について関心をもち，積極的に理解しようとしている。授業中の教師の発話を理解し，まちがいをおそれず英語で答えようとしている。アクティビティーにおいて，積極的に発話しようという意欲が見られる。	聞いたり読んだりしたことの内容についての質問に英語で答えることができる。MI理論の基本コンセプトや特徴について英語で表現できる。	IQにより知能を測るという概念に対するMI理論の新しさを読み取る。やや抽象度の高い記述内容を適切に理解できる。	MI理論について理解している。新出単語や新出文法（SVO，O＝Whatなどで始まる節）を理解している。意味を認識しながら，適切なイントネーション，スピード，発音で音読できる。

Ⅶ　本時の目標
　（1）SVO（Oはwhatなどで始まる節）を理解する。
　（2）Part1を理解することにより，"smart"ということの意味を考える。
　（3）新出単語，熟語を理解する。
Ⅷ　視聴覚教材　　CD，ピクチャーカード（PC），フラッシュカード（FC），
Ⅸ　本時の教材　　教科書，Chunk Sheet（英語と日本語を併記），プリント

　Do you think you are smart? Come to think of it, what does it mean to be smart? Many people believe being smart means doing well on tests in school, but there are lots of other ways to show your smartness. For the past 100 years or so, psychologists have used IQ tests to determine how smart people are. IQ tests usually measure a person's ability with words and numbers, but they don't test other important abilities in, for example, art, music, or sports.

　Dr. Gardner, a psychologist and professor of education at Harvard University, doesn't think IQ tests can truly measure a person's smartness. According to him, smartness refers to how well a person learns things. He found that people show their smartness in many different ways. He also found that different parts of the brain are seemingly connected with different ways of being smart. Through his research, he came up with the Theory of Multiple Intelligences (MI) to explain all this.

X 指導過程

指導課程	学習内容	学習活動	指導上の留意点
ウオームアップ 3分	greeting, warm-up 挨拶，ウォームアップ（3分）	Small talk（簡単なニュースなどを利用してそれを紹介したり，意見を聞くなど）。	・教師は元気よく。生徒が授業で臆さず発話しやすくなるよう英語の授業の雰囲気をつくる。 ・Small talkは，生徒が話したくなるように題材を工夫し，活発な言語活動の機会となるよう心がける。
復習 3分	review 復習（3分）	前時の教材をフレーズリーディングで音読後，何カ所か選んでbackward buildupで文をリピートさせる。	・意味を意識しながら声を出すことを重視して指導する。
導入 4分	oral introduction（4分）[*3] オーラルイントロダクション	Part1の内容を，やさしい英語で紹介。そのなかで"smart"という言葉の意味についても考えさせ，生徒とのinteractionを通じ発話させる。	・教科書p.29の写真も活用。内容への動機づけが目的であるので，発話の文法的正確さより，自由に発話できることを大切にし，活発に発言させる。
展開 38分	new wards 新出単語（5分）	・FCを用いた新出単語の導入，定着 ・パラフレーズ問題による定着	・FCは通常の使い方のほか，見せ方を工夫して，3，4回提示し，しっかり印象づける。 ・新出単語を英語でパラフレーズし，正解を選ばせる問題をプリントにて作成。
	CD listening and Chunk-reading 本文CDを聞き，リピート（3分）	・chunk reading	・ここでは，次のReading comprehenshonにつながるものとして，全体の文章のおおまかな把握を目的とするため，一度だけチャンクごとにリピートさせる。
	Reading and Listening Comprehenshon 教科書本文の内容理解（20分）	1．フレーズ探し（〜という意味の箇所，〜ということを表している箇所を本文中から探させるなど） 2．T or F 3．内容についての英問英答（writing） 4．本文中のむずかしい部分の解説 5．ターゲットとなる文法の，パターンプラクティスによる理解，定着 6．ターゲットとなる文法定着のための，パターンプラクティスを基としたペアワーク（会話文）	・1，2，3，6はプリントを使用。 ・ここでは生徒が，全訳しなくても意味がとれるようになるに課題を工夫する。生徒がさらに，課題を解くなかで何度も黙読せざるを得ない課題にすること。スキミングも合わせ，少なくとも5，6回は本文に目を通させる。逐語訳は避け，むずかしい箇所だけ確認する。
	音読練習（5分）Reading Aloud	1．意味を確認しながらChunkごとにリピート 2．buzz reading 3．Pararell Reading 4．Read and Look up 5．Shadowing	・生徒が飽きないよう，さまざまな音読練習法を取り入れる。 ・生徒が常に意味を認識しながら声を出すよう指導を工夫する。
	Oral translation（5分）	Chunk Sheetを使い，パートナーと交互に日本語を言い，英語を再生する練習。	
まとめ 2分	本時の学習内容の整理（2分）	・授業のおさらい ・宿題の提示	

[*1] ここに掲載したのは略案である。2013年度から実施の高等学校指導要領に関して，「授業は英語で行うことを基本とする」という改訂箇所がよく取り上げられているが，学習指導要領解説には，「…授業のすべてを必ず英語で行わなければならないということを意味するものではない。英語による言語活動を行うことが授業の中心となっていれば，必要に応じて，日本語を交えて授業を行うということも考えられるのである」とある。自分の英語力，生徒の英語力などを鑑み，最も効果的な最善のバランスを試すこと。

[*2] この指導案では，およそ各パートを2時間で終えるようにしている。各パートの1時間目は教科書本文中心とし，2時間目はペアワークなどを用いた当該の言語材料の定着，本文の内容に関するライティングやスピーキング，要約などを行いたい。

[*3] 教師が自分でOral Introductionの英文をつくるほか，各レッスンの扉のページに書かれた導入用の英文や写真を利用することもできる。

巻末資料

Ⅰ 教育実習の実際
 1．教育実習実施要項（例）
 2．教育実習日程（例）
 3．教育実習日誌（例）
 4．授業研究の記録（例）

Ⅱ 教育にかかわる法律
 1．教育基本法
 2．学校教育法（抄）
 3．地方公務員法（抄）
 4．教育公務員特例法（抄）

 5．公職選挙法（抄）
 6．教育職員免許法（抄）

Ⅲ 児童憲章

Ⅰ 教育実習の実際
1．教育実習実施要項（例）

平成〇〇年度　教育実習実施要項

〇〇市立〇〇小学校
平成〇年〇月〇日
教務部　〇〇〇〇

1　実習生　〇〇大学〇〇学部〇〇教育学科　3年生　〇〇　〇〇
　教育実習の目的・内容については，大学から示された「教育実習要項」に基づいて行うものとする。本校に配置された実習生は，校長・副校長及び指導教官のもとに実習に当たる。本校における勤務・その他については，下記の通りである。

2　実習期間　平成〇年10月15日（火）～11月8日（金）　4週間

3　勤務について
　（1）出勤　午前8時15分までに出勤する。出勤簿に押印し，出勤札を「出勤（赤地→白地）」にする。
　　　　　　　　　　　　　　　　　　　　　　　　　　　　　　　　　出勤札の作成［庶務］
　（2）退出　午後4時45分以降，指導教官に連絡し承認を得てから退出する。出勤札を元（白地）に戻す。
　（3）欠勤・遅刻・早退　必ず指導教官に連絡し，後に届出書を教育実習担当（教務〇〇）に提出する。
　　　なお，欠勤が3分の1以上，遅刻早退は3日で欠勤1回と数え，評定が「不可」となる。
　（4）教材研究，指導案作成等で，退出が遅くなる場合には，指導教官に申し出て許可を受ける。
　（5）出勤後は，授業実習以外の場合においても，学習環境の整備，教室・校庭における児童の指導，給食・清掃・係・委員会・クラブ活動・たてわり活動は，原則として指導教官の所属しているものとする。
　（6）学校事務，学級事務についても，指導教官の指導を受け実施する。

4　授業実数について　　　　　　　　　　　　　　　　　　　［基本的には大学で定める実施要項による］
　（1）授業時数　6教科以上，10時間以上とする。（但し，研究授業2教科2時間以上を含む。）なお，道徳・特活等の時間は含まないが，指導にも積極的に取り組む。
　（2）全日経営　1日（上記6教科以上8時間以上の他に，実習生が全日指導する。）
　（3）指導案　普通授業，全日経営案は，前もって指導教官に指導を受け，指導目標，展開等を整理し，指導案を清書して臨むこと。印刷部数は33部。（授業日の前日までに全職員のレターケースに入れる。但し，授業が月曜日の場合は，前週中に配布する。）研究授業の指導案は，細案形式とする。
　なお，研究授業の指導案は，指導教官及び教科主任の指導を前もって受けた上，十分教材研究等をして作成のこと。

5　提出物について
　（1）実習日誌　毎日，指導教官に提出する。（最終提出日には，実習終了の感想を記入して提出する。）
　（2）指導案綴　全ての指導案に，指導後受けた指導事項及び反省を添付し，実習終了時にファイルして指導教官に提出する。

6　教育実習全般にわたる諸注意
　（1）登下校時の児童と挨拶を交わすと共に，出勤・退出時に挨拶をする。
　（2）校内においては，職員・実習生はすべて「先生」をつけて呼ぶ。言葉遣い，礼儀，服装に注意すること。下履き用と上履き用（運動靴）を区別すること。
　（3）給食は，担当クラスの教室で，児童と一緒に食べる。給食費用4300円は，自己負担し，指定日までに副校長に納金する。　　　　　　　　　　　　　　　　　　　　　　　　　　納金日指定［副校長］
　（4）貴重品の保管については，十分に気をつける。
　（5）体育時は，体育着を着用し，着替えは更衣室を利用する。　　　　　　　　　　更衣室ネーム作成［庶務］

(6) 児童・保護者の前で学校・職員・実習生相互の批判をしない。学校の機密事項，児童の一身上の問題は，秘密保持に厳守する。
(7) 教育実習時間以外における児童との行動については，指導教官の指示を受ける。
(8) 教科書・指導書・資料・教材教具を借りた場合は，指導教官か，元にあった場所に返却する。
(9) 火災等の災害には特に注意する。
(10) 期間中の講話，研究会，研究授業，示範授業には必ず参加し，時間を厳守する。

7 示範授業（基本は教科主任・領域主任）
国語：○○ ○○　生活：○○ ○○　家庭：○○ ○○　特活：○○ ○○
社会：○○ ○○　保健・養護：○○ ○○　体育：○○ ○○　特別支援：○○ ○○
算数：○○ ○○　音楽：○○ ○○　総合的な学習の時間：○○ ○○
理科：○○ ○○　図工：○○ ○○　道徳：○○ ○○

8 示範授業
(1) 実習生は授業記録をとる。
(2) 実習生は授業に遅れないように行く。なお，教室の出入りに際しては，必ず礼をする。
(3) 実習生は，授業中私語は交わさない。
(4) 授業者は，指導案（略案）を書き，33部印刷し，全職員に配布する。
(5) 職員の参観は自由とする。
(6) 示範授業は，主任の教職員が行うことを原則とする。
(7) 授業以外に教科・領域主任の教職員に，授業研事前指導や講話をお願いする場合もある。

9 実習日程
(1) 実習生は，指導教官の作成した計画に基づき，実習を進める。
(2) 示範授業の日時については，指導教官が実習期間全体を見渡して決定する。
(3) 授業研究の日時について，実習生は指導教官と相談し決定する。

2．教育実習日程（例）

平成○年度　教育実習予定表　　　　　　　　　　　　　　　　　　○○市立○○小学校

日	月	火	水	木	金	土
10/13	14 体育の日	10/15 後期始業式 委員会 実習オリエンテーション 委員会終了後 （校長室）	16 特別支援学級 4・5組 1h 放課後	17 運動会全体練習	18 給食（職員室） ○○教諭 4h後半 （11:50） 運動会前日準備	19 運動会
20	21 運動会代休	22 クラブ活動	23 社会 ○○教諭 4-1（△△級） 3h	24 総合 5-1（△△級） 6h 避難訓練	25 算数（重点研） 1-1（△△級） 3h 研究会	26
27	28 朝会 職員会議	29 音楽（第一音楽室） ○○教諭 1h 6-2（△△級）	30 特活 4-2（△△級） 5h ボランティア清掃	31 体育（体育館） 3-2（△△級） 3h 携帯電話モラル研修	11/1 図工 2-1（△△級） 3h 重点研	2
3 文化の日	4 振替休日	5 1年生遠足	6 道徳 6-2（△△級） 5h	7 理科 6-1（△△級） 2h 家庭 ○○教諭 5-1（△△級） 3・4h 就学時検診	8	9

3．教育実習日誌（例）

教 育 実 習 日 誌

5月8日(水)	天候 晴れ	出勤 7時30分 退出 18時00分	実習生印 ㊞

時間	教科	単元（題材）	実習内容（学んだこと）	指導者
1	算数	文字と式	既習事項を丁寧にふり返ること、抽象的でわかりにくい部分は具体的な問題を実際に解かせ、児童たち自身が"気づく"場を設けることが大切だということを学んだ。一時間の間にクラス全員が活躍できる場をつくることを心がけたい。	㊞
2	避難訓練	不審者への対応	私自身、初めての経験だった。教師として絶対に身に付けなければならないことだと感じた。 ※「落としもの1等」の暗号がある→場所の確認 ※後ろのドアに鍵、前のドアにつっかえ棒をする ※「人がいない状況」をつくるために壁がわにより、静かにする	㊞
3	示範授業 国語 4-2	「漢字の組み立て」 漢字辞典の使い方 ○○先生	漢字辞典を使った授業なので、子どもたちがすごく楽しそうに目を輝かせながら取り組んでいた姿が印象的だった。先生は、子どもたちのつぶやきを一つひとつ大切に取り上げつつも、授業で押さえたいポイントまでしっかりと導いていて、とても勉強になった。	㊞
4	示範授業 特別活動 6-1	第二回代表委員会の議題について話し合おう ①○○○小の児童会の合い言葉を決めよう ②3クラスがみんなが仲よくにはどのような取り組みがよいか考えよう ○○先生	子どもたちを中心として行う活動であるからこその難しさを感じた。教師が話を進めたり、まとめたりすることは簡単である。しかし、それでは子どもたちに話し合いの能力を育むことはできない。子どもたちに任せるには、その裏で教師がたくさん支援や準備をしなければならないと感じた。	㊞
給食時間		一斉型での 給食	給食を残りゼロにするために、何がどのくらい残っているのかを子どもたちに伝える。一斉型で会話を楽しめない分、全員がきちんと食べることを大切にしていく。	㊞
5	体育	運動会練習 ビッグウェーブ	子どもたち一人ひとりは踊りも大分覚えてきているので、次の段階としてみんなで合わせることを意識させていく。そのために指先まで力を入れること、目線を意識すること、気持ちを合わせることを重点的に声かけを行っていきたい。	㊞
6	養護教諭 実務	学校保健計画 学校における救急処置 ○○先生	保健室は子どもたちの心のよりどころとしての役割もある。管理職の先生方、担任の先生と連携をし、子どもたちの心身の健康を守ることが大切である。保健室で行うことのできる処置は家庭で行えるものと同じであり、救急処置は保護者の意見が最も優先である。	㊞
特別活動 児童会活動 学校行事 学級指導 保健・安全指導 生活の指導等		席がえでの 指導	みんなが楽しく過ごすために、「またこの人の隣？」など相手の気持ちを考えない発言はしないことを予め指導する。また、授業中にうるさくなるようだったら、席は元に戻すことを伝える。このように年度の始めに、クラスで席がえについての決まりをつくっておく。	㊞

（1）特に留意した事項
児童観察、授業観察や教科・道徳、特別活動の指導、および学級経営についての実践などを記述する。

避難訓練は、子どもたちの命を守るために教師にとって、とても重要である。と同時に、子どもたちにとっても自分自身の命を守る術を身に付けるために非常に重要である。しかし、子どもたちは非日常の"特別なこと"としてしか捉えることができていない様子が見られた。避難訓練をただ行うだけでなく、学んだことや身に付けたこと、意識していくべきことをしっかりとふり返り、考える時間を教師が設定していくことが大切だと感じた。授業観察については、児童全員が何らかの形で活躍できる授業を考えていくことが重要だと改めて感じた。発言をする、質問をする、問題を読む、丸つけをするなど個人個人で活躍する内容や頻度は異なるが、全員が「参加した！」と実感をもつことのできる授業が行えるように勉強をしていきたい。明日の授業では、一人ひとりの名前をきちんと呼ぶこと、子どもたちのつぶやきを大切にしていくことを意識していきたい。

（2）本日の総括、反省事項

4日目になり、学級全員の名前を覚えることができたので、なるべくたくさん名前を呼んでかかわりをもつことを心がけた。名前を呼ぶと、驚きつつ嬉しそうに反応をしてくれる子どもたちの姿を見て、これからもっと児童理解を深めていきたいと感じた。6年生は低学年の子どもたちとは違い、深くかかわらなければなかなか心開いてくれない子もいる。授業中だけでなく、休け時間なども大切にし、子どもたちの色々な面を見つけていきたい。

〔指導教諭の講評、助言〕　　　　　　　　　　　　　　　　　　　指導教諭印 ㊞

避難訓練は月1回、地震や火事、不審者などその時その時の課題に対して安全に対応できるようにします。教師は子どもの命を預かっていることを忘れてはいけません。
学級の子どもが名前で呼ばれることはとても嬉しいものです。顔と名前を早く覚え子どもと関わりたいというあなたの強い思いが伝わってきます。明日の授業では、子どもが主体的に参加できるよう、準備や工夫をしっかりね。

4．授業研究の記録（例）

研 究 授 業 の 記 録 （1）

教科	算数	指導教諭	○○○○ 教諭		
日時	5月14日 第3校時	学級	6年1組	男子19名 女子13名	計32名

○題材（単元）
「分数のかけ算を考えよう」

○研究授業で学んだこと（右ページに指導案・補助教材等を挿入・貼付すること）

自力解決の時点で子どもたちの考えを把握し、どの考えを取り上げて練り上げていくかの判断がとても難しかった。まず、子どもたち全員の意見を把握することができていない。この授業で押さえるべきポイントは何なのかを意識し、まとめへどのように導いていくかのプロセスを何通りもイメージしておくことで子どもの考えを活かした授業が行えると感じた。板書を一目で見てわかるようにまとめることの難しさを改めて感じた。これも押さえたい点を自分自身が意識をし、どの点に注目させたいかを判断してまとめる。黒板の下の方まで書くことなく、全員が見やすい場所にまとめきる技術を身に付けていきたい。

○研究授業の反省および今後改善すべき点

まとめに向かうにつれ、私が話しすぎていた気がする。子どもができることは子どもにしてもらうことを常に心がける。時間を気にするがあまり、私がやってしまっては子どもたちに力を付けることはできない。問題を書き写させる時間を省くためにワークシートを用いたり、課題やまとめを予め画用紙で作成したりして時間を節約していきたい。教材は準備しておいて、必要がなければ使わないくらいの気持ちで臨む。また、せっかく共同思考を行い、友だちの考えを共有しているのだから、それをノートに写す時間もしっかりと設けるようにする。そうしないと、後でノートを見返した時に自分の考えからまとめまでの過程を思い起こすことができなくなってしまう。

○研究協議会における講評の記録

子どもは写し鏡である。教師が落ち着いて授業を行うことで、子どもたちも落ち着いて学習に取り組むことができる。授業では、子どもが活躍する場をもっとつくる。面積図をぬる場面や、適応問題の途中式などは、子どもにやってもらうことで活躍の場が増えると同時に、理解が深まるポイントである。また今までの学習を基に考えていくことを大切にする。そのような考えをノートに記していた子もいたので、その考えを取り上げたり、板書して意識させることで自分の力で考えを思いつく子も増えていたように感じる。まとめの公式は理解できているが、それに至るまでの考え方は理解できていない子が多い。面積図をみんなで書くなどもっと丁寧に扱った方が子どもたちはわかりやすいのではないか。

(1) 特に留意した事項
児童観察、授業観察や教科・道徳、特別活動の指導、および学級経営についての実践などを記述する。

本日は研究授業と授業研究会があり、たくさんのことを学ぶことができた。私は今まで、子どもの意見を大切にしようとありとあらゆる意見を取り上げていた。その結果、どのように課題に対してのまとめを行うべきかわからなくなることが多かった。けれど、ある程度いらない情報をそぎ落とし、交通整理を行わなければ、子どもたちの思考が混乱してしまう。子どもの意見を大切にすることは、ただ取り上げることではなく、友だちと共有する場を設けたり、さらに考えが深まるようしっかりと支援したりすることだと気づくことができたのは、私の中での大きな一歩だと感じる。また、私の声かけが児童の自信へと繋がったのではないかと言って頂いたことがとても嬉しかった。これからも一人ひとりに寄り添った声かけができるように頑張っていきたい。

(2) 本日の総括、反省事項

本日は、研究授業や授業研究会にたくさんの先生方が見に来て下さり、本当に嬉しかったです。自分の授業に対し、こんなにもたくさんの意見を頂ける場はなかなかないので、今日の授業を反省し、これからに活していく。学級全員が「わかった！」「できた！」という実感をもてるように1回1回の授業を大切に経験を積み重ねていく。

〔指導教諭の講評、助言〕

研究授業ご苦労様でした。子ども主体の授業は子どもの考えを引き出してやることです。そのためには子ども一人ひとりをよく観察し理解し、子どもの学びを支援することです。今日はしっかり準備し、授業に臨めました。子どもを把握するにはまだまだ時間がかかりますが、あなたの熱い思いが通じたからこそ、子どもがよく考えたのでしょう。子どもへの声かけ、今日は光っていました。

指導教諭印
印

Ⅱ 教育にかかわる法律

1．教育基本法 （2006年12月22日法律第120号）

　我々日本国民は，たゆまぬ努力によって築いてきた民主的で文化的な国家を更に発展させるとともに，世界の平和と人類の福祉の向上に貢献することを願うものである。

　我々は，この理想を実現するため，個人の尊厳を重んじ，真理と正義を希求し，公共の精神を尊び，豊かな人間性と創造性を備えた人間の育成を期するとともに，伝統を継承し，新しい文化の創造を目指す教育を推進する。

　ここに，我々は，日本国憲法の精神にのっとり，我が国の未来を切り拓く教育の基本を確立し，その振興を図るため，この法律を制定する。

第1章　教育の目的及び理念
（教育の目的）
第1条　教育は，人格の完成を目指し，平和で民主的な国家及び社会の形成者として必要な資質を備えた心身ともに健康な国民の育成を期して行われなければならない。
（教育の目標）
第2条　教育は，その目的を実現するため，学問の自由を尊重しつつ，次に掲げる目標を達成するよう行われるものとする。
一　幅広い知識と教養を身に付け，真理を求める態度を養い，豊かな情操と道徳心を培うとともに，健やかな身体を養うこと。
二　個人の価値を尊重して，その能力を伸ばし，創造性を培い，自主及び自律の精神を養うとともに，職業及び生活との関連を重視し，勤労を重んずる態度を養うこと。
三　正義と責任，男女の平等，自他の敬愛と協力を重んずるとともに，公共の精神に基づき，主体的に社会の形成に参画し，その発展に寄与する態度を養うこと。
四　生命を尊び，自然を大切にし，環境の保全に寄与する態度を養うこと。
五　伝統と文化を尊重し，それらをはぐくんできた我が国と郷土を愛するとともに，他国を尊重し，国際社会の平和と発展に寄与する態度を養うこと。
（生涯学習の理念）
第3条　国民一人一人が，自己の人格を磨き，豊かな人生を送ることができるよう，その生涯にわたって，あらゆる機会に，あらゆる場所において学習することができ，その成果を適切に生かすことのできる社会の実現が図られなければならない。
（教育の機会均等）
第4条　すべて国民は，ひとしく，その能力に応じた教育を受ける機会を与えられなければならず，人種，信条，性別，社会的身分，経済的地位又は門地によって，教育上差別されない。
2　国及び地方公共団体は，障害のある者が，その障害の状態に応じ，十分な教育を受けられるよう，教育上必要な支援を講じなければならない。
3　国及び地方公共団体は，能力があるにもかかわらず，経済的理由によって修学が困難な者に対して，奨学の措置を講じなければならない。
第2章　教育の実施に関する基本
（義務教育）
第5条　国民は，その保護する子に，別に法律で定めるところにより，普通教育を受けさせる義務を負う。
2　義務教育として行われる普通教育は，各個人の有する能力を伸ばしつつ社会において自立的に生きる基礎を培い，また，国家及び社会の形成者として必要とされる基本的な資質を養うことを目的として行われるものとする。
3　国及び地方公共団体は，義務教育の機会を保

障し，その水準を確保するため，適切な役割分担及び相互の協力の下，その実施に責任を負う。

4　国又は地方公共団体の設置する学校における義務教育については，授業料を徴収しない。

（学校教育）

第6条　法律に定める学校は，公の性質を有するものであって，国，地方公共団体及び法律に定める法人のみが，これを設置することができる。

2　前項の学校においては，教育の目標が達成されるよう，教育を受ける者の心身の発達に応じて，体系的な教育が組織的に行われなければならない。この場合において，教育を受ける者が，学校生活を営む上で必要な規律を重んずるとともに，自ら進んで学習に取り組む意欲を高めることを重視して行われなければならない。

（大学）

第7条　大学は，学術の中心として，高い教養と専門的能力を培うとともに，深く真理を探究して新たな知見を創造し，これらの成果を広く社会に提供することにより，社会の発展に寄与するものとする。

2　大学については，自主性，自律性その他の大学における教育及び研究の特性が尊重されなければならない。

（私立学校）

第8条　私立学校の有する公の性質及び学校教育において果たす重要な役割にかんがみ，国及び地方公共団体は，その自主性を尊重しつつ，助成その他の適当な方法によって私立学校教育の振興に努めなければならない。

（教員）

第9条　法律に定める学校の教員は，自己の崇高な使命を深く自覚し，絶えず研究と修養に励み，その職責の遂行に努めなければならない。

2　前項の教員については，その使命と職責の重要性にかんがみ，その身分は尊重され，待遇の適正が期せられるとともに，養成と研修の充実が図られなければならない。

（家庭教育）

第10条　父母その他の保護者は，子の教育について第一義的責任を有するものであって，生活のために必要な習慣を身に付けさせるとともに，自立心を育成し，心身の調和のとれた発達を図るよう努めるものとする。

2　国及び地方公共団体は，家庭教育の自主性を尊重しつつ，保護者に対する学習の機会及び情報の提供その他の家庭教育を支援するために必要な施策を講ずるよう努めなければならない。

（幼児期の教育）

第11条　幼児期の教育は，生涯にわたる人格形成の基礎を培う重要なものであることにかんがみ，国及び地方公共団体は，幼児の健やかな成長に資する良好な環境の整備その他適当な方法によって，その振興に努めなければならない。

（社会教育）

第12条　個人の要望や社会の要請にこたえ，社会において行われる教育は，国及び地方公共団体によって奨励されなければならない。

2　国及び地方公共団体は，図書館，博物館，公民館その他の社会教育施設の設置，学校の施設の利用，学習の機会及び情報の提供その他の適当な方法によって社会教育の振興に努めなければならない。

（学校，家庭及び地域住民等の相互の連携協力）

第13条　学校，家庭及び地域住民その他の関係者は，教育におけるそれぞれの役割と責任を自覚するとともに，相互の連携及び協力に努めるものとする。

（政治教育）

第14条　良識ある公民として必要な政治的教養は，教育上尊重されなければならない。

2　法律に定める学校は，特定の政党を支持し，

又はこれに反対するための政治教育その他政治的活動をしてはならない。

（宗教教育）

第15条 宗教に関する寛容の態度，宗教に関する一般的な教養及び宗教の社会生活における地位は，教育上尊重されなければならない。

2 国及び地方公共団体が設置する学校は，特定の宗教のための宗教教育その他宗教的活動をしてはならない。

第3章 教育行政

（教育行政）

第16条 教育は，不当な支配に服することなく，この法律及び他の法律の定めるところにより行われるべきものであり，教育行政は，国と地方公共団体との適切な役割分担及び相互の協力の下，公正かつ適正に行われなければならない。

2 国は，全国的な教育の機会均等と教育水準の維持向上を図るため，教育に関する施策を総合的に策定し，実施しなければならない。

3 地方公共団体は，その地域における教育の振興を図るため，その実情に応じた教育に関する施策を策定し，実施しなければならない。

4 国及び地方公共団体は，教育が円滑かつ継続的に実施されるよう，必要な財政上の措置を講じなければならない。

（教育振興基本計画）

第17条 政府は，教育の振興に関する施策の総合的かつ計画的な推進を図るため，教育の振興に関する施策についての基本的な方針及び講ずべき施策その他必要な事項について，基本的な計画を定め，これを国会に報告するとともに，公表しなければならない。

2 地方公共団体は，前項の計画を参酌し，その地域の実情に応じ，当該地方公共団体における教育の振興のための施策に関する基本的な計画を定めるよう努めなければならない。

第4章 法令の制定

第18条 この法律に規定する諸条項を実施するため，必要な法令が制定されなければならない。

2．学校教育法（抄）（1947年3月31日法律第26号 改正：2011年6月3日法律第61号）

第1条 この法律で，学校とは，幼稚園，小学校，中学校，高等学校，中等教育学校，特別支援学校，大学及び高等専門学校とする。

第6条 学校においては，授業料を徴収することができる。ただし，国立又は公立の小学校及び中学校，中等教育学校の前期課程又は特別支援学校の小学部及び中学部における義務教育については，これを徴収することができない。

第9条 次の各号のいずれかに該当する者は，校長又は教員となることができない。

一 成年被後見人又は被保佐人

二 禁錮以上の刑に処せられた者

三 教育職員免許法第10条第1項第2号又は第3号に該当することにより免許状がその効力を失い，当該失効の日から3年を経過しない者

四 教育職員免許法第11条第1項から第3項までの規定により免許状取上げの処分を受け，3年を経過しない者

五 日本国憲法施行の日以後において，日本国憲法又はその下に成立した政府を暴力で破壊することを主張する政党その他の団体を結成し，又はこれに加入した者

第11条 校長及び教員は，教育上必要があると認めるときは，文部科学大臣の定めるところにより，児童，生徒及び学生に懲戒を加えることができる。ただし，体罰を加えることはできない。

第12条 学校においては，別に法律で定めるところにより，幼児，児童，生徒及び学生並びに職員の健康の保持増進を図るため，健康診断を行い，その他その保健に必要な措置を講じなければ

ならない。

第16条　保護者（子に対して親権を行う者（親権を行う者のないときは，未成年後見人）をいう。以下同じ。）は，次条に定めるところにより，子に9年の普通教育を受けさせる義務を負う。

第20条　学齢児童又は学齢生徒を使用する者は，その使用によって，当該学齢児童又は学齢生徒が，義務教育を受けることを妨げてはならない。

第22条　幼稚園は，義務教育及びその後の教育の基礎を培うものとして，幼児を保育し，幼児の健やかな成長のために適当な環境を与えて，その心身の発達を助長することを目的とする。

第23条　幼稚園における教育は，前条に規定する目的を実現するため，次に掲げる目標を達成するよう行われるものとする。

一　健康，安全で幸福な生活のために必要な基本的な習慣を養い，身体諸機能の調和的発達を図ること。

二　集団生活を通じて，喜んでこれに参加する態度を養うとともに家族や身近な人への信頼感を深め，自主，自律及び協同の精神並びに規範意識の芽生えを養うこと。

三　身近な社会生活，生命及び自然に対する興味を養い，それらに対する正しい理解と態度及び思考力の芽生えを養うこと。

四　日常の会話や，絵本，童話等に親しむことを通じて，言葉の使い方を正しく導くとともに，相手の話を理解しようとする態度を養うこと。

五　音楽，身体による表現，造形等に親しむことを通じて，豊かな感性と表現力の芽生えを養うこと。

第27条　幼稚園には，園長，教頭及び教諭を置かなければならない

第29条　小学校は，心身の発達に応じて，義務教育として行われる普通教育のうち基礎的なものを施すことを目的とする。

第30条　小学校における教育は，前条に規定する目的を実現するために必要な程度において第21条各号に掲げる目標を達成するよう行われるものとする。

2　前項の場合においては，生涯にわたり学習する基盤が培われるよう，基礎的な知識及び技能を習得させるとともに，これらを活用して課題を解決するために必要な思考力，判断力，表現力その他の能力をはぐくみ，主体的に学習に取り組む態度を養うことに，特に意を用いなければならない。

第35条　市町村の教育委員会は，次に掲げる行為の一又は二以上を繰り返し行う等性行不良であつて他の児童の教育に妨げがあると認める児童があるときは，その保護者に対して，児童の出席停止を命ずることができる。

一　他の児童に傷害，心身の苦痛又は財産上の損失を与える行為

二　職員に傷害又は心身の苦痛を与える行為

三　施設又は設備を損壊する行為

四　授業その他の教育活動の実施を妨げる行為

2　市町村の教育委員会は，前項の規定により出席停止を命ずる場合には，あらかじめ保護者の意見を聴取するとともに，理由及び期間を記載した文書を交付しなければならない。

3　前項に規定するもののほか，出席停止の命令の手続に関し必要な事項は，教育委員会規則で定めるものとする。

4　市町村の教育委員会は，出席停止の命令に係る児童の出席停止の期間における学習に対する支援その他の教育上必要な措置を講ずるものとする。

第37条　小学校には，校長，教頭，教諭，養護教諭及び事務職員を置かなければならない。

第45条　中学校は，小学校における教育の基礎の上に，心身の発達に応じて，義務教育として行われる普通教育を施すことを目的とする。

第50条　高等学校は，中学校における教育の基礎の上に，心身の発達及び進路に応じて，高度な

普通教育及び専門教育を施すことを目的とする。

第63条 中等教育学校は，小学校における教育の基礎の上に，心身の発達及び進路に応じて，義務教育として行われる普通教育並びに高度な普通教育及び専門教育を一貫して施すことを目的とする。

第72条 特別支援学校は，視覚障害者，聴覚障害者，知的障害者，肢体不自由者又は病弱者（身体虚弱者を含む。以下同じ。）に対して，幼稚園，小学校，中学校又は高等学校に準ずる教育を施すとともに，障害による学習上又は生活上の困難を克服し自立を図るために必要な知識技能を授けることを目的とする。

第81条 幼稚園，小学校，中学校，高等学校及び中等教育学校においては，次項各号のいずれかに該当する幼児，児童及び生徒その他教育上特別の支援を必要とする幼児，児童及び生徒に対し，文部科学大臣の定めるところにより，障害による学習上又は生活上の困難を克服するための教育を行うものとする。

2　小学校，中学校，高等学校及び中等教育学校には，次の各号のいずれかに該当する児童及び生徒のために，特別支援学級を置くことができる。

一　知的障害者
二　肢体不自由者
三　身体虚弱者
四　弱視者
五　難聴者
六　その他障害のある者で，特別支援学級において教育を行うことが適当なもの

3．地方公務員法（抄）（1950年12月13日法律第261号　改正：2013年11月22日法律第79号）

第28条　職員が，左の各号の一に該当する場合においては，その意に反して，これを降任し，又は免職することができる。

一　勤務実績が良くない場合
二　心身の故障のため，職務の遂行に支障があり，又はこれに堪えない場合
三　前2号に規定する場合の外，その職に必要な適格性を欠く場合
四　職制若しくは定数の改廃又は予算の減少により廃職又は過員を生じた場合

2　職員が，左の各号の一に該当する場合においては，その意に反してこれを休職することができる。

一　心身の故障のため，長期の休養を要する場合
二　刑事事件に関し起訴された場合

（定年退職者等の再任用）

第28条の4　任命権者は，当該地方公共団体の定年退職者等（第28条の2第1項の規定により退職した者若しくは前条の規定により勤務した後退職した者又は定年退職日以前に退職した者のうち勤続期間等を考慮してこれらに準ずるものとして条例で定める者をいう。以下同じ。）を，従前の勤務実績等に基づく選考により，1年を超えない範囲内で任期を定め，常時勤務を要する職に採用することができる。ただし，その者がその者を採用しようとする職に係る定年に達していないときは，この限りでない。

2　前項の任期又はこの項の規定により更新された任期は，条例で定めるところにより，1年を超えない範囲内で更新することができる。

3　前2項の規定による任期については，その末日は，その者が条例で定める年齢に達する日以後における最初の3月31日までの間において条例で定める日以前でなければならない。

4　前項の年齢は，国の職員につき定められている任期の末日に係る年齢を基準として定めるものとする。

（懲戒）

第29条　職員が次の各号の一に該当する場合に

おいては，これに対し懲戒処分として戒告，減給，停職又は免職の処分をすることができる。
一　この法律若しくは第57条に規定する特例を定めた法律又はこれに基く条例，地方公共団体の規則若しくは地方公共団体の機関の定める規程に違反した場合
二　職務上の義務に違反し，又は職務を怠つた場合
三　全体の奉仕者たるにふさわしくない非行のあつた場合

（服務の根本基準）
第30条　すべて職員は，全体の奉仕者として公共の利益のために勤務し，且つ，職務の遂行に当つては，全力を挙げてこれに専念しなければならない。

（服務の宣誓）
第31条　職員は，条例の定めるところにより，服務の宣誓をしなければならない。

（法令等及び上司の職務上の命令に従う義務）
第32条　職員は，その職務を遂行するに当つて，法令，条例，地方公共団体の規則及び地方公共団体の機関の定める規程に従い，且つ，上司の職務上の命令に忠実に従わなければならない。

（信用失墜行為の禁止）
第33条　職員は，その職の信用を傷つけ，又は職員の職全体の不名誉となるような行為をしてはならない。

（秘密を守る義務）
第34条　職員は，職務上知り得た秘密を漏らしてはならない。その職を退いた後も，また，同様とする。

（職務に専念する義務）
第35条　職員は，法律又は条例に特別の定がある場合を除く外，その勤務時間及び職務上の注意力のすべてをその職責遂行のために用い，当該地方公共団体がなすべき責を有する職務にのみ従事しなければならない。

（政治的行為の制限）
第36条　職員は，政党その他の政治的団体の結成に関与し，若しくはこれらの団体の役員となつてはならず，又はこれらの団体の構成員となるように，若しくはならないように勧誘運動をしてはならない。

（争議行為等の禁止）
第37条　職員は，地方公共団体の機関が代表する使用者としての住民に対して同盟罷業，怠業その他の争議行為をし，又は地方公共団体の機関の活動能率を低下させる怠業的行為をしてはならない。又，何人も，このような違法な行為を企て，又はその遂行を共謀し，そそのかし，若しくはあおつてはならない。

（営利企業等の従事制限）
第38条　職員は，任命権者の許可を受けなければ，営利を目的とする私企業を営むことを目的とする会社その他の団体の役員その他人事委員会規則（人事委員会を置かない地方公共団体においては，地方公共団体の規則）で定める地位を兼ね，若しくは自ら営利を目的とする私企業を営み，又は報酬を得ていかなる事業若しくは事務にも従事してはならない。

〈宣誓書の例〉（第31条関連）
　私は，ここに，主権が国民に存することを認める日本国憲法を尊重し，且つ，これを擁護することを固く誓います。
　私は，教育及び地方自治の本旨を体し，公務を民主的且つ能率的に運営しなければならないという責務を深く自覚するとともに，全体の奉仕者であると同時に，とりわけ○○市民の奉仕者であることを認識し，法令，条例，規則及び規程を遵守し，誠実且つ公正に，職務を執行することを固く誓います。
　　年　月　日
　　　　　　　氏名　○○○○　㊞

4．教育公務員特例法（抄） (1949年1月12日法律第1号　改正：2012年8月22日法律第67号)

（兼職及び他の事業等の従事）

第17条　教育公務員は，教育に関する他の職を兼ね，又は教育に関する他の事業若しくは事務に従事することが本務の遂行に支障がないと任命権者（地方教育行政の組織及び運営に関する法律第37条第1項に規定する県費負担教職員については，市町村（特別区を含む。以下同じ。）の教育委員会。第23条第2項及び第24条第2項において同じ。）において認める場合には，給与を受け，又は受けないで，その職を兼ね，又はその事業若しくは事務に従事することができる。

（公立学校の教育公務員の政治的行為の制限）

第18条　公立学校の教育公務員の政治的行為の制限については，当分の間，地方公務員法第36条の規定にかかわらず，国家公務員の例による。

5．公職選挙法（抄） (1950年4月15日法律第100号　改正：2013年6月28日法律第68号)

（教育者の地位利用の選挙運動の禁止）

第137条　教育者（学校教育法（昭和22年法律第26号）に規定する学校の長及び教員をいう。）は，学校の児童，生徒及び学生に対する教育上の地位を利用して選挙運動をすることができない。

6．教育職員免許法（抄） (1949年5月31日法律第147号　改正：2012年8月22日法律第67号)

（免許）

第3条　教育職員は，この法律により授与する各相当の免許状を有する者でなければならない。

2　前項の規定にかかわらず，主幹教諭（養護又は栄養の指導及び管理をつかさどる主幹教諭を除く。）及び指導教諭については各相当学校の教諭の免許状を有する者を，養護をつかさどる主幹教諭については養護教諭の免許状を有する者を，栄養の指導及び管理をつかさどる主幹教諭については栄養教諭の免許状を有する者を，講師については各相当学校の教員の相当免許状を有する者を，それぞれ充てるものとする。

3　特別支援学校の教員（養護又は栄養の指導及び管理をつかさどる主幹教諭，養護教諭，養護助教諭，栄養教諭並びに特別支援学校において自立教科等の教授を担任する教員を除く。）については，第1項の規定にかかわらず，特別支援学校の教員の免許状のほか，特別支援学校の各部に相当する学校の教員の免許状を有する者でなければならない。

4　中等教育学校の教員（養護又は栄養の指導及び管理をつかさどる主幹教諭，養護教諭，養護助教諭並びに栄養教諭を除く。）については，第1項の規定にかかわらず，中学校の教員の免許状及び高等学校の教員の免許状を有する者でなければならない。

第5条　普通免許状は，別表第1，別表第2若しくは別表第2の2に定める基礎資格を有し，かつ，大学若しくは文部科学大臣の指定する養護教諭養成機関において別表第1，別表第2若しくは別表第2の2に定める単位を修得した者又はその免許状を授与するため行う教育職員検定に合格した者に授与する。ただし，次の各号のいずれかに該当する者には，授与しない。

一　18歳未満の者

二　高等学校を卒業しない者（通常の課程以外の課程におけるこれに相当するものを修了しない者を含む。）。ただし，文部科学大臣において高等学校を卒業した者と同等以上の資格を有すると認めた者を除く。

三　成年被後見人又は被保佐人

四　禁錮以上の刑に処せられた者

五　第10条第1項第二号又は第三号に該当することにより免許状がその効力を失い，当該失効の日から3年を経過しない者

六　第11条第1項から第3項までの規定により

免許状取上げの処分を受け，当該処分の日から3年を経過しない者

七　日本国憲法 施行の日以後において，日本国憲法又はその下に成立した政府を暴力で破壊することを主張する政党その他の団体を結成し，又はこれに加入した者

（効力）

第9条　普通免許状は，その授与の日の翌日から起算して10年を経過する日の属する年度の末日まで，すべての都道府県（中学校及び高等学校の教員の宗教の教科についての免許状にあつては，国立学校又は公立学校の場合を除く。次項及び第3項において同じ。）において効力を有する。

（失効）

第10条　免許状を有する者が，次の各号のいずれかに該当する場合には，その免許状はその効力を失う。

一　第5条第1項第三号，第四号又は第七号に該当するに至つたとき。

二　公立学校の教員であつて懲戒免職の処分を受けたとき。

三　公立学校の教員（地方公務員法（昭和25年法律第261号）第29条の2第1項 各号に掲げる者に該当する者を除く。）であつて同法第28条第1項第一号 又は第三号 に該当するとして分限免職の処分を受けたとき。

2　前項の規定により免許状が失効した者は，速やかに，その免許状を免許管理者に返納しなければならない。

III　児童憲章

（1951年5月5日　宣言）

われらは，日本国憲法の精神にしたがい，児童に対する正しい観念を確立し，すべての児童の幸福をはかるために，この憲章を定める。

児童は，人として尊ばれる。

児童は，社会の一員として重んぜられる。

児童は，よい環境のなかで育てられる。

1．すべての児童は，心身ともに，健やかにうまれ，育てられ，その生活を保障される。

2．すべての児童は，家庭で，正しい愛情と知識と技術をもって育てられ，家庭に恵まれない児童には，これにかわる環境が与えられる。

3．すべての児童は，適当な栄養と住居と被服が与えられ，また，疾病と災害からまもられる。

4．すべての児童は，個性と能力に応じて教育され，社会の一員としての責任を自主的に果たすように，みちびかれる。

5．すべての児童は，自然を愛し，科学と芸術を尊ぶように，みちびかれ，また，道徳的心情がつちかわれる。

6．すべての児童は，就学のみちを確保され，また，十分に整った教育の施設を用意される。

7．すべての児童は，職業指導を受ける機会が与えられる。

8．すべての児童は，その労働において，心身の発育が阻害されず，教育を受ける機会が失われず，また児童としての生活がさまたげられないように，十分に保護される。

9．すべての児童は，よい遊び場と文化財を用意され，わるい環境からまもられる。

10．すべての児童は，虐待，酷使，放任その他不当な取扱いからまもられる。あやまちをおかした児童は，適切に保護指導される。

11．すべての児童は，身体が不自由な場合，または精神の機能が不十分な場合に，適切な治療と教育と保護があたえられる。

12．すべての児童は，愛とまことによって結ばれ，よい国民として人類の平和と文化に貢献するように，みちびかれる。

おわりに

　この本を最初のページからここまで，一気に通して読まれた読者は，希(まれ)であろう。

　想定されている読者は教職を志向する大学生で，教育実習に関する講義などにおいて利用され，また，教育実習直前，実習中や実習後のまとめの際に適宜参照するという使い方が多いと思われる。教職をめざす学生にとって，基礎的なこと，参考になることが多く記載されているのであるが，もし，この「おわりに」をお読みになられたら，この本全体を通して読み直してほしいものだ。それができなければ，目次の全体に目を向けて，何が書かれていたのか反芻してほしい。

　学校の教員に限らず，近頃の専門職には，高度な専門性が求められる。部分部分に，相当高いレベルの知識や技術が要求され，養成の過程においても現職研修においても，絶え間ない自己研鑽が求められる。それはそれで結構なのであろうが，一方で，専門職としての総合性とでもいうことも重要なことなのであろう。言い古されたことでもあるが，高度な専門性と総合性を兼ね備えた専門職が求められなければいけないのであろう。総合性ということがおろそかにされ，部分部分の専門家が重視され重宝されるという現実は，果たしてどのような結果を生むことになるのであろうか。変化のない状況が続けば，部分部分の専門家の力を発揮することによって，システムは機能する。しかし，変化が激しい場合には，部分部分の専門家それぞれが全体を見通した行動をすることがなければ，変化への対応はできない。高度な専門家にも，全体を見通す力，自身の役割を全体のなかにキチンと位置づける総合的な発想が必要になっているのである。

　充実した教育実習を終え無事に教職免許を取得できても，必ずしも望む教職に就くということは約束されることではない。ほかの領域での就職ということになることも多いであろうし，教職に就くことができても，非常勤での採用ということも広く見られるようになってきている。「せっかく努力をして専門性を培ってきたのに」と自分の境遇を嘆くのか，「自分のおかれた境遇で，教職免許を取得することによって得られた力を活かす努力をしよう」と気持ちを切りかえるか。教職免許を取得する際に，高度な専門性だけでなく，専門職としての総合性も獲得していれば，どのような選択も可能なのであろう。いや，後ろ向きの発想ではなく，よりよい人生を歩むことを考える積極的な発想として。

　幸いに教職に就けたとしても，教員は，学校のなかだけで過ごしていればいいということにはならない。教育行政の現場に出たり，教頭・校長になって地域とのかかわりが深くなればなおさらである。だが，教職課程では，地域の人たちとの交流や連携についてはふれることは少なく，この本でもそうだ。博物館や図書館，公民館，青少年教育施設のこと，地域の諸団体などについての理解は教職課程ではほとんど要求されてはいない現実がある。学校が地域や家庭との連携を強めようとしているのであるから，社会教育や家庭教育といわれる分野にもぜひ関心を広げ，キチンとした理解をしてほしいものである。

　教育をめぐる社会の目は厳しい。そのことは，教育は，社会で重要な位置を与えられていることを示しているわけでもあり，関係者は自覚的にかかわることが求められているのである。この本が，その自覚化した関係者の養成に幾ばくかの貢献ができることを願ってやまない。

2014年1月
青山学院大学　教育人間科学部長
鈴木　眞理

[編　集]
次世代教員養成研究会

[執筆者]

酒井　　豊[*]	青山学院大学名誉教授	はじめに
野口　芳宣[*]	青山学院大学非常勤講師	第1章，第2章2・3・4，第6章小・高-国語
河本　洋子	青山学院大学教授	第2章1，第6章小-体育
樋田大二郎[*]	青山学院大学教授	第2章5
小林　紀子	青山学院大学教授	第3章1，第6章幼稚園
坪田　耕三[*]	青山学院大学特任教授	第3章2，第6章小-算数
庄子　　豊	青山学院大学非常勤講師	第4章1，第6章小・中-道徳
森　　　徹	日本体育大学教授	第4章2，第6章小・中-学活
早坂　方志[*]	青山学院大学教授	第4章3
早渕　幸子	青山学院大学非常勤講師	第4章4
大塚　　類	青山学院大学准教授	第4章5-1）2）
森　　秀善	青山学院大学非常勤講師	第4章5-3）4），第4章6
曽根　美恵	青山心理発達相談室	第4章7
柳下　則久[*]	青山学院大学特任教授	第5章，第6章1，小-社会，生活，小・中-総合
稲垣　文男	青山学院大学非常勤講師	第6章小・中-理科，高-物理・化学
黒﨑　一枝	横浜市立大豆戸小学校校長	第6章小-音楽
横山　　徹	青山学院大学教授	第6章小-図工
林　瑠美子	品川区子ども未来事業部	第6章小-家庭
髙木亜希子	青山学院大学准教授	第6章小-外国語
髙橋　邦伯	青山学院大学特任教授	第6章中-国語
髙橋　和男	青山学院大学非常勤講師	第6章中-社会
佐藤　和孝	東京大学教育学部附属中等教育学校副校長	第6章中・高-数学
鈴木　千代	青山学院大学非常勤講師	第6章中・高-英語
沖塩有希子	千葉商科大学専任講師	第6章高-地歴・公民
鈴木　眞理	青山学院大学教授	おわりに

[執筆順，＊は編集委員]

次世代教員養成のための教育実習
―教師の初心をみがく理論と方法―

2014年3月28日　第1版1刷発行
2016年1月30日　第1版2刷発行

編　集　次世代教員養成研究会

発行者　田中千津子

〒153-0064　東京都目黒区下目黒3-6-1
電話　03（3715）1501（代）

発行所　株式会社　学文社

電話　03（3715）2012
http://www.gakubunsha.com

© Teacher Training Project for the Future 2014

印　刷　シナノ印刷㈱

乱丁・落丁の場合は本社でお取り替えします。
定価は売上カード，カバーに表示。

ISBN 978-4-7620-2429-0